JN145651

筑摩選書

アナキスト民俗学

尊皇の官僚・柳田国男

アナキスト民俗学　目次

アナキスト民俗学

尊皇の官僚・柳田国男

はじめに

柳田国男（一八七五―一九六二）は、今なお「国民的」な知識人であり続けている。「国民的」知識人とは、――ウォーラーステインの用語を使えば――資本主義近代世界システムのなかにある国民国家にとって必須とされるような存在のことであり、それが存在しなければ国民的アイデンティティーが揺らぐかのごとく思われているような知識人のことにほかならない。とりわけ、周辺的あるいは半周辺的な後発資本主義国にとって、である。「国民的」知識人は中心的な先進資本主義国との関係のなかで登場したが、それが「国際的」知識人である必要は、さしあたり、ない。

「国民的」知識人は、過去から現在にいたる時間のなかで、学校教育をはじめとするさまざまな場で、頻繁に読まれ、引用され、言及され、論議されることで、そのイメージが作られてきた。もちろん、そのなかには否定的な言及もあっただろう。しかし、その否定さえも吸収するように、「国民的」知識人は時としてイメージを変えながら、おおむねポジティヴな姿であり続けるのである。このような知識人としては、近現代の日本では、夏目漱石があげられるであろうが、柳田国男もまた、漱石に勝るとも劣らぬ代表的な「国民的」知識人であり続けている。柳田は没年の一九六二年に最初の実質的な全集『柳田国男集』が筑摩書房から刊行され始めるが、それをきっかけに、膨大な柳田への言及が始まり、一九六〇年代後半から一九七〇年代にかけては、「巨大な」と言っていい「柳田ブーム」が知識人界に現出する。それにともなって、民俗学や人類学への関心もたかまった。生前にも柳田は論じられたし、主に民俗学関係の門人も——それも全国各地に——数多くいたが、柳田を受容する層が爆発的に拡大したのである。その間、新たな全集が、やはり筑摩書房から二度にわたって再編集され刊行された（されつつある）。他の書肆からの文庫本も多く流布されている。そのなかで、批判的なものも含め、柳田へのさまざまな評価があらわれたが、近年では、現代の主導的な知識人の一人と言える柄谷行人の『遊動論——柳田国男と山人』（二〇一四年）に象徴されるように、柳田への高い評価は、おおむね揺らいでいない。

小説家である漱石の作品に接したことのある日本の「国民」は多いはずである。それは、今なお学校教育の定番である。しかし、柳田国男の著作を読んだことがある「国民」は、少なくとも漱石に比して、圧倒的に少ないだろう。にもかかわらず、漱石の名前を知り、漱石が漠然と「国民」作家だと信じている者は、同時に、柳田の名前を知り、それが「国民的」知識人だと信じているのではあるまいか。

柳田国男は「日本」とはなにかを問いつづけたひとだと言われている。主に、民俗学者としての膨大な業績を目してのことだろう。そのイメージが、柳田をして「国民的」知識人にしている。しかし、柳田の仕事は民俗学に収まることなく、農政学や文学など多岐にわたってもいる。「柳田学」という呼称があるゆえんだろう（同様に、折口信夫（一八八七—一九五二年）の仕事を目して「折口学」というが）。柳田の思想は、「外発的近代」（夏目漱石）たる「日本」という場で、欧米から輸入された思想におかされず、内発的・屹立的なものと見なされることが多い。もちろん、柳田は外国の文献を摂取することに誰よりも貪欲であったことが知られているにもかかわらず、である。

　日本が、おおよそ国民国家の体裁をととのえ帝国主義国家として世界に登場していく時代に、近代文学の誕生に深くかかわりながらも、農政官僚として出発した柳田は、官僚を辞して民俗学者やジャーナリストとなっていく過程でも、深く「政治的」であった。それは、敗戦後に最後の枢密顧問官として、戦後憲法の誕生に接したという一事をもってしても知られる。その意味で、柳田は日本の「近代」総体を生きたというよりは、「近代」の形成に積極的にコミットしたのである。戦後憲法の「改正」や、天皇生前退位論議を契機に、天皇制それ自体が改めて問題になっている今日、本書で柳田を論じることは、従来形成されてきた「国民的」知識人としての柳田イメージを覆そうとする試みとしてである。たとえ、そこに従来のイメージに吸収されてしまう力が働こうとも、そのことを恐れてはならない。ただし、本書の論述は、きわめてオーソドックスなものと信じる。

　以下、簡単に本書の流れを略述しておく。

　第Ⅰ部「柳田国男をめぐる象徴闘争」の第一章では、柳田国男という存在を一定のパースペクティヴに置き、後論へと接続する導入部として、民俗学、農政学、文学という主な仕事について、ある程度の問題点を随時提出しながら、ラフなスケッチをしておく。そして、「日本」とはなにかを問うた存在としてではなく、逆に、「日本」にとって、柳田国男とは何なのかと問うていきたい。ここで言う、日本とは、あくまで鉤括弧でくくられねばならない概念である。そのことも、おいおい明らかになるはずである。

第Ⅰ部第二章、第三章では、柳田が現在のような「国民的」知識人となっていく過程を追跡する。「国民的」知識人というイメージに柳田が収斂していくためには、柳田をどのようにして読むかについての、さまざまな争いがあり、多くの言説が積み重ねられなければならなかった。ここでは、一九三〇年代に生起した最初の「柳田ブーム」を念頭に置きながら、一九六〇年代以降の知識人たちの柳田リスペクトと、それが一九六〇年代から七〇年代の大きな「柳田ブーム」としてあらわれる様相を分析する。続いて、それが一九九〇年代に生起した柳田批判の言説に転じていく様相を追う。そして、その柳田批判が再び反転し、今日見られる「新たな」柳田イメージを生み出している理由を論じる。

第Ⅱ部「帝国主義国家官僚のクロポトキン」では、農政官僚として出発し、同時にいまだ文学者でもあり、民俗学的な仕事も開始しつつあった二〇世紀初頭の柳田にとって、もっとも重要な参照先が、アナキストとして知られるクロポトキンであったことに狙いを定め、それが尊皇のひとたる国家官僚としての柳田にどう結びついていたかを、文学や民俗学、農政学の問題もふくめ、詳細に論じる。そこにおいては、近代日本の決定的なターニングポイントであった「大逆」事件に柳田がどう接したかという、これまで十分に解明されなかった問題について明確に解答を与えるなど、多くのことが明らかにされるはずである。

第Ⅲ部「法・民主主義・固有信仰」では、柳田の書いたもののなかでは最も人口に膾炙（かいしゃ）した『山の人生』冒頭の批判的読解を手がかりに、柳田学の政治性が、日本の「近代」が抱えた諸問題にどう応接したかを、さまざまに問うていく。それは、戦後憲法や天皇制、そして大東亜戦争やアジア主義に及ぶ。ここでの視点は、多くの「日本人」読者にとって拒絶を引き起こすものかもしれぬが、それこそが本書の眼目であり、問題提起である。

本書では、柳田の生涯をクロノロジックに追うことはしていない。しかし、大まかに言えば、第Ⅱ部は初期柳田を中心に、第Ⅲ部は中期から後期の柳田を論じている。各論点において、柳田の生涯全般の仕事やトピックは概略チェックされており、巻末に置いた柳田国男関連略年表を見ながら読んでいただければ、その生涯と思想も大方は知られるように記述してある。

I

柳田国男をめぐる象徴闘争

第一章

民俗学・農政学・文学

一国民俗学と多民族国家

柳田国男が創始した民俗学――いわゆる柳田民俗学――は柳田自身によって「一国民俗学」と規定された。いわゆる「常民」の民俗学である。柳田民俗学の隠語である常民は、初出の「「イタカ」及び「サンカ」」（一九一一年）以来、時代によって幾らかの揺れが見られる概念だが、とりあえずは農民――それも自作中農――と近似的と見なしてよい（柳田における常民概念の変遷については福田アジオ『柳田国男の民俗学』一九九二年、が詳しい）。しかも、それは日本民族とか日本国民、あるいは「大衆」といった概念とも重なり合っている。

「大衆」という言葉は、元来は仏教用語であった「大衆（だいしゅ）」が、関東大震災以後にmassesの訳語として転用され定着した概念である（佐藤卓己『『キング』の時代』二〇〇二年）。初期柳田の時代にこの言葉はなかった。「大衆」が問題化することになる時代――それはいつからかは問わず、今日にいたるまで――において、柳田の「常民」が発見され、重ね合わされて論じられてきたのである。その出自から明らかなように、「大衆」は農民ではなく、むしろ都市に発生するものだが、そこからくる「常民」概念と「大衆」概念の齟齬（そご）は、柳田理解の歴史のなかで、次第に大きくなっていくだろう。

柳田民俗学の出発は一九〇五年の「幽冥談」あたりにまで遡りうる。初期柳田の民俗学的な著述が、常民ではなく、「山人（やまひと）」をはじめ山民、巫女、被差別部落民、サンカ、アイヌ等々の「非常民」を主たる対象に置いていたことは、知られている。今なおポピュラーに読まれ、今や柳田の代表的な著述とも見なされる『遠野物語』（一九一〇年）には、常民の里に非常民たる山人や山姥の出没する物語が多数収録されている。これら「山人」は、概して異民族として表象されているものだ。その柳田が『山の人生』（一九二六年）を最後に、おおむね常民の民俗学へと転じていくことも、今では常識となっている。柳田民俗学の方法論的マニフェストと位置づけられる『民間伝承論』（一九三四年）で、柳田は、「日本といふ国が、人種・言語の関係に於て、一国一種族一言語といふ現象をもつて居るが故」に、ヨーロッパ諸国に比して、「一国民俗学の成立は此国にこそ先づ其可能性が考へられる」（『全集』8、一〇八頁）と記した。以後、戦中戦後にいたるまで、柳田民俗学は「新国学」をも自称しながら、おおむね一国主義の構えを崩すことはない。

言うまでもなく、柳田が生涯の過半を活動した一九四五年の敗戦以前、「日本」は朝鮮、台湾、南樺太などの植民地を持っており、さらにさかのぼって明治維新以降における蝦夷地や琉球などの「日本」への併合をも勘案すれば、事実として、それは帝国主義的な多民族国家であったと言うほかないものである。柳田が言う「日本といふ国」が、そのことを不問に付していることは明らかだろう。もちろん、柳田自身もそのことは知悉している。「日本は国が一つになつたといふことを案外に新らしく意識した国であつた」（『明治大正史　世相篇』一九三一年、『全集』5、五八三頁）と、ふと漏らすゆえんである。

　近代国民国家が成立するに当たって、その版図は過去から未来まで永遠な「不死の身体」として表象されるが（カントローヴィチ『王の二つの身体』）、その版図が帝国主義的に膨張していく――いわゆる「公定ナショナリズム」（ベネディクト・アンダーソン）――際には、その植民地は不死の身体に対して非本来的なものと見なされる。いわゆる植民地差別である。柳田は植民地主義に対しては相対的に批判的でリベラルであったと言えるが、その一国民俗学は「不死の身体」をめぐるものであるかに見える。あるいは、その一国主義は、植民地主義的国家「日本」の内部に、「不死の身体」とそれ以外とのあいだの境界線――それは、柳田が着目していた、台湾の当時「蛮族」と言われた原住民統治のための「隘勇線（あいゆうせん）」のようなものとして表象された――を引く作業であったのかも知れない。

　もちろん、「不死の身体」それ自身が内的な均一性を保っているわけではない。女や子供をはじめ、さまざまなマイノリティーがその均質性を揺るがすようにして存在しているが、柳田民俗学が女や子供といった存在を、ヴァナキュラーな（地域特有の）伝統のなかに上手く統合しようとしていたことは知られている。『木綿以前の事』（一九三九年）や『妹の力』（一九四〇年）といった著作は、当時としては稀有な女性史として読むことができよう。『小さき者の声』（一九三三年）というタイトルの著作に徴すまでもなく、子供の役割についても、いたるところで注意を促している。他にもさまざまなマイノリティーが「不死の身体」の均質性をゆるがそうとして存在しているが、時代的な制約もあり、柳田がそれらを重点化することは少なかった。しかし、一国主義者としては、柳田がマイノリティーに配慮を見せていたということを認めねばならないだろう。

柳田が民族学（人類学）をしりぞけて――ある時は民俗学との統合を指向したことがあったとしても――一国民俗学を提唱したことは知られている。一国民俗学の創成期は一九二〇年代、それもいわゆる昭和期に入ってからと見なしてよいだろう。それは、人類学が西欧の「帝国主義の娘」（レヴィ＝ストロース）であることを柳田が知悉していたからであり、それに対する後発帝国主義国・日本の「自負」あるいは「抵抗」において、であった。国際連盟委任統治委員の仕事を終えた後、『青年と学問』（一九二八年）において柳田は、「（南洋などの――引用者注）小さな島々には助けに乏しい住民が居ること、彼等を苦しめ滅さうとする粗暴なる文明力は、西から来ようと東から来ようと、又我々の中から現れようと、必ず抑制しなければならぬ」（『全集』4、二六頁）と言って、自国の帝国主義さえ自省的に捉える。しかし続いて、「尚外部の援助が不必要で無いことは勿論である」（『全集』4、二七頁）として、西欧諸国の人類学＝「異人種を調査する学問」の先駆性と功績を認める。だが、他者からのフィールドワークで捉えられた「異人種」の像に歪みがあることは、「日本に関する外人の記述などを見れば何人でも実験（実際に見分の意——引用者注）し得られる」。やはり、自分で自分を記述するに若くはない。「我々日本人は母語の感覚を以て直接に自分の遠い過去を学び得る幸福を十二分に利用するのみならず、尚進んでは此悦びを隣国に分つべき義務がある」、という次第である（『全集』4、二七頁）。

ここに、一国民俗学の人類学に対する優位が証明されるというわけだ。この証明が正しいとはとうてい言えない。他者なき自己認識が可能なはずはないからである。むしろ、ここで言われている一国民俗学の自己認識は、西欧帝国主義を他者とした日本帝国主義の自己認識にほかならない。しかも、これに続く柳田の記述によれば、現在（当時）の条件で一国民俗学が可能な国は日本のみであり、中国やインドがようやくこれに目覚め、その他の民族はまだまだ困難だとされる。つまり、アジアにおいて唯一の近代国民国家であるがゆえに、日本では一国民俗学が可能だと言っているに過ぎない。さらに、日本帝国主義が大東亜戦争へと向かっていく時にいたれば、民俗学と民族学は「日本ではそれが重なつて一つにならうとしてゐる」（「郷土研究の将来」一九三一年、『国史と民俗学』一九四四年、『全集』14、一四一頁）とまで言うことになる。

川村湊は『「大東亜民俗学」の虚実』（一九九六年）で、柳田が戦時下一九四三年のある座談会（「民俗台湾」一二月）で「大東亜民俗学」という言葉を口にしたこと、満州や台湾に赴いていた弟子たちが各地で民俗学のフィールドワークをおこなっていたことなどをもとに、当時の柳田に一国民俗学をこえた大東亜民俗学の構想があったのではないかと論じた。この川村の論は当時においてスキャンダラスであり、柳田を擁護する立場にある赤坂憲雄や鶴見太郎からの反論が提出された（赤坂『海の精神史』二〇〇〇年、鶴見『柳田国男とその弟子たち』一九九八年）。確かに、川村の論理は杜撰であり論拠薄弱ではあった。だが、大東亜民俗学という構想があったか否かは問わず、戦時下の柳田が日本資本主義の膨張のなかで「大東亜」という圏域で発想していたことは、以上のことからでも確かである。このことについては、本書のなかで随時、別途触れる。しかし、柳田民俗学の帝国主義的膨張は、一九四五年の敗戦で潰えるほかはない。その時、柳田は再び「不死の身体」の一国民俗学へと回帰するのである。

このような意味で、柳田の一国民俗学は、一九三〇年代に確立されたとはいえ、むしろ、植民地を失った敗戦後のナショナリズムに受け入れられやすい素地を持っていた。もちろん、蝦夷地＝北海道や琉球＝沖縄などの問題は残るわけだが——。

帝国主義的植民地主義国家としての「日本」を括弧に入れることによって、柳田は常民と非常民が混在する多民族国家＝「日本」から、単一民族国家＝「日本」へと、視座を転換したのだろうか。つまり、初期柳田の非常民の民俗学は、植民地主義を否応なく内包する近代国民主義への批判的な視点を持っていたのだろうか。視座転換がいつなされたかには議論があるにしろ、そのような見方も、今日では有力である。

農政学と常民

そこで問題になるのが、農政官僚としての柳田である。「松岡国男」であった者が柳田家の養子に入って柳田姓を名のることになる前年の一九〇〇年に、柳田は東京帝国大学法科大学政治学科を卒業後、農商務省農務局に勤務した。以来、農政官僚として、農政学についてのかなり多くの著作著述や講演録を残している。当時、柳田が刊行してポピュラーな読者に供せられたのは『時代ト農政』（一九一〇年）の一冊のみだが、他にも柳田が出講していた私立大学での講義用テクストとして出版されたものなど、農政学の著作は幾つもあり、その他、啓蒙的と研究的とを問わず多数の論文や、農政官僚として全国各地の農会その他でおこなった講演が多く残されている。

柳田農政学は、本書のなかで後に随時検討するが、小作料金納（当時は米納であった）や、農地二町歩を所有する「中農養成」を主張する近代的側面と、伝統的な互助的農村共同体の近代的な協同組合としての利用と再生を主張して近代以前を手掛かりとする側面がある。その先駆的な主張は官僚時代には容れられなかったと見なされている。しかし柳田農政学は、戦後農地改革のなかで再評価の機運が生まれ、今なお評価が高いようだ。その農政学の対象であった農民＝常民が、後の一国民俗学の対象となっていくわけであり、柳田農政学を柳田民俗学と分離して考えることはできない。『民間伝承論』とならぶ柳田民俗学のマニフェストたる『郷土生活の研究法』（一九三五年）における、あまりにも高名な「何故に農民は貧なりや」という言葉は、「農民史を専攻してみようと思って」いた柳田が民俗学にいたった理由を記した箇所で読まれる（『全集』8、二六一頁）。柳田においては、非常民を論じていた民俗学の最初期から、すでに、常民がヘゲモニックな存在として位置づけられていると捉えるべきだろう。

柳田が農政官僚として出発したのは、日清戦争（一八九四—五年）に日本が勝利した後の、日本が近代国民国家として欧米の世界秩序に本格的に参入していく時代であり、日露戦争（一九〇四—五年）に向かって後発帝国主義国としての体制を整えていく時期に当たっている。

事改めて指摘するまでもないことだが、一六四八年のウェストファリア条約によって旧来の「帝国」秩序を解体することで、近代ヨーロッパ的世界秩序が誕生した。カール・シュミットによれば、ウェストファリア体制は、「もはや教会的でも封建的でもな」い、「特別な国際法的な状態（スタートス）」だが、「それ自身においてのみならず、自由な海洋のラウム〔空間〕に対しても、すべての海外の、非ヨーロッパの土地に対しても」適用される国際的な法秩序なのである（『大地のノモス』新田邦夫訳）。それが資本主義的世界システムというものだ。ウェストファリア体制は、フランス革命（一七八九—九九年）やヨーロッパを席捲した一八四八年革命などをへることで、近代国民国家を単位とした「ヨーロッパ的普遍主義」（ウォーラーステイン）を標榜するものであった。また、「国民」あるいは「民族」の創設に際して民俗学が与って力のあったことは、柳田もしばしば言及するグリム兄弟の例が有名である。グリムへの敬意は、『民間伝承論』や『郷土生活の研究法』においても記されている。

明治政府がその外交政策として不平等条約の撤廃を第一義としたことは、「ヨーロッパ公法」の世界秩序にアジアの一国として参入することを意味したが、そのためには、近代国民国家としての体制を自らが整えることが必要であった。アジア諸国の反植民地闘争も、ヨーロッパ的普遍主義に参照先を求めるほかないものである。ウェストファリア条約に淵源する普遍主義は、後にアメリカ合衆国大統領ウィルソンが第一次大戦（一九一四―一八年）後に提唱する「民族自決」の原則を内包している。柳田は「民族自決」が大きな問題となるこの時、植民地をめぐる国際連盟の委任統治委員に任じられ、ジュネーブに赴いている。

しかし、「民族」と言い「国民」と言っても、それは近代国家が要請する政治的なヘゲモニー闘争の構築物ではある。近代国家以前には「民族」も「国民」もないからだ。もちろん、さまざまな文化的・宗教的背景を持った共同体は多々存在していた。しかし、それらの諸集団が自らを「民族」や「国民」として主張することはなかったし、国家も、それら諸集団を「民族」や「国民」として統治することはなかったのである。

ウェストファリア体制以降の欧米諸国において、民族問題＝ヘゲモニー闘争が不断に生起していたことは、『民間伝承論』の先の引用で柳田が簡単に言っているとおりだが、日本においてそれが存在しなかったわけでは、もちろんない。柳田にあっても、それが見えなかったわけでないことは、初期柳田の民俗学で「山人」と呼ばれる先住民（？）やアイヌが参照され論じられていることで明らかである。あるいは柳田は、琉球や台湾、朝鮮といった植民地にも、民俗学者としてのみならず官僚として深くかかわっている。ただ、「民族」や「国民」をめぐるヘゲモニー闘争を無視しうると柳田が考えるにいたったとすれば、それは「天孫人種」と柳田が不断に呼んでいる文化的構築物が、日本という近代国民国家が誕生するなかで、きわめて巧妙にヘゲモニーを獲得していったからではなかったのか。もちろん、農政官僚であり民俗学者である（そして、すぐ後に概説する文学者としての）柳田自身も、そのことに貢献しているわけである。なお、「天孫人種」（あるいはその変奏）なる言葉は、柳田においては田山花袋（一八七二―一九三〇年）と東北地方に遊んだ旧制第一高等学校時代の紀行文「古戦場」（一八九五年）の、「大古(ママ)に我天孫人種の祖先が、東北夷と地を争ひし頃の戦争」云々（『全集』23、七一頁）が初出のようだが、その後も好んで使われる（さすがに、戦後には用いられないが）。特段に国粋的なコノテーションがあるとは思えないが、まさかイロニーというわけでもあるまい。

　日本を「天孫人種」の支配する国家と見なしたとしても、事は簡単ではない。国民国家それ自体がはらんでいる帝国主義的膨張のベクトルは、他「民族」を支配するためには、それらを同一の「民族」と言い慕る必要が生じてくる場合があるからだ。日琉同祖論、日「鮮」（朝鮮）同祖論をはじめ日ユ（ユダヤ人）同祖論等々にいたるさまざまな言説は、それらのリアリティーの有無は問わず、日本が国民国家として立ち上がって以来、大東亜戦争（本書では、あえてこの呼称を使用する）をへて、戦後の今にいたるまで、繰り返し語られてきた。もちろん、その際のヘゲモニーは「天孫人種」にある。そのことに柳田が無縁であったわけではない。

年譜的に見ていけば、法制局参事官に転じ（一九〇二年）、貴族院書記官長（一九一四年）に昇進していくなかで、柳田の農政への発言は次第に減じ、民俗学へと転じていく。一九一九年には貴族院書記官長を辞して野に降り、翌年には朝日新聞に入社する。先に触れた、国際連盟の委任統治委員就任は、朝日新聞に入る直後である。朝日新聞ではジャーナリストとして政治問題や社会問題についての論説を発表するとともに、民俗学研究へと邁進していく。すでに一九一〇年に新渡戸稲造（一八六二―一九三三年）らと郷土会を設立していた柳田は、一九一三年には神話学者・高木敏雄（一八七六―一九二二年）とともに雑誌「郷土研究」を創刊して、民俗学者としての相貌を鮮明にしていたわけである。

この間には早くも、柳田の民俗学研究において重要な役割を演じるひとびとが蝟集（いしゅう）している。簡単に記せば、すでに一九一一年、雑誌「文章世界」に発表された「木地屋物語」に、折口信夫（一八八七―一九五三年）が触発されている（『史料としての伝説』での池田弥三郎の発言、『全集』14、三〇四頁）。生涯にわたって柳田への師礼を崩さなかった折口だが、二人の関係が微妙かつ対立的なものだったことには、多くの者からの論及がある。その他、『石神問答』（一九一〇年）の贈呈を機に、南方熊楠（一八六七―一九四一年）との文通と交流が一九一一年から始まった。また、伊波普猷（いはふゆう）（一八七六―一九四七年）から一九一一年に『古琉球』（一九一一年）の寄贈を受けたことをきっかけに、沖縄への生涯にわたる拘泥が始まる。

しかし、後にもやや詳しく触れる機会があろうが、柳田民俗学が「確立」する一九三〇年代から一九四〇年代にかけて、それとほぼ同時期にマルクス主義者たちのあいだで日本資本主義論争が生起していた。それが日本農業の独特な「(半)封建的」性格をめぐるものであったことからも知られるように、論争の当事者たちのあいだから、柳田の民俗学のみならず農政学に対する関心が生起してくるのであり、柳田自身もひそかに無関心ではいられなかった。そして、柳田の農政への関心は、まぎれもなく民俗学者として立っていた敗戦後、つまり占領軍による農地改革の実行後においても持続されているのである。農林省農業総合研究所季刊機関誌「農業総合研究」第三巻第二号に掲載された講演記録「垣内の研究」(一九四九年)は、同研究所からの研究委託の成果だが、戦後農地改革がもたらした状況への、民俗学と農政学からする応接である。農政学と民俗学のリンケージは、戦後にいたっても変わっていない。以上のような意味においてで、柳田にあっては一貫して常民=農民がヘゲモニックな存在と見なされていたと言いうるのではあるまいか。

文学者として

民俗学や農政学とともに、柳田の「日本」への貢献として忘れてならないのは、近代日本文学の確立期における役割だろう。田山花袋や国木田独歩(一八七一—一九〇八年)の友人として、一九〇〇年前後から一九一〇年前後にかけての柳田は、まず、合同詩集『抒情詩』(一八九七年)にロマンティックな恋愛詩を寄せる詩人であり、著名であった。『故郷七十年』(一九五九年)の回想で、柳田は日本における文壇の発生を徳富蘇峰（一八六三—一九五七年）の民友社に求めているが、その民友社から『抒情詩』を刊行した柳田（松岡）は、まさに文壇の人だったのである。当時は柳田家の養子に入る（一九〇一年）前で、松岡国男の名である。また、その後は龍土会やイプセン会（当時、イプセンは「イブセン」と表記）といった文学サロンの中心的なオルガナイザーとして、当時最新の外国文学を、主に自然主義と見なされることになる文学者に紹介する役割を担っていた。エリート官僚となった柳田は、当時のジャーナリズムでは、気鋭の小説家に混じって「書かざる小説家」（「柳田参事官の近詠」一九〇八年、『全集』23、五九一頁）との評をえていた。折口信夫によれば、柳田は日本自然主義文学の「とらげ婆」（「先生の学問」一九四六年、傍点原文）、つまり産婆なのである。

『抒情詩』は、編著者の宮崎八百吉（一八六四—一九二二年）をはじめ独歩、花袋、太田玉茗（一八七一—一九二七年）、矢崎嵯峨の舎（一八六三—一九四七年）などの作品も収められているが、『故郷七十年』によれば、初版は一〇〇〇部であったという。これは、民友社が当時の有力な言論グループで、宮崎湖処子（八百吉）が近代小説揺籃期のベストセラー小説『帰省』（一八九〇年）の作家として著名であり、文学における詩のウエイトが高い当時としても、相当の部数であったと推察される。

この詩集が刊行された年には島崎藤村（一八七二—一九四三年）の『若菜集』や与謝野鉄幹（一八七三—一九三五年）の『天地玄黄』など、近代文学史上の有力詩集も刊行されている。「明治三十年（一八九七年――引用者注）は、正にわが新体詩の確立された画期的な年」（矢野峰人「創始期の新体詩――『新体詩抄』より『抒情詩』まで」、『明治文学全集』60）とも評されるゆえんである。

しかし、文学者・柳田の「日本」に対する貢献として今日注目されているのは、日本自然主義の誕生期における島崎藤村への批判や花袋との論争だろう。「とらげ婆」であったにもかかわらず、柳田は、日本自然主義のリアリズムには懐疑的であり、藤村の『破戒』（一九〇六年）にも花袋の「蒲団」（一九〇七年）にも批判的であった。柳田の『破戒』評は、「天然の描写に就いては、非常に愉快な感じを以て読みました」と称賛しながらも、「新平民と普通の平民との間の闘争が余り劇し過ぎる」とか、舞台となっている浄土真宗の「お寺の様子がどうも本当らしくない」といったものである。つまり、養子先柳田家の故郷である信州をすでに深くフィールドワークしていた柳田の民俗学的知見に照らしての批評と言える（「『破戒』を評す」一九〇六年、『全集』23、四二一―二頁）。ここから日本自然主義のリアリズムに対する柳田の、別途な――柳田は正岡子規の「写生文」を高く評価する（「写生と論文」一九〇七年、『全集』23）――民俗学的リアリズム観を敷衍することは不可能ではないが、とりあえずは措いておこう。

近代日本文学史上に佇立（ちょりつ）する「問題作」と言いうる田山花袋の短編「蒲団」については、小林秀雄（一九〇二―八三年）、あるいは平野謙（一九〇七―七八年）や中村光夫（一九一一―八八年）によって提唱され、今なおカノン的な文学史観がある。日露戦後の高揚のなかで、藤村の『破戒』が発表され、日露戦中に刊行されていた国木田独歩の短編集『独歩集』（一九〇五年）も世に迎えられる雰囲気となっていた。すでに詩人から作家への道を歩んでいたとはいえ、いまだマイナーな位置にとどまっていた花袋は、彼ら友人の文学的成功に、自らは「半ば失望、半ば焦燥」（花袋『東京の三十年』一九一七年）にかられていたが、そのなかで乾坤一擲書き上げたのが「蒲団」であるという。

花袋を思わせる中年作家の女弟子への思慕と煩悶、あるいは「浮気の出来損い」（中村光夫「田山花袋論」一九四六年）を描いたこの作品は、スキャンダラスな話題を呼び、花袋をして一躍文壇の寵児に押し上げた。「蒲団」は日露戦後文学としての自然主義を規定していく。しかし、そのことは逆に、日本自然主義を「私小説」という畸形に押し込めることになった。その畸形性のゆえんは、日本の近代市民社会の「封建的残滓」と「私の封建的残滓」（傍点引用者）との「微妙な一致」にある、とされる（小林秀雄「私小説論」一九三五年）。

このような文学史観は、現在では多くの研究者によって実証的にも論駁されているが、今なお否定しがたいリアリティーを維持していることも事実である。そのことについて、ここで多くを言うことはできないが（絓『「帝国」の文学――戦争と「大逆」の間』二〇〇一年、同『天皇制の隠語』二〇一四年、参照）、端的に言って、「蒲団」といういかにも下らない作品が帯びている「もの」性が、否定しても否定しえぬ力を持っているからであろう。「蒲団」という作品は、否定せよと読者を使嗾する力によって存立していると言ってもよい。もちろん、「蒲団」が優れた作品であるという論考も多々存在する。しかし、その「もの」性は、フェティッシュなるものがそうであるように、優れていると言われれば言われるほど、下らなく見えてしまうのである。極論してしまえば、花袋は「蒲団」一作によってのみ記憶される作家なのである。

小林秀雄らの私小説批判に先駆け、柳田国男は、「蒲団」を、友人であり同時代者として批判しえた一人であったということになっている。「蒲団」への批判は、晩年の『故郷七十年』にいたるまで、随時、繰り返されている。柳田の花袋批判については、近年、多くの言及があり、評価も高まっている（柄谷行人編『近代日本の批評――明治・大正篇』一九九二年、大塚英志『怪談前後――柳田民俗学と自然主義』二〇〇七年、など）。そのなかで、『遠野物語』が、「蒲団」に代わって、ありえたかも知れない日本の近代文学の原点と見なされることもある。『遠野物語』をもって柳田を代表させる傾向が強まっている一つの理由だろう。

柳田による花袋批判として言われているものの多くは、田山花袋が『妻』（一九〇九年）で、柳田をモデルにした「西」という登場人物の言葉を、何らかのかたちでパラフレーズしたものと見て過言ではないだろう。花袋はその作品のなかで柳田モデルの登場人物を多く描いている。井伏鱒二が正宗白鳥から伝え聞いたところでは、柳田は龍土会の忘年会で「自分が小説のモデルにされる事について、言葉を励まして抗議した」（『在所言葉』一九五五年）というが、これが何年のことかは特定できないにしろ（『柳田国男伝』年譜には一九〇六年一二月二二日の項に「龍土会納会」とあるが）、おそらく養子に入る前の恋愛に材を取ったことに対してであろう。そんなことは構わず、その後も花袋は柳田を作品内のモデルに採用した。『妻』もその一つである。柳田の恋愛に材を仰いだ花袋作品は、岡谷公二（『柳田国男の青春』一九七七年）や岩本由輝（「柳田国男の初恋」、『柳田民俗学と天皇制』一九九二年）などの有力な参照先の一つになっている。また、一九〇八年の第九回イプセン会では、イプセンの「稚きアイヨルフ」（「小さいアイヨルフ」）をめぐって花袋と柳田に論争めいたやりとりが記録されているが（「新思潮」六号、一九〇八年）、イプセンの理解をめぐる対立で、ここでとりたてて際立たせる必要もない。柳田と花袋の文学的対立は確かにあり、現在ではそのことが強調されることが多いが、それをこえた友情と「理解」が互いにあったと見なさねばならないだろう。

花袋作品のなかの柳田は、しばしば花袋的文学への批判を漏らす論敵として登場する。とりわけ、柳田についての最初のモノグラフィーである橋川文三（一九二二―八三年）の『柳田国男』（一九六四年、以下、橋川の引用はすべて同『柳田国男論集成』二〇〇二年、による）で引かれ、あまりにも有名になったのが『妻』の一節である。これは、その後の柳田理解を規定してきたと言ってよいものだが、念のために引用しておこう。

（略）『僕はもう詩などに満足して居られない。これから実際社会に入るんだ。戦ふだけは戦ふのだ。現に、僕はもう態度を改めた！』
『詩をやめなくつても好いぢやないか。』
『それは、君などはやめなくつても好いさ。君などはそれが目的なんだから………。けれど僕は文学が目的ではない、僕の詩はデイレツタンチズムだつた。もう僕は覚めた。恋歌を作つたツて何になる！　その暇があるなら農政学を一頁でも読む方が好い。』（『花袋全集』1）

舞台は一九〇〇年頃、柳田が大学を卒業する直前に設定されている。話題に上っているのは、『抒情詩』のことである。いかにも鮮やかな場面であり、ここだけ取り出せば、橋川の言うとおり柳田における「歌のわかれ」（中野重治）と評すべきものである。

多少、横道にそれる。橋川の柳田論は、一九六〇年の安保闘争の後に書かれたもので、闘争に参加し「挫折」した学生がそれに触れて、六〇年代後期以降における、いわゆる「柳田国男ブーム」の担い手を輩出する有力なソースだが、とりわけこの一節が参照されたであろうことは想像にかたくない。六〇年安保を「挫折」と見なすことはあるまい柄谷行人の「柳田国男試論」（一九七四年）でさえ、この一節を参照先として柳田と花袋の「文学」をめぐる相違を論じていると思われる。

このことの意味は後にも論じるだろうが、今なお柳田を論じる際の決定版的な評伝として屹立している大冊『柳田国男伝』（一九八八年）の監修者である後藤総一郎（一九三三―二〇〇三年）は、六〇年安保では全学連（主流派）の明治大学の活動家であり、橋川の示唆を受けて柳田研究に向かった。その後、民間の私塾で「柳田国男研究会」を組織した。『柳田国男伝』はその長年の成果だが、同研究会に集まったのは、「一九六八年」――いわゆる全共闘運動――を体験し、六〇年安保における後藤の体験を反復したと見られる者たちが多かった様子である。同研究会からは、後の柳田研究を担う者も多く輩出している。後藤は谷川健一（一九二一―二〇一三年）、宮田登（一九三六―二〇〇〇年）、伊藤幹治（一九三〇―二〇一六年）とともに「季刊柳田國男研究」（一九七三―七五年）全八冊も発行して、六〇年代後期から七〇年代にかけての「柳田国男ブーム」を牽引した一人でもある。

さらに付言しておけば、戦時下、共産主義運動から「転向」後の中野重治（一九〇二―七九年）が柳田に深く親炙（しんしゃ）し、それが生涯のものだったことは有名だが、『妻』を読んでいただろうことは間違いあるまい。ところで、中村光夫は中野重治の一連の転向小説を、「蒲団」以来の私小説ではないかと批判した（「転向作家論」一九三五年、など）。中村光夫もまた、柳田国男を高く評価している（「新国学談」一九四七年、など）ことを踏まえれば、このねじれはさまざまな議論を喚起しうるが、それもここでは問題提起にだけとどめておこう。われわれの見解では、中村光夫は、「歌のわかれ」を宣言しながらも「歌はぬ詩人」というよりは歌い続けた小説家であるところの、「私小説」作家・中野を批判しえたにもかかわらず、「歌はぬ詩人」として柳田を「肯定」（？）してしまった時（中村「歌はぬ詩人」一九六二年）、中村の論理的齟齬――あるいは、イロニー――が生じているかと思われる。

閑話休題。さしあたりここで問題にしたいのは、『妻』なる作品が、すでに花袋の（とりあえずの）文学的「勝利」が確定した「蒲団」の二年後（一九〇九年）に書かれていることであり、しかもそれは、直接に柳田が書いている（喋っている）わけではなく、花袋の作品として書かれているということである。橋川が言うように柳田が事実このとおりの言葉を花袋に喋っていたとしても、花袋が柳田の――奇妙な言い方だが中野重治もどき、と言ってよい――「芸術と実行」（花袋）問題としての「文学批判」を肯っているわけではないと考えるのが妥当である。そもそも、『妻』という作品は、夫の「中村勤」（花袋と言ってよい）から文学を読むように始終言われてうんざりしている「お光」をヒロインとしている。そのことを知った上で、「西」（＝柳田）は、「文学の存在などを知つてゐるものは普通の民の万分の一、それよりも少い」と言った後に、先の引用部分などを喋るのである。つまり、花袋自身も彼の「妻」が文学批判的な庶民であることを知っており、そのような「『人間』といふことを眼中に」（「西」の台詞）置いていることを示している。作中、「中村勤」は単なるディレッタントな作家ではなく、自身を「労働者」――当時は「アンダークラス」の意に近い――に擬する生活者でもある。花袋が自負していたであろう文学的勝利は、その程度のことは前提としているはずである。事実、『妻』という作品は、「蒲団」のモデルの女学生が「勤」宅に入り、一方では日露戦が勃発して「勤」が従軍することが決まるところで終わる。「蒲団」のシュトルム・ウント・ドラングが予料されているが、「芸術と実行」問題は、とりあえず戦争によって「止揚」されるのだ。橋川が引用した柳田的批判は、このような『妻』という作品総体のなかで考えられるべきである。

柳田による『抒情詩』的ディレッタンティズム批判は、「蒲団」によってすでに克服されていると、花袋自身は見なしていたはずである。逆に、『妻』の翌年に少部数で刊行され関係者や友人にのみ配られた『遠野物語』に対して、花袋は一定の余裕を持った評価を与えながらも、「粗野を気取つた贅沢」あるいは「ヂレッタンチズム」という批判を向ける（「印象に富んだ書」一九一〇年、『卓上語』、『花袋全集』15）。『遠野物語』が、「蒲団」に対する文学的批判だと花袋自身自覚していることは、かつて柳田から向けられたとおぼしき「ヂレッタンチズム」という言葉を、ここで柳田に返していることによっても、明らかなことだろう。

後に陸続と刊行される柳田の民俗学的エッセイを収めた著作は、戦前戦中にすでに多くの読者を得ていたが、それが江戸期の喜多村信節（のぶよ）（一七八三―一八五六年）や柳亭種彦（たねひこ）（一七八三―一八四二年）など江戸期好事家の随筆の類と見なされていたことについては、多くの者の証言がある。花袋の『遠野物語』批判は、そのような見方の嚆矢をなしていると言える。もちろん、柳田の民俗学をディレッタンティズムとする見方に対しては、先の「先生の学問」における折口信夫をはじめ、それを強く否定する者も少なからず存在した。だが、ここで問題なのは、柳田にとっても花袋にとっても、それが文学であるのか民俗学であるのかは問わず、ディレッタンティズムと呼称される何ものかを克服することが問題となっていたということだろう。しかし、それはどのようにして克服されたのか。柳田については具体的には次の第Ⅱ部で論じるとして、柳田による「蒲団」評価の変遷を追ってみよう。

花袋を許容する柳田

「蒲団」が発表されたのは、一九〇七年の雑誌「新小説」九月号誌上である。当時の柳田の著述活動は農政関係が主であり、今日では柳田の最初の民俗学的重要著作と見なされる『後狩詞記』（一九〇九年）も刊行されていない。文学についての談話やエッセイは少ないが、それでも柳田は律儀に「蒲団」に――むしろ肯定的に――言及しようとしてさえいるのだ。

まず、一九〇七年の「文章世界」（一〇月）掲載――つまり、「蒲団」発表直後――の「官吏の読む小説」（『全集』23、五四〇頁）では、「田山君の作なぞも「少女」や「青年」から進むで此頃は大分大人になつた」と言う。また、翌年の「読売新聞」五月一〇日「文芸雑談――オスカー、ワイルドに就いて」（『全集』23、五七六頁）では、花袋の勉強ぶりを称賛し、「同氏が近頃小説界にあつて嶄然と頭角を現して来たのは多年読書の効挙つて大に力あつた事と思ふ、兎に角氏は何処までも延びて行く人である」と言うのである。これらが「蒲団」の成功を目してのことであるのは疑いない。

この二つのあいだに、一九〇八年四月の「文章世界」に発表された――つまり、「文芸雑談――オスカー、ワイルドに就いて」の直前の――「読者より見たる自然派小説」がある。そこには、「又一つ面白くないと思ふ事は、自然派といふと専ら肉欲を描かねばならぬやうに言ふこと」だと言われている。これは「蒲団」を目してのように思われるかもしれない。この文には、先に『破戒』批判で見られたような日本自然主義のリアリズムへの批判も記されており、今日では、併せて花袋＝「蒲団」批判であるかのように読みうる。

　だが、果たしてそうか。いかに柳田の意地が悪くても、同時期に、このように言を左右にすることは考えにくい。ましてや、一九〇六年に創刊されている「文章世界」は、田山花袋が編集兼発行名義人である自然主義の牙城なのである。

「蒲団」が性欲肉欲の表現であるか否かについては、発表当時から若干の議論があり、これについては、すでに平野謙が『藝術と実生活』（一九五八年）のなかの花袋論で指摘しているが、平野の言うとおり「そこにだけつよいアクセントを打つことは、やはり誤解といわねばなるまい」（『平野謙全集』2）からである。柳田によってここで批判されているのは、「蒲団」ではなく、あるいは何か具体的な作品を目してのことでもなく、「専ら肉慾を描かねばならぬやうに言ふ」、当時の自然主義文学の理論的動向なのではあるまいか。具体的には、『神秘的半獣主義』（一九〇六年）以来、霊肉一元論をとなえて自然主義文学のなかで地位を占めつつあった、岩野泡鳴（一八七三―一九二〇年）あたりが念頭に置かれていよう。この時、泡鳴は主に詩人であり理論家で、いまだ小説家としての初期の代表作「耽溺」（一九〇九年）は書かれていないが、泡鳴と柳田はイプセン会でも一緒である。泡鳴と柳田は、一九〇六年末にイプセン会設立を相談しあった仲だが（『柳田国男伝』年譜）、翌年から始まるイプセン会の過程のなかで、泡鳴の文学観に柳田の違和感がつのってきたのではあるまいか。

花袋は日露戦開始の時期に自然主義文学のマニフェストとも言いうる「露骨なる描写」（一九〇四年）を書いている。しかし、それは尾崎紅葉（一八六八―一九〇三年）、幸田露伴（一八六七―一九四七年）、坪内逍遙（一八五九―一九三五年）、森鷗外（一八六二―一九二二年）――いわゆる「紅露逍鷗」――ら前世代の「技巧」的文体を斥けよとするもので、それ自体としては泡鳴のように「肉欲を描かねばならぬ」とするものではなかった。柳田は泡鳴的な霊肉一元論を苦々しく思っているが、「蒲団」をその方向にあるとは考えていなかったのである。だが、「蒲団」から「耽溺」にいたる線は、柳田には危惧すべきものと見なされるようになっていく。

花袋の長編『生』（一九〇八年）が発表された時に出た短評「「生」の合評」（一九〇九年『全集』23、六二一頁）では、「田山君の主義には反対ではあるが小説は平常(へいぜい)読んで居る」と書き出して、それが自然主義文学の「平素の議論」から逸脱していながら、そのために「却(かへ)つて面白い」と評している。つまり、ここでも自然主義文学の理論が問題とされているのである。しかも、それは「肉欲」云々の問題ではないし、そもそも『生』という小説自体が「肉欲」を描いているわけでもない。

花袋の死に際して発表された柳田の追悼文の一つ「花袋君の作と生き方」（一九三〇年、『全集』28、二七六頁）は、花袋の「蒲団」以前の短編「重右衛門の最後」（一九〇二年）を高く評価して「蒲団」を否定するという柳田独特の批評的スタンスが明らかになっているものだが、「蒲団」等の好評に対して「私は必ずしも雷同しなかつたのみならず、寧ろ内心の不満を隠すのに骨が折れた」と言う。つまり、「蒲団」発表時の好意的文章は、社交辞令だと言っているわけである。そうだったのだろうか。そのことについては、見てきたとおりだ。「蒲団」について「時々議論をしようとするが、いつでも私が説き方の拙なるを自覚して、旗を巻いて退却するのが落ちであった」とも回想される二人のやりとりを十分に想像することは不可能だが、あえて言えば、柳田は否定すればするほど屹立してしまう「蒲団」の「もの」性に辟易していたのではあるまいか。戦後の中野重治との対談「文学・学問・政治」（一九四七年、『柳田國男対談集』一九六四年）でも、柳田は決して「蒲団」を全否定していない。

晩年、柳田は花袋を回想して、「「蒲団」が出た時は、私はあんな不愉快な汚らしいものといって、あの時から田山君にけちをつけ出した。重要な所は想像で書いているから、むしろ自然主義ではないことになる」とか、「その後に、いわゆる私小説のような、何にも何処にも書き伝うべきものなくても、毎日々々ぼんやりして考えていることを書きさえすれば、小説になるというような傾向を生じたが、あれはどうも蒲団なんかがその手本になり、こんなことまでも小説になるという先例になった」と、小林秀雄以来のほぼカノン的な文学史観を披歴しているのである（『故郷七十年』、『全集』21、一五七―一五八頁）。

柳田は確かに「文学を総国民の事業とする」（『昔話と文学』一九三八年、『全集』9、三四一頁）方途を考えていた。その文学観が、花袋というよりは、花袋をもそのなかに含む近代の散文小説に対して、伝承的な口承文芸や俳諧的な短詩型文学を評価するものであったことは言うまでもない。そのことが、今日、近代文学批判として再評価されているとも言える。『故郷七十年』で、二葉亭四迷の言文一致の創設に違和感を表し、同じ言文一致体でも正岡子規の写生文に就こうとするのも、そのためである。そのことは、『青年と学問』で、文学の起源であるという「神の御詞を語る者」が「簡約にして余韻含蓄の多い言葉」(『全集』4、一二四頁)、つまり「詩的」な言葉を語ったとするところに表明されている。フロイト的に言えば、心的エネルギーの節約である。しかし、近代における「散文的」リアリズムの誕生とは、そのような「短さ」を排して「長さ」に就き、心的エネルギーの浪費をもって文学としたところにある。端的に言えば、詩から散文へ、という転換にほかならない。近代文学の散文とは、その形式において文学批判なのだ(絓著『日本近代文学の〈誕生〉』)。柳田の近代文学批判が繰り返し回顧されながらも、カウンターのレベルにとどまるのは、それが詩的な「短さ」に就いているからである。もちろん、今や近代文学の衰退と呼ばれる事態は確実にあるが、そこに柳田的な文学を対置すればよいというものでもないだろう。

第二章

保守主義者という立場

「国民的」知識人

以上、柳田の民俗学、農政学、文学の輪郭と問題点を、ごくごく粗く素描した。柳田国男がおよそ二〇世紀の開始前後からと特定しうる近代日本の決定的な時期以来、「日本」というナショナリティーの形成に重要な役割を演じた（演じつづけてきた）「大知識人」であることは、概略、明らかになっただろう。また、そこにおける幾つかの問題点についても、多少なりとも指摘してきた。もちろん、これらのことについては、さまざまな立場から、すでに多くの指摘や論及があり、これまでに記したことは、その一端に過ぎない。また、柳田の仕事は、単に民俗学、農政学、文学に三分されるわけではない。朝日新聞のジャーナリストとして、あるいは国際連盟委任統治委員の外交官としてということだけでもなく、その業績は歴史学や社会学、言語学にも近接しているし、はたまた教育者、歌人や俳諧評釈者、紀行家、随筆家、評伝作家などとしての評価もありうるだろう。それらを逐一検討することは、ほとんど不可能と言ってもよい。

しかしともかく、いつの頃からか柳田は「日本」にとって偉大な知識人として受け入れられてきた。もはや、その仕事をディレッタンティズムと見なす者は少なくなった。少なくとも、柳田の晩年にあっては、そうなりつつあった。一九五一年には文化勲章が授与されていたが、死に際しては正三位勲一等旭日大綬章が追贈されている。当初は勲一等瑞宝章が予定されていたが、当時の総理大臣・池田勇人（一八九九―一九六五年）が「民間人とはいえ、これだけの人物に瑞宝章では軽い」と発言して旭日大綬章になったという（牧田茂『柳田國男』一九七二年）。旭日大綬章は政治家であればおおよそ重要閣僚経験者クラス、文化勲章受章者ではノーベル賞受賞者クラスが受章している。朝永振一郎（一九〇六―七九年）、湯川秀樹（一九〇七―八一年）、川端康成（一八九九―一九七二年）である。没後とはいえ、政府当局にも、その程度に認識されていたゆえの受章と言える。

柳田は戦後、当時の総理大臣・吉田茂（一八七八―一九六七年）に慫慂されて最後の枢密顧問官に就任したが、おそらくはそれを機に、「吉田茂首相とは最後まで、深く許していた」（中村哲「武蔵野の柳田国男」一九七三年、『新版柳田国男の思想』一九七四年、に収録）という。文化勲章受章も吉田茂が首相の時代である。戦後の柳田の仕事として著名な、祖先崇拝をめぐる『先祖の話』（一九四六年）や沖縄を論じた『海上の道』（一九六一年）は、この文脈のなかで読まれなければならないのではないだろうか。つまり、戦後日本における天皇制と沖縄の米軍占領である。吉田茂門下の池田勇人は、柳田について知るところがあったはずである。

柳田の死はジャーナリズムでも、それなりに大きく報じられたが、そこで驚きをもって伝えられたことの一つは、三〇〇人に及ぶ葬儀の列席者の幅広い人脈であった。それは民俗学とその周辺の関係者のみならず政界や学界に及んでいたが、なかでも三笠宮崇仁（たかひと）（一九一五―二〇一六年）から、当時の日本共産党で指導的地位にあった志賀義雄（一九〇一―八九年）にいたる幅は、改めて柳田学の広範な影響力を知らしめるものだった。三笠宮とは、歴史学者である三笠宮自らが「皇室の起源について新嘗の行事から考察しようと考え」、柳田にも協力を求めた「新嘗研究会」（発足は一九五一年）で深く交流した（前掲『柳田国男伝』）。志賀義雄は戦時下非転向の共産主義者として知られたが、府中刑務所にあった時代、マルクス主義文献の読書が許されぬなかで、柳田の民俗学関係の本を熟読した（志賀「獄中で読んだ柳田先生の本」一九六二年、『定本柳田國男集』月報5）。志賀には『もちはなぜまるいか』（一九四八年）など民俗学的著作もある。同書は、柳田の『食物と心臓』（一九四〇年）にマルクス主義的に論駁を試みたもの。志賀は柳田との対談（インタヴュー）もおこなっていて、敬意を持っていたのである。

このような「国民的」名声のなかで逝った柳田の民俗学だが、もちろん、内部からの批判も生前から多々存在した。後に触れる一九九〇年代以降に生起した柳田民俗学批判のなかで再評価され、「夜這いの民俗学」として知られる赤松啓介（栗山一夫、一九〇九―二〇〇〇年）の、マルクス主義からする「小ブル的農本主義」という批判（「民俗学最近の研究情勢と動向」一九三八年）は、その先駆的なものと位置づけられている。柳田が果たしてどのような意味で農本主義的であったかについては議論の余地があるが、柳田の常民史観に対して、マルクス主義者として、下層に浮動する非常民を対象にすえた赤松の民俗学は、一九七〇年代以降に登場した網野善彦による非常民に焦点を当てた歴史学の隆盛とも相まって、再評価されていった。

柳田国男から出発しながら、赤松とも交流のあった「民具学」の宮本常一も、非常民への着目とともに、柳田民俗学をこえる契機をはらむものとして、近年、評価が高まっている。岡正雄や石田英一郎といった、柳田周辺から出発しドイツ留学をへて人類学（民族学）へ展開していったひとびとも存在している。彼ら柳田民俗学の批判者の多くが、著名な財界人で、アチック・ミューゼアムで知られる民俗学者の渋沢敬三（一八九六―一九六三年）から庇護を受けることで自立していったことも、しばしば語られるエピソードである。その他、諸々の柳田批判が、柳田の生前において、歴史学や社会学といった近接領域からも提出されていた。日本の婚姻史・女性史をめぐって、高群逸枝（一八九四―一九六四年）からの批判も知られている。柳田の特に民俗学については、今にいたるまで膨大な批判や修正が加えられており、実証のレベルでは、ほとんど維持しがたいと言っても過言ではない。折口学とは異なって、柳田民俗学は実証の学として成立したはずであるにもかかわらず、である。

柳田の弟子たちが柳田の「人格」を神格化する傾向にあるのに対して、柳田からやや距離を置いたひとびとからは、その神話破壊が生前からおこなわれている。次女・千枝（筆名・柳井統子）が書いた小説「父」（「早稲田文学」一九四〇年一二月）が、弟の長男・為正さえ意外に思ったという（谷川健一編『父を語る　柳田国男と南方熊楠』二〇一〇年）側面を描いている。また、戦前、岡書院社主として人類学や考古学の書籍を刊行し、柳田の『雪国の春』をも苦心して出版している岡茂雄（一八九四―一九八九年）の随想集『本屋風情』（一九七四年）には、柳田のおそろしく官僚主義的な俗物ぶりが描かれており、いわゆる女性問題も疑わしめる部分さえ記されている。

にもかかわらず、少なくとも戦後のある時期から現在にいたるまで、柳田の地位は揺るぎないと言ってよい。

いちいち論証する余裕はないが、近代以降の多くの著名な知識人のなかで、夏目漱石に並びうるのは、やはり柳田国男しかいないのだ。しかも、「国民的」知識人というのは、政治的立場を異にしている知識人たちが、その文化的正統性をめぐってヘゲモニー闘争＝「象徴闘争」（ブルデュー）をおこなう場なのである。象徴闘争が活発化するかぎりにおいて、「国民的」知識人は「国民的」たりうる。敵対する者たちにとっても、その論じる対象は同じく擁護されるべき存在にほかならないからである。このような言説上の闘争が活発なかぎりにおいて、没後何年とか生誕何年とかを期して、ジャーナリズムの祝祭もおこなわれるのである。

たとえば、かつて弟子の小宮豊隆（一八八四―一九六六年）によって「則天去人」のひとと位置づけられた（『夏目漱石』一九三八年）漱石の「神話」が、江藤淳（一九三二―九九年）の『夏目漱石』（一九五六年）によって破壊され、苦悩する実存主義的な知識人としてのイメージを付与されながらも、その江藤の漱石研究が保守的な「明治の精神」を探る方向へと転換していくなかで

（『漱石とその時代』1〜5、一九七〇—九九年）、逆に、漱石をマルクスに匹敵する「世紀末の予言者」（小森陽一『世紀末の予言者・夏目漱石』一九九九年）にしてしまうという、やや滑稽ながら深刻におこなわれた長年の象徴闘争は、それ自体として、漱石を「国民化」することに貢献したわけである。このような大がかりなヘゲモニー闘争は、柳田以外の他の「大」知識人についてでは、ほとんど生起していない。

保守主義と左派

改めて強調するまでもないことだが、柳田国男にはさまざまな思考が流れ込んでいるにしても、柳田は、エドマンド・バーク（一七二九—九七年）流の保守主義者である。そのことは、かつて橋川文三の『柳田国男』をはじめ多くの論者が指摘しているが、近年の柳田研究は精緻になればなるほど、その基本を括弧に入れてしまっているように見えるから、念のために記す。柳田の保守主義は、橋川以降の柳田論では、「日本独自の思想家」といったイメージに漠然と収斂してしまったように思われる（なお、近年の柳田論で、保守主義者としての柳田論に焦点化したものには、佐藤光『柳田国男の政治経済学』二〇〇四年がある）。

フランス革命を批判して保守主義の立場を闡明したエドマンド・バークは、フランス革命のバックグラウンドにあったルソー（一七一二—七八年）の社会契約論を批判して、社会はその場限りの利益のための契約関係かも知れず、任意に解除されてもよいだろうが、国家は「単に生きている人々の間のみならず、現に生きている者とすでに死去した者や今後生まれる者との間の共同事業」である(『フランス革命についての省察』(上)中野好之訳)とした。

このような保守主義は、柳田の最初期からのものでもある。

国家ハ現在生活スル国民ノミヲ以テ構成ストハ云ヒ難シ死シ去リタル我々ノ祖先モ国民ナリ其希望モ容レサルヘカラス又国家ハ永遠ノモノナレハ将来生レ出ツヘキ我々ノ子孫モ国民ナリ其利益モ保護セサルヘカラス(『農業政策学』一九〇八年、『全集』1、一二九三頁)

柳田がバークを読んでいたとしか思えない類似であり、農政学のみならず柳田の民俗学も、ここから発想されていくわけである。祖先崇拝論は言うまでもない。戦中に出征する若者に対して、「未来を愛すべきこと」(『炭焼日記』、『全集』20、五五二頁)という言葉を贈ったというエピソードは、柳田を論ずる「左派」からも感銘深く引用されるが、保守主義者として理にかなった行為である。柳田は同じ『農業政策学』では、「国家ノ生命ハ理想トシテハ永遠ナリ」(二九〇頁)とも述べており、これは、先に援用したカントローヴィチが言う「不死の身体」なるもののことである。『明治大正史　世相篇』と『日本農民史』(一九二五年か、不明)という民俗学、農政学の著書に「家永続の願ひ」が強調されているのも、そのためである。農政学のみならず、民俗学も文学も、「不死の身体」というナショナリティーに根ざしている。初期の非常民の民俗学を参照して柳田の一国主義を否定する者もいるが、それは間違いである。初期柳田の民俗学が多民族国家論であろうと、それが単一民族国家論に転じたと言おうと、それらが共に一国主義の範疇に、おおむねおさまることは、第Ⅱ部で論証されるだろう。柳田が一国主義を放棄したことなど、一度もない。ただし、帝国主義下において、それが植民地主義を排除するものでないことは、すでに述べておいたとおりである。また、これは第Ⅱ部との論述ともかかわって、あらかじめ指摘しておくが、柳田の保守主義は進化論や生産力主義を、そして「共産主義」さえも排除するものではない。むしろ、「未来を愛す」ることにおいて、それらを積極的に受け入れる保守主義である。

確かに、かかる保守主義は——いわゆる狭隘な反共主義とは異なって——「健全な」と評しうるものではあり、ロシア革命や中国革命の帰趨の破壊的様相が明らかになった現代においても顧みられるべきものではあるだろう。実際、一九八九年／九一年の冷戦体制の崩壊以降（あるいは、前後）、世界的に『革命について』のハンナ・アーレント（一九〇六―七五年）が再評価される。あるいは、アーレントがその著作のなかで有力な参照先としたトクヴィルの『アメリカン・デモクラシー』は、ポスト冷戦の時代で必須となった「民主主義」再考の議論において、随時、問題化されることになる。柳田の保守主義は、それとやや似たような文脈で受容されてきた。アーレントをバークのような保守主義者と言っているわけではなく、トクヴィルを保守主義者と見なすことについて議論が岐（わか）れるにしても、である。すでに一九五七年——これが世界の左翼の立ち位置を危機に陥らせたスターリン批判の翌年であることに注意せよ——鶴見俊輔は、柳田の保守主義は「進歩主義とつねに対話する用意のある保守主義である」（「柳田国男の学風」）と言っている。鶴見もまた柳田をバークの保守主義の系譜に置いた一人である（「日本の折衷主義」、『近代日本思想史講座』Ⅲ、一九六〇年）。そして、そのことによって柳田は、「国民的」な知識人となっていったと言えるのだ。しかし、その時、勤皇家としての柳田や神道イデオロギーは、どう捉えられるのか。それらは柳田民俗学と不可分であり、保守主義の重要な側面ではないのか。

奇妙と言えば奇妙なことなのだが、戦後、柳田を偉大な「国民的」知識人のイメージへと育て上げていくのに、与って力のあったのは、保守派以上に、左派系の知識人であった。このことも、これまでしばしば言われてきたことではある。先にも若干触れた一九六〇年代の「柳田ブーム」は、左翼運動から「挫折」した学生や知識人が、その挫折の理由を、革命運動の真の主体であるべき「民衆」とか「大衆」からの離反に求め、もう一度、真の民衆や大衆の姿を知るべく柳田におもむいた、といった言い方がなされた。確かに、柳田に向かった当事者たちの即自的な意識は、そうであったかも知れない。しかしこれは、中野重治ら戦時下の共産主義運動からの転向者のうちの相当な数が、柳田を「アジール」としたという、これまたよく知られた事態の反復以上のことではないではないか。

柳田をアジールとした戦時下転向者は数知れず、それらは鶴見太郎などによって研究の対象ともなっているが（『柳田国男とその弟子たち』一九九八年、など）、中野以外の主なひとびとの名前だけでも挙げておこう。戦時下転向のはるか以前から柳田のもとにあり、生涯にわたって柳田側近であった橋浦泰雄（一八八八―一九七九年）、実際に民俗学者となった大間知篤三（一九〇〇―七〇年）、初期共産党の理論的イデオローグ（いわゆる「福本イズム」）で名高い福本和夫（一八九四―一九八三年）、大長編『山の民』（一九三八―四〇年）で名高い作家・江馬修（一八八九―一九七五年）、財界の実力者となっていく水野成夫（一八九九―一九七二年）、水野の友人で日本浪曼派の淺野晃（一九〇一―九〇年）などなど。このなかには、戦後に再転向した者もいれば、「右派」あるいは「保守派」として通した者もいる。その他、あえて柳田のもとにおもむかずとも、戦時下を柳田を読むことで耐えたと回顧する左派は、先に上げた志賀義雄以外にも多くいる。その著書で柳田に言及することの決して多くなかった大西巨人（一九一六―二〇一四年）も、その遺された蔵書を整理研究している山口直孝の教示によれば、戦時下に柳田を熟読していたようだ。これらのなかの幾人かについては、後に触れる機会もあるだろう。一九三八年には『昔話と文学』を皮切りに、柳田の著作が新著旧著あわせて、創元社から選書形式で陸続と刊行され、戦後までつづいた。一種の「柳田ブーム」は、すでにその頃から存在していた。

　それはともかく、一九六〇年代の「柳田ブーム」が戦時下の反復であるというなら、どうして反復されてしまったのかという理由こそ問われなければならないだろう。今や、「挫折」とか「転向」といった概念は死語と化しつつある。その死語化が、はたして正当なものか否かは問わず、おそらくは死語と思っているだろう者たちも、現在においてなお、柳田を偉大な知識人として論じているのは、どうしてなのか、と。

象徴闘争の開始

戦後の思想界・知識人界が大東亜戦争への自己批判から、おおむね「左派」あるいは「リベラル」によって領導されてきたことについては、幾つかの留保は必要だが、さほど異論が出ることはないだろう。そして、その傾向を、その時々で主導してきた存在として、丸山真男（一九一四—一九六年）、吉本隆明（一九二四—二〇一二年）、柄谷行人の名前を挙げることについても、それほどの抵抗はないと思われる。そして、この三人が——丸山については、ややイレギュラーであり説明が必要だが——保守主義者・柳田を左派的なものへと横領するための象徴闘争において、与って大きな力があったことについては、誰もが認めざるをえないはずである。彼ら三人が共通して熱心に論じる日本の知識人は、柳田しかいない。柳田が、明治期の元老から戦後の「心」（戦後に発行された保守長老系の雑誌）グループまでを貫く「重臣イデオロギー」の一変種であることは、実は誰もが知っている。それは、今なお屹立的な船木裕の『柳田国男外伝』（一九九一年）が言う「白足袋の思想」である。にもかかわらず、なぜ柳田が左派リベラルに、かくもリスペクトされてきたのか。今日にいたるまで、多様な柳田論が書かれ、今なお柳田の統一的なイメージは揺らいでいるが、以下、この三人を中心とし、必要に応じて他の戦後思想家にも触れながら、柳田をめぐる象徴闘争のプロセスを追ってみよう。

戦後の（あるいは、戦前からの）保守派は、どういう理由かは知らず、質量ともに、この三人ほどに力のある柳田論を書かなかった。和辻哲郎（一八八九―一九六〇年）も小林秀雄（一九〇二―八三年）も保田與重郎（一九一〇―八一年）も、柳田への敬意を示した文章を残している。しかし、それらはオマージュであって、あらかじめ象徴闘争からは脱落している。結局のところ、ディレッタントとしての柳田という像に回収されてしまうのだ。柳田の近傍にあった折口にしても、その仕事は、むしろ、柳田との差異を強調するものである。逐一名前は挙げないが、後続する戦後の保守的知識人でも、柳田を論じた者がいないわけではないにしろ、ほぼ同様と言ってよい。

確かに、丸山真男は柳田について正面切って論じることがなかったが、一九三〇年代の「転向」について深い関心を寄せていた。マルクス主義は近代日本が西欧から導入した思想のなかで、キリスト教とともに（キリスト教以上に）、知識人界にとって唯一、「絶対的な相」（小林秀雄）として立ち現れた思想だった。それゆえ、その絶対的なものからの転向とは何なのかが、どうしても問われなければならないのである。転向問題は、『日本の思想』（一九六一年）の第Ⅱ部「近代日本の思想と文学」において主題的に論じられている。ところで、丸山はそれに先立つ第Ⅰ部「日本の思想」で、山県有朋（一八三八―一九二二年）によって日露戦争前後から推進された地方改良運動が、天皇制「家族国家」観を創出したことに注意を促している。また、そこで創造された「地方」が「『固有信仰』の伝統の発源地」であるとも指摘している。丸山が柳田を念頭に置いていることは明らかである。

柳田国男は兄で医師・歌人の井上通泰（一八六七―一九四一年）が山県の側近である縁もあり、

まぎれもなく山県系官僚であった。ただし、山県ラインの地方改良政策に対してはある程度の抵抗を試みていたことが知られている。文通していた南方熊楠の神社合祀反対運動（一九〇九―二〇）に共鳴し当初便宜をはかったことは有名である。

さて、山県の地方改良運動の創造したものが柳田イデオロギーと重なり合うことを暗黙に示した後、『日本の思想』の丸山が、それがもたらした帰結として、小林杜人（もりと）（一九〇二―八四年）を例示していることは注目すべきだろう。小林は一九二八年の共産党への大弾圧で知られる三・一五事件で共同体主義的な「右翼」に転向後、獄中転向者の救援や身元引受人・生活支援活動家として戦争を通過、戦後は一転して日中・日朝友好運動にたずさわった。戦後の小林には「変節漢」というイメージが与えられていた。丸山が引用する小林の編著『転向者の思想と生活』（一九三五年）には、「共産主義者が夢みた様な社会」が「家長を中心とした」家のなかにあることが説かれている。つまり丸山は、転向マルクス主義者たちがアジールとした柳田という場を、高級な小林杜人であるかのように見ていたのではあるまいか。転向者救援時代の小林杜人が「右翼」であるように、当時の柳田も「左翼」であったわけではまったくない。

しかし、戦時下に書かれた『日本政治思想史研究』（一九五二年）で本居宣長を批判的に論じ、「歴史意識の「古層」」（『忠誠と反逆』一九九二年）でも日本人の精神的古層に向かった丸山には、柳田民俗学の志向と類似するところがあることを否定できない。このことについても、しばしば指摘される。柳田民俗学は、宣長の国学を継ぐもの（新国学！）であると自認されている。実際、丸山の弟子のラインからは、一九六〇年代の柳田再評価に先鞭をつける者たちが輩出するのである。

すでに触れた橋川文三も丸山の圏域から出て柳田を論じた政治思想史家だが、ここでは、同様の存在として、『近代日本の精神構造』(一九六一年)の神島二郎(一九一八―八八年)を取り上げてみよう。戦時下に愛国主義的な学生で、一九四六年にフィリピンから復員してきた神島は、戦後、いち早く「天皇制ファシズム」を鋭利に分析・批判する論文をたてつづけに発表していた丸山真男に震撼させられ、丸山のもとで日本政治思想史の研究をこころざす。同時に、柳田を訪ねて民俗学の研鑽を積む。「丸山は、日本政治思想史の研究を通して現実の認識に焦点を指向し、西欧政治思想との比較において、鋭い問題提起とその解明のためのあらたな視座の提供とを試み、ことに「主体性」の問題を提起してきたことの意義は大きかった」が、「社会的現実の底辺に迫りその分析の的確さを保障する配慮がたら」なかった、というわけである。神島の著書は、丸山の天皇制国家論を、柳田(だけではないが)からのふんだんな引用によって傍証する、といったものになっている。

だがそれゆえ、神島が言及する常民の伝統社会が、ネガティヴなものとして捉えられる傾きがあることは否定できない。あるいは、近代以前の伝統社会にポジティヴであったものが、明治国家の統治のなかで、ネガティヴなものへと反転させられていく、という記述である。戦前の講座派マルクス主義から学び、日本の近代社会を西欧のそれに比して未成熟と見なすのが、丸山真男の天皇制国家論であるから、柳田に特徴的な保守主義の積極性は、神島にあっては抑制されている。

反知性主義の担保として

吉本隆明が柳田について言及を始めるのは、一九六二年の短いエッセイ「折口学と柳田学」が最初であるようだ。このことは、やや奇妙に見える。吉本隆明のロジックは、最初期の『高村光太郎』（一九五七年）以来、日本の近代知識人が、その出自である庶民や大衆と呼ばれる生活世界の場から「疎外」されていることの負性を剔抉するところにあった。今日、「反知性主義」と言われるものに近い。そこにおいて、庶民や大衆はポジティヴな存在である。

日本における反知性主義は、「漢心（からごころ）」を排し「自然（じねん）」に就いた本居宣長を源流とし、それに倣って、「僕は政治的には無智な一国民として事変に処した。黙って処した」（座談会「コメディ・リテレール」での発言、「近代文学」二号、一九四六年）と言った小林秀雄を経由して、吉本隆明に受け継がれていると言ってよい。ちなみに、丸山真男が嫌悪したのは、この反知性主義だった。

それはともかく、一九五〇年代から一九六〇年代にかけての吉本隆明の思想的猛威の淵源は、「庶民」や「大衆」といった概念に依拠しての知識人批判にあった。「大衆の原像」という高名な概念である。村井紀は、「大衆の原像」というのは柳田の「常民」のことだと思っていたというが（『新版　南島イデオロギーの発生』二〇〇四年）、これは当時、誰にも共有されていた認識だろう。

柳田の死と前後する一九六〇年安保以降、「柳田ブーム」は、徐々に始まっていた。六〇年安保闘争の思想的総括過程のなかで書かれた吉本の丸山真男批判（『丸山真男論』一九六三年）も、その文脈にある。丸山にあってはネガティヴな存在であった庶民を、ポジティヴな存在と主張することが、柳田国男をめぐる象徴闘争の内実だった。

しかし、その丸山批判も含め、「転向論」（一九五八年）から「日本のナショナリズム」（一九六四年）においては、庶民の概念を駆使しての知識人批判に際して、柳田（の「常民」）が参照されることはないのである。これは、いささか奇妙なことではないか。

「折口学と柳田学」につづいて、吉本が柳田を論じるのは、『定本柳田國男集』の月報用に書かれた「無方法の方法」（一九六三年）である。しかし、ここでも「常民」については触れられていない。「柳田國男の仕事というものは、どうかんがえても苦が手で、どこかに、近より難いものがある」と言いながら、「わたしは、今後とも柳田國男の仕事を利用させてもらうつもりだが、旧来の保守派や進歩派のように、みずからの方法的な貧困を補うために、あるいは、実証的な田に水を引くために、これを利用することはしまいとおもう。明瞭にその仕事の理論的な意味を位置づけたうえで、動かぬ使い方をしたい」と述べられている。

この言葉にはいささか戸惑うところがある。確かに、「大衆の原像」と「常民」とは同じ概念らしく、そのことは後に「情況への発言——雑多な音響批判」（『試行』一九八六年二月）で、あっさり表明されるのだが、吉本的「大衆」概念が猛威をふるっていたこの時代では、なぜか伏せられているのである。そもそも、柳田が「苦が手」だとしながら、吉本はいつその仕事を「利用」していたのか。吉本が明らかに柳田を「利用」するのは、『遠野物語』を重要な参照先の一つとする『共同幻想論』（一九六八年）以降である。『共同幻想論』は、好意的に読めば、天皇制と常民とをストレートにつなぐ柳田に対して、それを否定し媒介する契機を柳田の――そして、折口の――著作をとおして見出そうとする試みである。それは、『共同幻想論』に続いて書かれる、吉本の「南島論」（一九七〇年）についても言えるだろう。それが成功したか否かは、ここでは問わないでおく。

「思想の科学」と柳田

吉本の近傍には、柳田（の「常民」概念）を高く評価する者が多くいた。吉本における柳田「常民」概念の横領の過程を見る前に、やや横道にそれるが重要なことなので論じておく。先に挙げておいた橋川文三は一九五〇年代の同人制リトルマガジン「現代批評」（一九五八年創刊）以来の吉本の友人である（一九五九年刊の同誌三号から橋川は同人となった）。また、六〇年安保直後に創刊された雑誌「試行」の初期同人である詩人・谷川雁は、しばしば「常民」という言葉を愛用して戦闘的なエッセイを書いている。一九六〇年代の「柳田ブーム」の担い手の有力な一人である谷川健一が、雁の兄であることも知られていよう。

しかし、ここで何よりも挙げておかなければならないのは、鶴見俊輔と「思想の科学」のことである。鶴見は吉本を高く評価し、随時、対談や座談会で語り合っているというだけではない。鶴見が、丸山真男、都留重人（一九一二―二〇〇六年）、武谷三男（一九一一―二〇〇〇年）、武田清子、鶴見和子（一九一八―二〇〇六年）渡辺慧（一九一〇―九三年）を同人として、戦後一九四六年にいち早く創刊した雑誌「思想の科学」は、柳田国男を「国民的」な評価へと押し上げることに大きく貢献している。先に挙げておいた「柳田国男の学風」も早いものだが、鶴見の高名な『限界芸術論』（一九六七年）が柳田（だけではないが）に拠るところが大きいことも知られている。『限界芸術論』は、一九八〇年代に、大塚英志や大月隆寛といった民俗学の訓練を受けたサブカルチャーをも論ずる批評家が登場する先駆をなしている。橋川に柳田の評伝を書くように使嗾したのも、鶴見である。柳田国男のプラグマティズムはしばしば指摘されるが、鶴見がアメリカ合衆国で学んだそれが、柳田への早い時期からの評価を可能とさせたとも言える。

「思想の科学」は創刊以来、柳田論を幾つも掲載しており、柳田の自伝『故郷七十年』以前に貴重な自伝的なインタヴューをおこなってもいる（「村の信仰」一九五〇年、『全集』32）。それらは、全てが肯定的な評価のものではないが、神島二郎や橋川文三らに続く世代の柳田再評価の論を掲載して、一九六〇年代後半に本格化する「柳田ブーム」の端緒をひらいたのも、「思想の科学」の力が大きかった。それらを寿いで、俊輔の姉の鶴見和子は、やはり同誌（別冊1、一九六九年）に、長文の柳田論「われらのうちなる原始人」を書いている。和子には、その論文を収めた『漂泊と定住と』（一九七七年）の著書もある。戦中は留学先のアメリカの米国共産党で活動歴があり、戦後の一九五〇年代初頭までは日本共産党員であった。俊輔の息子の鶴見太郎が、戦時下柳田のアジールに集った転向マルクス主義者を研究対象にしていることは、すでに触れた。

しかし、丸山（真男）学派から吉本隆明への柳田摂取の流れを追っている文脈でつけ加えたいのは、そのことのみではない。「思想の科学」という戦後思想史に大きな足跡を残したメディアの出自と、柳田との関係である。子供の頃の鶴見和子は家が近所であった柳田の娘たちと遊んでおり、国男とも接していたことを回想しているが（座談会「柳田国男の百年を問う」での発言、「季刊柳田國男研究」八号一九七五年）、家同士の交際もあったのであろう。

柳田が戦後になって限定版で刊行した『炭焼日記』は、一九四四年から一九四五年の日記で、柳田の敗戦に前後する動向と思考を知るための貴重な資料である。早くから柳田を思想家というイメージに押し開くことに貢献した日本文学研究者・益田勝実（一九二三―二〇一〇年）の「『炭焼日記』存疑」（一九五九―六〇）を嚆矢として、多くの論者が参照している。ただ、そのなかに記述されたことの意味は、今なお未解読の部分を多く残している。その『炭焼日記』の記述のなかで、ここで注目したいのは、八月一五日の「玉音放送」からわずか二日後の、「平野義太郎君来、文化政策について意見を交換す。まだ大きな希望は生れず」（『全集』20、六七五頁）という記述である。平野義太郎（一八九七―一九八〇年）は、柳田とかなり懇意にしていた様子で、同年一〇月二六日にも再び訪れている。同年の三月一三日にも来訪の記録がある。平野は、民俗学関係者や親族、編集者をのぞけば最も多く来訪している者の一人である。

敗戦をはさんだ一九四四年から一九四五年のあいだ、柳田が『先祖の話』を書き継いでいたことは有名である。これは、戦争とその死者たちの行く末を思いながら、その霊を祖霊信仰へと昇華しようとするもので、戦後いちはやく刊行された柳田の代表的な著作の一つである。敗戦直後の柳田のもとには、戦後ジャーナリズムにおいて柳田が占めるであろう重要な位置を予想して、『先祖の話』の版元となる筑摩書房の唐木順三（一九〇四―八〇年）や臼井吉見（一九〇五―八七年）――彼ら自身も戦後論壇・文壇で重要な位置を占めることになる批評家である――をはじめ、多くの出版社、新聞社の人間が協力を求めて訪れている。小林秀雄も同様の理由で、九月七日に訪問する。すでに確実に敗戦を迎えることを知った八月一一日に、柳田は「いよ〳〵働かねばならぬ世になりぬ」と記しており、仕事への気力は充実していた。そこにいち早くやってきたのが、平野義太郎だったわけである。

平野は『日本資本主義社会の機構』（一九三四年）で知られ、獄死した共産党指導者で『日本資本主義発達史』（一九三〇年）の著者・野呂栄太郎（一九〇〇―三四年）や、『日本資本主義分析』（一九三四年）の山田盛太郎（一八九七―一九八〇年）と並ぶ、講座派マルクス主義の領袖であったが、コム・アカデミー事件（一九三六年）で検挙された後に転向、大東亜戦争のイデオローグとして活動した。ウィットフォーゲル（一八九六―一九八八年）の翻訳者でもあった平野は「支那通」として知られたが、日本軍の南進への転回にともなって、地政学的な立場で「南進論」を唱えた。戦時下は鶴見俊輔の父・祐輔（一八八五―一九七三年）を理事として（副会長は松岡洋右

（一八八〇―一九四六年）、会長は不在。鶴見祐輔が事実上のトップ）、「太平洋国策の樹立」を謳う太平洋協会の調査局局長の要職を務めていた。また、戦後はいち早く再転向して共産党に入党、日中友好運動に携わった。俊輔とは母方の縁戚にあたる。祐輔は平野の仲人を務めている。太平洋協会は敗戦後ただちに解散するが、組織的資金的遺産は平野に半分が継承され、その資金は一九四六年設立の民科（民主主義科学者協会）へといたる共産党系の学界へゲモニーの確立に用いられたという。

一九三八年に設立された太平洋協会についての研究は少なく、その重要性にかんがみても今後が待たれるところだが、ここでは国際政治評論家の陸井三郎（一九一八―二〇〇〇年）による「戦中・戦争直後の平野先生」（『平野義太郎――人と学問』一九八一年、所収）、長岡新吉『日本資本主義論争の群像』（一九八四年）、海野弘『陰謀と幻想の大アジア』（二〇〇五年）、原覚天『現代アジア研究成立史論』（一九八四年）などを参照しながら、疑問を含めて幾つかの点を指摘したい（なお、出版評論家・小田光雄のブログ「古本夜話」１２０「平野義太郎と『太平洋の民族＝政治学』」には、陸井、海野、中薗英助（一九二〇―二〇〇二年）の小説『オリンポスの柱の蔭に』（一九八五年）に拠りながら、太平洋協会についてのコンパクトな記述がある。そこには戦中戦後の出版界の連続性にかかわる示唆的で貴重な情報が記されている）。

まず、柳田が太平洋協会の例会に出入りしていたという事実である。陸井三郎によれば、柳田は有賀喜左衛門（一八九七―一九七九年）とともに平野を訪ねることがあったという。柳田は、一九四〇年の雑誌「改造」(一二月時局版13)での「土地」と題された座談会に平野義太郎とともに出席している(他の出席者は東畑精一(一八九九—一九八三年)、土屋喬雄(一八九六—一九八八年)、東浦庄治(一八九八—一九四九年))。柳田が太平洋協会にいつから出入りしていたか確定はできないが、少なくとも一九四〇年には平野と知り合っていたわけであり(平野の太平洋協会入りは一九四一年)、その後も平野と親しかったことは明らかである。戦後の「文化政策」について議論するほどには、である。なお雑誌「改造」のこの座談会は、元講座派の平野と元労農派の土屋が柳田をあいだに同席しているということでも感慨深いもので、もはや左派が総転向を完了した一九四〇年という時代を思わせる。この雑誌のこの号の巻頭論文は、「万民翼賛と一国一党」と題された、中村哲の戦争翼賛論文である。中村の『新版　柳田国男の思想』は、これまでにも参照してきたが、今なお評価に耐える著作だろう。中村は成城小学校時代に、柳田に乞われて柳田の長男・為正(一九一五—二〇〇二年)の友人となった。リベラルな政治学者として知られ、法政大学総長や日本社会党の参議院議員も務めた。

柳田が太平洋協会に出入りしていた理由については、平野＝太平洋協会の「南進論」からも得心がいくところがある。柳田の南方への関心は、弟の松岡静雄(一八七八—一九三六年)由来のものである(それ以前から、柳田は台湾の原住民に着目し、初期柳田民俗学の参照先としていた)。静雄は海軍士官であったが、膨大な仕事を残した民族誌学者、言語学者でもある。現役士官時代からオランダ領インド(今日のインドネシア)や南洋諸島に関心が深く、海軍退役後も日蘭通交調査会を設立して南方に深く関与していた。柳田も静雄とともに南方植民地とオランダ語に熱を上げる時期があった。日本の食料問題と人口問題の解決策としての南方である。おおよそ、一九一〇年代後半から、柳田が国際連盟委任統治委員としてジュネーブにおもむく一九二〇年あたりまでが柳田の南方熱のピークである。ジュネーブでは南方諸島についての知識が役に立ったという。

しかし、柳田の南方熱は大東亜戦争開始以降も続いている。柳田と松岡静雄の関係を精査した岡谷公二の『貴族院書記官長 柳田国男』（一九八五年）には、大東亜戦争開始後の一九四二年のある座談会で、「我々はこの年になるまで、こういう形勢になるとは思わなかった」と言って、ニューギニア入植を熱心に説く柳田の言葉が紹介されている。すでに戦局は南進に向かい、ニューギニアやオランダ領インドは制圧されつつあった。おそらく、太平洋協会への出入りや平野義太郎との交流も、このことと関係している。村井紀が言うところの柳田における「南方イデオロギー」だが、それは単に柳田の沖縄論のみのことではない。より深く、平野が柳田と肝胆相照らしていた可能性がある。

講座派マルクス主義者の時代の平野は、もちろん、日本の農村に「(半) 封建的」遺制の存在を見ていた。それが天皇制の基盤であるとして、労農派との論争の先頭に立った。日本資本主義論争において、論点の一つとなったのが、農村の「名子(なご)」制度である。講座派は名子を中世近世の遺制的奴隷労働者として否定的に把握した。これに対して、柳田門下にあった有賀喜左衛門(『農村社会の研究』一九三八年)や労農派の土屋喬雄(たかお)(編著『日本資本主義史論集』一九三七年)は、農村のフィールドワークを通じて、残存する名子がもはや封建的遺制を脱していると主張した（二人は後に協働する）。土屋も柳田と面識があることは、先に引いておいた「改造」誌上の座談会での同席からも明らかだが、柳田の下にあった有賀は、名子研究をとおして農村社会と農民の積極性を押し出した。

柳田の農政学や民俗学が講座派的か労農派的かという問題は、やや微妙なところもある。詮索するにあまり意味のあることでもないかもしれない。だが、一九二五年三月一日の朝日新聞社説では、明治維新によって「封建の制度は疾に絶滅」（「普選と封建思想」、『全集』26、二八九頁）したと述べてはいる。これが、柳田のもっともリベラルだったと評される「大正デモクラシー」下の朝日新聞社時代の匿名原稿であり、なおかつ、日本の封建的後進性を批判する海外メディアへの反批判だとしても、少なくとも名子問題においては身近な有賀と同様の考えであっただろう。柳田が日本の農村の「家」を「親方—子方」の労働組織として捉えていたことは知られている。労働組織には「奴婢制度」は不要だというのである。そのことは、『民間伝承論』において、柳田特有の韜晦した言い回しながら、「今日の経済史家は上代といへば直ちに奴隷制度を考へようとするが」、「之を直ちに翻訳学問で相似一致と説くわけには行かない」（『全集』8、一一七頁）と言っているところ、あるいは『郷土生活の研究法』でも、ほぼ同じように言っているところからも明らかである。講座派理論は当時も、ソヴィエト・マルクス主義の日本への適用として知られていた。柳田はリアルタイムで日本資本主義論争に関心を寄せていたわけである。

ところで、転向後の平野は、敗戦直前に刊行された『大アジア主義の歴史的基礎』（一九四五年）において、「「大東亜共栄圏」の基盤、つまりアジアの一体性の基盤はなにか。特殊な自然条件に規定されたアジア的農業の下での固有の家族制度と祖先崇拝を基礎とする農村郷土社会、いいかえて郷土的農村共同体」（長岡前掲書による梗概）だというのである。この平野の本は、竹内好が著名な論文「日本のアジア主義」（一九六三年）において、「思想とか学問とかの名に価しない」と唾棄したものだが、それはともかく、ここで平野は、アジアにおける封建的遺制を否定する講座派の立場を棄却していることは言うまでもない。しかし、それ以上に問題なのは、この平野の転回に直接的な梃子となったのが、柳田国男だ、ということである。すでに、一九三四年の『民間伝承論』には、「支那民族其他の東洋民族の家族制度」を「常民の祖先崇拝」と結びつける発想があった（『全集』8、一八一―一八二頁）が、この頃の柳田は、祖先崇拝は「大東亜圏内の諸民族に、共通の死生観」（『神道と民俗学』一九四三年、『全集』14、七三頁）であるとも言っているのだ。実際、『大アジア主義の歴史的基礎』におけるアジア主義概念は柳田に負っており、平野は柳田の『神道と民俗学』を参照先として引いているのである。柳田らの太平洋協会の平野への訪問と、平野の敗戦直後の柳田邸訪問は、これらのことと関係していると考えるのが自然である。鶴見俊輔が主導して、今なお転向研究の金字塔として知られる、思想の科学研究会編『共同研究転向』上中下（一九五九―六二）に平野義太郎の項目は――もちろん、柳田の項目も――ない。

太平洋協会は、南進論を主張する国策調査・研究機関であると同時に、柳田という場自身がそうであったように、転向左翼のアジールでもあった。平野自身が転向左翼であり、三木清（一八九七—一九四五年）、信夫清三郎（一九〇九—九二年）、風早八十二（一八九九—一九八九年）など、錚々たるメンバーが太平洋協会に職を得たり出入りしたりしていた。鶴見和子・俊輔姉弟、都留重人ら日米開戦後に交換船で帰国した人々が、やはり帰国組の坂西志保（一八九六—一九七六年）を室長とするアメリカ研究室を、福田恆存（一九一二—九四年）、清水幾太郎（一九〇七—八八年）、武田清子、松岡洋子（一九一六—七九）、阿部行蔵（一九〇七—八一）らとともに構成し、互いに交流もあった。このうちの帰国組が中心となって、戦後に「思想の科学」が創刊されるわけである。

鶴見家や「思想の科学」グループと平野義太郎とを密接につなぐ人物として、ここでは井口一郎（一九〇一—五七年）の名前を挙げておくにとどめる。井口は鶴見俊輔＝「思想の科学」が戦後提唱した「コミュニケーション学」を担うことになる中心人物の一人だが、戦時下は満州・建国大学の教授も務めた戦争イデオローグであった。もちろん太平洋協会や鶴見家と深くかかわる転向左翼であり、平野が提唱する地政学の学者でもあった（井口については、田村紀雄の「井口一郎新聞学の思想的転回」を参照）。

柳田は一時期「思想の科学」の会員でもあったともいう（柳田研究者・小田富英は後藤総一郎から聞いたことがあるというが、未確認）。敗戦直後に平野義太郎とともに語り合った「文化政策」が、「思想の科学」の設立と、どう関係しているのか。これ以上、憶測をたくましくすることは控えるが、太平洋協会から「思想の科学」へといたる系譜は、このようにして「戦後出版業界は始まったと想像するしかない」（小田光雄）と嘆息してしまいそうな謎に満ちている。柳田の「国民化」は、このあたりまで遡って考える必要があるだろう。

花田清輝との論争

遠回りしてしまったが、以上のことから、鶴見俊輔が戦後の柳田評価のペースセッターだったことは明らかである。「思想の科学」創刊同人に丸山真男もいたことにも改めて注意を促して、なぜ、一九五〇年代から六〇年代の吉本隆明は、自身の「大衆」や「庶民」概念と柳田の「常民」との関連を語るのに禁欲的だったのかというところに議論を戻そう。そこには、一九五七年あたりから六〇年安保直後までに及んだ花田清輝（一九〇九―七四年）との論争の問題が伏在していたと考えられる。なお、花田も鶴見が評価する者のひとりである。

花田―吉本論争について、ここで詳述することはしない。ただ、それが吉本隆明をして「戦後思想の巨人」とまで呼ばしめるにいたる端緒となった、戦後知識人界の重要なヘゲモニー闘争だったことを踏まえておけば足りる。一九五〇年代において、花田は最もラディカルな知識人として、若い世代から支持を集めていたのである。吉本は、この論争に「勝利」することによって、その地位を花田から奪うことができた（詳しくは、絓著『吉本隆明の時代』参照）。

ここでの問題は、この論争過程のなかで、同時に、花田が柳田国男を高く評価する重要な論文

「柳田国男について」（一九五九年）を書いていることである。六〇年安保を前にした一九五九年といえば、吉本が「芸術運動とは何か・原理論として」（一九五七年）で花田＝転向ファシスト説を唱えたのに対して、花田が「文芸時評・あたらしい国民文学」で反論している。すでに論争はピークをこえて、吉本の「勝利」に傾いているとはいえ、まだ持続している。中野重治の「村の家」を参照先にした、吉本の「転向論」は、前年に書かれていた。

花田の柳田への高い評価は一九五〇年代前半にまで遡りうる。一九五三年には柳田の『不幸なる芸術』の書評を書いている。言うところの、「前近代を否定的媒介にして近代をこえる」という花田の「革命」公式に、柳田は最適な資源であった。そこで言われている否定的媒介とは「常民」にほかならない。その花田の「柳田国男について」は、柳田を「在村地主イデオロギー」として批判する「柳田史学論」の「追記」（『日本の近代史学』一九五七年）の歴史学者・家永三郎（一九一三―二〇〇二年）への駁論のかたちをとりながら、柳田自身のなかに花田の革命公式と同様の「進歩的」志向を見出すものである（なお、家永の柳田批判は、当時の柳田理解のなかでは有力なものであった）。つまり、「常民」は即自的には否定的な存在であるかに見えるが、ポジティヴな契機を含んでおり、革命の主体へと転化するのである。

このように柳田を捉えること自体は、別段、独創的なものではない。後進ロシアにおける革命の可能性を問われて、晩年のマルクスが、農村のミール共同体は共産主義の基礎たりうると答えた「ヴェラ・ザスーリチへの手紙」は戦前にすでに翻訳され、知られていた。おそらくはそれに導かれて、労農派マルクス主義の領袖・猪俣津南雄（一八八九―一九四二年）や講座派系の関矢留作（一九〇五―三六年）が、左翼が後退していく時代のなかで柳田に注目している（長岡前掲書、青木孝平編『思想の海へ29　天皇制国家の透視――日本資本主義論争I』と同書の青木による「解説」を参照）。そこでは、柳田の『時代ト農政』を中心とした農政学や民俗学が参照された。とりわけ、猪俣の『踏査報告　窮乏の農村』（一九三四年）や『農村問題入門』（一九三七年）が柳田に負うところが大きいことは、津村喬が『戦略とスタイル』（一九七一年）などで強調するところである。花田の「柳田国男について」も、事情はほぼ同様である。このような、マルクス主義者による柳田の摂取が、戦時下の平野義太郎にまで及ぶわけである。

　しかし、ここでの問題は、柳田国男をめぐる象徴闘争においては、花田が先んじており吉本が遅れているというところにある。論争では花田に勝利しえても、柳田という存在を花田から横領することは、難しかったのだ。神島二郎がその編書『柳田國男研究』（一九七三年）で注記しているように、花田のこの論文は、神島自身のみならず、後藤総一郎や綱澤満昭といった「柳田ブーム」の先導者たちの柳田論の有力な参照先となったのである（神島は自著「常民とは何か」『常民の政治学』一九七二年、の他、後藤「柳田国男論――柳田学の思想と学問」一九六四年、綱澤「柳田國男の抵抗精神」一九六七年、を挙げる）。

　だが、これまた奇妙なことだ。神島についてはともかく、後藤も綱澤も、柳田の「常民」のなかに、花田の言うようには「近代をこえる」ものを見ていない。それは、確かに日本の近代に対して「否定的」ではあるが、「革命」の――花田的には「ミュージカル」のごとくあっけらかんとした――「インターナショナルな」(花田清輝)肯定性には帰結しない、ナショナルな段階にとどまっているのである。つまり、明らかに『村の家』の主人公の父親・孫蔵であり、吉本隆明の言う「庶民」か「大衆」なのだ。そのことは、彼らが六〇年安保の「挫折」体験者であるから、当然ではあろう。彼らは六〇年安保闘争を、あたかも先に引用しておいた田山花袋の『妻』の一節のように、青春の「抒情詩」であるかのごとく見なし、その「センチメンタリズム」をこえる(というよりは否定する)契機を柳田の「常民」に見出したわけである。しかし、その「常民」概念がロマンティックなものであることは言うまでもない。なぜ彼らは吉本ではなく花田を参照したのか。その理由は、当時はいまだ吉本が柳田の「常民」にかかわる象徴闘争にコミットしていないからであり、花田の「大衆」と吉本の「庶民」が、同じ「常民」に見えていたことを証しているだろう。

先にも述べたように、吉本が柳田を「理論的な意味を位置づけたうえで」使用しはじめるのは『共同幻想論』以降の一九七〇年前後だが、その頃から「柳田ブーム」はピークを迎えていき、それとともに、花田の「大衆」=「常民」概念は忘れ去られていく。一九六一年には農業基本法が成立し、一九六四年あたりをターニングポイントとして、パーセンテージは下降していたが数だけは一定していた日本の農民人口は、高度経済成長のなかで激減を開始していたからである。農民=常民という等式も実は崩壊を開始、幻影化していたのである。花田の場合は、マルクス主義的公式にのっとっているがゆえに、「常民」のロマンティシズムをとりあえずはまぬがれていたが、その公式が信じられなくなるにつれ、「常民」把握はロマン的になる。六〇年安保を体験した後藤や綱澤は、あたかもナロードニキのようにして、柳田を読んだのである。それは、マルクスの元ナロードニキ＝ザスーリチへの手紙を公式的になぞった花田とは似て非なるものであった。そもそも、花田が念頭に置いていた古典的な「革命」は、「一九六八年の革命」によって棄却されてしまう。六八年は、世界的に「民衆」の革命ではなく、「学生」による革命であった。

付言しておけば、一九六〇年代から七〇年代の「柳田ブーム」のなかでは、柳田の「常民」には、江戸末期や明治初頭の民衆暴動に見られるような祝祭性・暴力性が捉えられていないとする批判も、芳賀登（一九二六—二〇一二年）、安永寿延（一九二九—九五年）、色川大吉（一九二五—）、安丸良夫（一九三四—二〇一六年）などの思想史家からなされていた。もちろん、柳田を高く評価した上でだが、「常民」にナロードを読み込んだ者たち以上のナロードニキである。彼らが感情移入する民衆暴動は、天皇制をも打破する契機を孕んでいると見なされた。もとより、柳田が念頭に置いていた賢明な「常民」＝農民は暴動などおこさず、天皇制に抵触しない存在であった。『都市と農村』（一九二九年）のなかの「平和の百姓一揆」と題された一節にあるように、柳田は、「竹槍蓆旗の農民の暴動」つまり百姓一揆を否定的に捉えていた。「一揆が怖るべき治安の攪乱と目せらる丶以前、既に百姓の分際を以て、互に通謀し又は徒党を企つべき方法も具はり、且つ必要も認められて居た」（『全集』４、三〇二頁）というわけだ。一種のリアリズムである。この農民像は、むしろ、武家的な暴力性に公家的な平和的狡知を対置した花田清輝に近い。

第三章
「日本」は存在しない

ポストコロニアル研究からの柳田批判

それはともかく、かくして吉本隆明は、柳田をめぐる花田との象徴闘争に最終的に勝利した。もはや、吉本の言う「庶民」あるいは「大衆」は、柳田的「常民」概念の正統な後継者であるかに見えた。しかし、そのさなか、柄谷行人の「柳田国男試論」の連載が雑誌「月刊エコノミスト」で開始されたのである（一九七四年一月～四月号、六月～一二月号）。柄谷が吉本隆明の圏域から出発したことは、その『柄谷行人初期論文集』（二〇〇二年）や最初の評論集『畏怖する人間』（一九七二年）に収められた文章を一瞥しただけで明らかである。柄谷自身も、そのことを否定しないだろう。柳田論の雑誌連載時の一九七四年には、『畏怖する人間』はすでに刊行され、第二評論集『意味という病』（一九七五年）が刊行される直前である。

この時期、柄谷が意識的に吉本への批判を念頭に置いて柳田論を書こうとしたのかどうかは分からない。ただ、『畏怖する人間』以降の柄谷が、吉本の圏域からの脱出を図っていたことは、柳田論からも十分に読み取れる。「吉本氏は柳田の方法を「無方法の方法」とよんだが、私はそうは思わぬ。彼の中には一貫した方法がある」と、柄谷は、その連載の第一回目で言う。「柳田が「土着思想」を発掘したなどというのは甚だしい迷妄である」という一節も読まれる。これは吉本自身に向けられているというよりは、吉本の「大衆」や「庶民」をバックグラウンドにした「柳田ブーム」の当事者たちに向けられたものだろう。柄谷の目論見は、柳田をナショナルな思想家としてではなく、世界的な文脈で捉えようとするところにあった。そのような試みは、すでに橋川文三が柳田をマックス・ウェーバー（一八六四―一九二〇年）と対比した『柳田国男』に見られた志向だが、柄谷は、たとえば、柳田の言語論にハイデガー（一八八九―一九七六年）の存在論と同様の、国語（ナショナル・ランゲージ）への「内省的」な思考を見出した。ヴェーバーと柳田という対比は、宗教社会学という領域を考えた場合に容易だが、ハイデガーとの対比は意表を突くものを持っている。そして、われわれはそのことについて、柄谷とは違った意味で正しいと考えている。われわれの見解については、第Ⅲ部第四章で述べよう。

その「柳田国男試論」の連載第一回目に、吉本は自身が主宰する雑誌「試行」（一九七四年三月）で、いちはやく批判をおこなった。その詳細を追うことはあまり意味がないので控えておく。ただ、この批判をきっかけに、吉本と柄谷のあいだに決定的な疎隔が生じたことは疑いない。柄谷は吉本の批判に応接しなかったが、この「柳田国男試論」を中心とした初期中期の柄谷の柳田論が単行本『柳田国男論』としてまとめられて刊行されるのは、ほぼ四〇年後の二〇一三年を待たねばならなかった。その時は、すでに『遊動論——柳田国男と山人』（二〇一四年）としてまとめられる新たな柳田論の諸論考が、雑誌に発表されていたのである。その四〇年のあいだには、柳田をめぐる象徴闘争に重大な事態が生起していた。一九九〇年代における柳田国男批判の噴出である。それもまた、柄谷行人の周辺から生起したものだった。

すでに触れておいたように、柳田批判は民俗学の内部あるいはその周辺の人類学や歴史学から、繰り返しおこなわれてきた。しかし、それらがいかに正鵠を射ていたとしても、「国民的」知識人としての柳田のイメージを揺るがすには足りなかった。その大きな理由の一つは、柳田が捉えようとした「日本」を、それらの批判もまた共有していたからであり、柳田ほどには徹底して「日本」に淫していなかったからである。

柳田の死後に捧げられた多くのオマージュのなかで、やや異彩を放って批判的なものとしては、若い日の山口昌男（一九三一—二〇一三年）による「柳田に弟子なし——若き民俗学徒への手紙」（一九六二年、『人類学的思考』）がある。このやや挑発的なエッセイは人類学という隣接領域からなされている。山口の師匠筋にあたる先行世代の人類学者には、岡正雄や石田英一郎など、柳田門下から出て柳田批判に転じた者が多い。山口のエッセイは、柳田民俗学の知的狭隘さを指摘して、その後の山口の「知の道化」としての活躍を予感させるものである。しかし、山口の批判にもかかわらず、柳田民俗学は柳田の死後も生き延びた。山口は、柳田が参照した古い民族学（人類学）が、進化論や文化伝播論だったことを指摘し、「社会の構造研究・構成要素の機能的連関および部分と全体の統一的把握といった社会人類学の方法」が吸収されていたら、と惜しむ。しかし、山口がそこで念頭に置いているであろうレヴィ＝ストロースの人類学は、一九六〇年代から七〇年代の「柳田ブーム」のなかで、柳田民俗学の内外の人間によって、柳田のなかにすでに存在していたと見なされるのである。鶴見和子の前掲「われらのうちなる原始人」や、柳田の最後の弟子にあたる伊藤幹治の「柳田国男と文明批評の論理」（一九七二年「現代のエスプリ」57）には、すでにそのような視点が見られる。

一九六〇年代後半の日本では、戦後日本を席巻したサルトルの実存主義に代わるものとして、レヴィ＝ストロースに代表されるフランス構造主義の翻訳・紹介が少しずつ始まっていた。当時の「柳田ブーム」は、柳田がそれに応接しうる日本の独自の思想と位置づけられていたという側面も忘れてはならない。そのような柳田理解は、今なお、柳田のなかにアナール派史学やフーコーの考古学に対応するものがあると見做す傾向として維持されている。その理解の当否は問わず、そのような意味でも、柳田は「国民的」知識人なのである。あるいは、現在では、『遠野物語』や文学者時代の初期柳田を詮索することによって、柳田を近代リアリズム文学が遺棄してきた幻想文学や怪異小説の元祖とする見解も流布されている。しかし、このような幻想文学への称賛は、「近代」において何度も繰り返されてきたもので、あまり意味がない。ここでは簡単に指摘するに留めるが、柳田を評価する泉鏡花の小説が今なお読まれるべきなのは、何もそこにお化けが出てくるからではない。その「エクリチュール」の幻想性によるのである（渡部直己『幻影の杼機（ちょき）』

一九八三年、参照)。

忘れてならないのは、「柳田ブーム」のさなかの一九七〇年代初頭において、「一九六八年」の政治的思想的ムーヴメントのなかから、沖縄、在日、アイヌ、被差別部落などの非常民、異民族、アジアへの思想的・運動的なシフトが生まれてきたことである。一九七〇年のいわゆる七・七華青闘(華僑青年闘争委員会)告発は、当時いまださなかにあった全共闘―新左翼運動に対して、入管闘争を闘う在日中国人(台湾人)グループが、それを一国主義=ナショナリズムの枠内にあると批判し、思想的な衝撃を与えた。また、当時は、沖縄「返還」交渉のさなかでもあり、沖縄問題が論議されていた。そのような環境と衝撃のなかから、『われらの内なる差別』(一九七〇年)の津村喬、『辺境最深部に向って退却せよ!』(一九七一年)の太田竜(一九三〇―二〇〇九年)、『琉球共和国――汝花を武器とせよ!』(一九七二年)の竹中労(一九三〇―九一年)、『日本人は中国で何をしたか』(一九七二年)の平岡正明(一九四一―二〇〇九)など、後にポストコロニアリズムとも呼ばれることになるような思想の端緒が登場した。沖浦和光(かずてる)(一九二七―二〇一五年)の非常民研究も開始される。忘れてならないのは、戦後日本の最大の大衆作家の一人と言って過言ではない五木寛之が、こうしたムーヴメントに触発されて、『戒厳令の夜』(一九七六年)や『日ノ影村の一族』(一九七八年)のような作品を書いていることである(絓『革命的な、あまりに革命的な』、『「一九六八年」』参照)。

なお、「柳田ブーム」の担い手のなかでは、谷川健一が柳田の常民中心主義を内破すべく沖縄や古代史あるいは非常民的なものを発掘する、『青銅の神の足跡』（一九七九年）や『白鳥伝説』（一九八六年）などの著作を著していく。本書では詳述できないが、この時代の錯綜した思考のありかたは、網野善彦の問題とともに今後の研究課題たりうるだろう。

以上の文脈の先に、一九九〇年代に登場する柳田批判で重要なのは、村井紀（おさむ）の『南島イデオロギーの発生――柳田国男と植民地主義』と子安宣邦の「一国民俗学の成立」である。これらの批判は、かつて柳田を称賛していた者たちを批判者に転じさせるほどの破壊力を持った。村井の「南島イデオロギーの発生」は、柄谷行人が演出家の鈴木忠志とともに編集責任者をしていた雑誌「季刊思潮」一九九〇年の七号と八号に掲載された。「季刊思潮」が版元を福武書店（現ベネッセ）に移し、「批評空間」となるに及んで、村井の論文は同名で同社から刊行されたが、「批評空間」の再度の版元移行にともなって太田出版で増補改訂版が出され、二〇〇四年には岩波書店の岩波現代文庫に新版として収められた。各版には大幅な異同が認められるが（とりわけ折口信夫に対する評価）、本書では岩波版を用いた。本書において、不都合はないはずである。子安の論文は一九九三年に『岩波講座現代思想1　思想としての20世紀』に発表されているが、『近代知のアルケオロジー』に収められ、さらに別稿を加えて岩波現代文庫の『日本近代思想批判』（二〇〇三年）に収録された。本稿では、この版に拠った。同書には一九九〇年代の柳田批判にかかわる論争文も収録されており、便利である。村井については述べたとおりだが、子安も、柄谷が中心となっている「批評空間」には何度も登場している。

村井、子安の柳田批判は、一九七〇年代から引きつづいた「柳田ブーム」の担い手たちの間でスキャンダラスな反発を引き起こした。とりわけ、村井の論は、柳田が法制局参事官並びに内閣書記官記録課長として一九一〇年の日本による韓国併合に寄与し、その功績に対して翌年に勳五等瑞宝章が授与されている事実を挙げ、その植民地主義への自責が、それまで「北方」――つまり、主に『遠野物語』に典型的な東北地方など――に向かっていた初期柳田の民俗学的視線が、「南方」＝沖縄へと転換したと主張した。「私の言う〝南島イデオロギー〟は、ほぼ「北」を、つまり「北海道」と「韓国」（柳田で言えばアイヌ民族問題と「日韓併合」問題）とを排除し、消去することで成り立って」いる、と村井は言う。もちろん、村井は沖縄もまた一六〇九年の薩摩藩による進攻や一八七二年の琉球処分以来、日本の植民地主義に侵されてきたことを指摘する。つまり、柳田の一国民俗学と呼ばれるものも、植民地主義を内包していると主張したことが、柳田を称賛するリベラルあるいは左派たちからの反発を招いたのであった。

この村井の見立ては、やや恣意的であるように思われる。そもそも、韓国併合については、日本政府内でもさまざまな意見の相違があり、初代朝鮮総督府総監となる伊藤博文は併合に対し相対的に批判的だったともいう（小川原宏幸『伊藤博文の韓国併合構想と朝鮮社会』二〇一〇年）。後に幾つか言及するように、山県（有朋）閥とはいえ、官僚・柳田は山県や政府の政策に何度か違和感を抱くことがあった。韓国併合についても、そうであったとしてもおかしくはない。しかし、柳田の著述に徴するかぎり、そのことを知るのは困難である。なおかつ、柳田は韓国併合以前に、すでに「南方イデオロギー」を鮮明にしている。初期においても、「吾人の先祖は亜細亜南部の嶮岨な処に居つたものと想はれる」（「山民の生活」一九〇九年、『全集』23、六四一頁）と想定されている。この言葉は、初期柳田が、村井紀の説とは異なって、「南島」とは言わずとも、すでに「南方イデオロギー」を採用していたことの証ではなかろうか。

やや冷静になって見てみれば、村井の柳田批判を可能にしたのは、『グラマトロジーについて』のデリダによるルソーやレヴィ＝ストロース批判、つまり、いわゆる音声中心主義批判や自民族中心主義批判であり、エドワード・サイードの『オリエンタリズム』以来のポストコロニアル・スタディーズの成果である。もちろん、これらの成果を受容する背景には、一九八九年／九一年の冷戦体制の崩壊があった。このことを村井は隠しているわけではない。むしろ、著書のなかで堂々と披歴している。そもそも、村井の最初の単著は、誰もがデリダを想起する『文字の抑圧』（一九八九年）と題された、宣長の音声中心主義的国学への批判であった。詳細を述べる必要はあるまい。同様のことが、子安についても言える。子安もまた、デリダの音声中心主義批判の衝撃を受け止めるなかで、宣長批判を遂行していった存在であり、その延長線上で柳田批判が書かれていくわけである。

たとえば、村井紀は「季刊柳田國男研究」第五号（一九七四年）に「無意識なる偽善——言葉と柳田国男」というエッセイを寄せている。これは『国語の将来』（一九三九年）に材をとりながら、柳田のコミュニケーション論（言語論？）を称揚したもので、明らかに柄谷の「柳田国男試論」（すでに雑誌連載が開始されていた）の影響がうかがえる。先に触れた、柄谷がハイデガーと柳田との類縁性を指摘するところである。当時、すでにデリダの『グラマトロジーについて』の翻訳は出ていたが（一九七二年）、サイードの『オリエンタリズム』の原著が刊行されるのは一九七八年で、アメリカにおけるポストコロニアル・スタディーズは始まっていない。また、柄谷自身がデリダを摂取するのも、これ以降である。今なお刺激的な『マルクスその可能性の中心』（一九七八年）や『日本近代文学の起源』（一九八〇年）は、デリダなくしては書きえないものではあった。

「日本」はモノである

つまり、村井にしても初期においては柳田を称揚する立場だったということだ。ここで言いたいのは、村井の「転向」ということではない。転覆的な柳田批判という出来事が、デリダやサイードの衝撃なしには生じなかったという一点である（サイードがデリダを評価していないことは、ここでは措く）。子安の柳田批判についても然りだろう。では、一九九〇年代の柳田批判の意義とは何だったのか。それは単に、それまでの柳田を称揚する者たちが過剰に反発したところの、柳田が植民地主義者だったというところにはない。村井や子安が当時どれだけ意識していたかどうかは問わず、その衝撃は、「日本」なるものは存在しない、という含意にあった。村井や子安に対して柳田を擁護する者たちからは、柳田のテクストを無視あるいは誤読した批判だという駁論とである。

がなされ、村井や子安からは「テクストの占有者」(子安)という言葉が返されたが、些末なことである。

別段、事新しいことではないが、あえて言及しておく。「日本」は存在しない、とは、『快楽〔享楽〕の転移』のジジェクが、ラカンの有名な定式である「「女」は存在しない」を、サイードのオリエンタリズム批判について当てはめたことが参照されるべきである。ポストコロニアル・スタディーズに先行する一九六〇年代以降のフェミニズムが主張していたことは、「女」なるもの(見やすい例では「女らしさ」)は、支配的な「男」のヘゲモニックなパースペクティヴによって創造された歴史的・社会的・言説的構築物だということにあった。同様に、サイードの『オリエンタリズム』の衝撃は、「オリエント」なるものが西欧の眼差しによって創造されたものであり、「オリエント」なるものは存在しない、と言っていたところにある。事実、『オリエンタリズム』においては、オリエントは西欧によって「女」と表象されていると言われていた。村井や子安の柳田批判は、つまり、柳田が追究しようとした「日本」なるものは、「オリエント」と同様に存在しない、と言っているのだ。村井が言うように柳田が「北方イデオロギー」から「南方イデオロギー」に転換したのだとすれば、その理由がいかなるものであるにせよ、きわめて恣意的である。「日本」など、そんな恣意性のなかでしか存在しないのだ。同様のことを、子安は主に「民族」や「国語」について論じている。

子安の『日本近代思想批判』に収められている論文「「一国民俗学」批判とは何であったの

か」は、伊藤幹治や赤坂憲雄との論争を総括したものだが、これを読めば、その論争が「日本」は存在しないと主張する子安に対して、伊藤や赤坂が何とかして「日本」を存在せしめようとしたものであったことが見て取れる。そのことに、子安は自覚的である。子細を追う必要はあるまい。伊藤は「ネイションの核」の存在を主張し、赤坂は一国主義に対して「いくつもの日本」を対置したわけである（伊藤『柳田国男と文化ナショナリズム』二〇〇二年、赤坂『東西／南北考』二〇〇〇年、同『一国民俗学を越えて』二〇〇二年）。

伊藤と赤坂の立場は異なっているように見えるが、これについては後述する。「日本」は存在しないと言われて、いや存在すると言うのは馬鹿馬鹿しい水掛け論のようだが、まんざらそうでもない。「女」は存在しないと言われても、やはり女は存在するように見えるし、では、「女」という言説を構築した「男」も存在しないのか。存在しないとしてもかまわないが、では誰が「女」という言説を構築したのか。このような疑問は不可避だからである。そのことを「解決」するのが、ラカンの言った「女」はもの、である、というレベルである。「ネイションの核」なるものは、最初に言っておいた「不死の身体」の「もの」性のことだが、それが言説的な構築物であると啓蒙されても、近代においては不可避的に払拭不可能なものとしてあらわれてくるのである。

このような「日本」の両価性ゆえに、一九九〇年代の柳田批判は宙に浮いた。代わって主流となってきたのが、柳田の「常民」の民俗学ではなく、初期の非常民研究にウエイトを置く柳田への評価である。すでに歴史学者・有泉貞夫の「柳田国男考――祖先崇拝と差別」(一九七二年)において柳田の初期非常民研究は焦点化されており、その研究の放棄と常民の民俗学への転換は、柳田の保守化として批判されていた。しかし、ここにいたって、初期の非常民研究こそ、柳田の(可能性の?)中心だと言われるにいたるのである。このような志向は、一九七〇年代以降の網野歴史学の勃興のなかで、柳田学を延命させる言説として機能した。その典型が、赤坂の「いくつもの日本」論にほかならない。一九九〇年代の赤坂は、『山の精神史』(一九九一年)、『漂泊の精神史』(一九九四年)、『海の精神史』(二〇〇〇年)と、「柳田国男の発生」なる副題を付した浩瀚な大冊を書き継いでいく。しかし、版元の事情があったとはいえ「常民の精神史」が書かれず、そのことを赤坂自身が諒としていることからも明らかなように(『海の精神史』あとがき)、もはや柳田民俗学において「常民」問題は問われずともよいとされているわけである。非常民の民俗学として柳田民俗学を再編成して継承しようとする赤坂は、「東北学」を提唱することになる。同様に、初期柳田の非常民研究にウエイトを置く傾向は、近年では、安藤礼二の『折口信夫』(二〇一四年)などにも顕著である。

しかし、非常民研究時代の初期柳田が農政学の著述を多くしたという事実は、その場合、考慮の外でよいのか。すでに子安が言っているように、「いくつもの日本」なるものも「柳田と同じ日本という自画像を描くことへの欲望」だろう。幾つも描かれたとしても、それらが「日本」であることには変わりがない。つまり、さまざまなマイノリティーも、「日本」として承認されるというだけである。多文化共生主義（マルチカルチュラリズム）と呼んで良いだろう赤坂的な立場は、一九六八年の「革命」に対する「反革命」として登場した。つまり、「女」であろうが「少数民族」であろうが、マジョリティーがそれを「承認」するという立場である。だが、マイノリティーは本当にマジョリティーからの承認を求めているのか。承認とはマジョリティーがマイノリティーを表象＝支配（マスター）することでしかないことは指摘しておかなければならない。アメリカ合衆国やヨーロッパ先進資本主義諸国の「難民」問題への応接の現在における変化を見れば知られるように、多文化主義的な寛容は資本主義の自己都合以外ではない、ということだ。
「日本」や「アジア」のもの性は、子安も含めた彼らが認識しているところにはない。むしろ、戦時下日本にイロニーとしての日本を唱えた保田與重郎や、さらには今日のＩＳ（イスラム国）のごとき不可解な暴力として現出するものだろう。

　柳田民俗学をマルチカルチュラリズムへと接近させようとする試みは、戦中から戦後にかけて、すでになされていた。柳田自身はいざ知らず、柳田の弟子たちの多くは戦争協力を積極的におこなっており、「大東亜民俗学」なるものを構築しようとしていたらしきこともほぼ明らかである（川村湊前掲書）。柳田も「大東亜共栄圏」のイデオローグたる平野義太郎に少なからず加担していたことは見てきたとおりだ。戦前戦中に台北帝国大学に赴任していた中村哲も、同僚だった解剖人類学者の金関丈夫（一八九七―一九八三年）とともに大東亜民俗学を構想していた様子だが（川村湊前掲書）、戦後、岡本太郎（一九一一―一九六年）を柳田に引き合わせたことがある（中村哲、前掲書前掲文)。柳田が没する一年前というから、一九六一年であろうか。岡本がマルセル・モース(一八七二―一九五〇年)の弟子であったことを知った上でのことであろう。岡本の人類学での専攻領域は、モースに倣ってポリネシアなど南洋諸島であったが、中村はそれを知り、なおかつ柳田の沖縄や台湾を含む「南方」への深い関心をも踏まえてのことであったと思われる。柳田はモースの『贈与論』を読んでいる(「交易の原始形態」一九三六年、『全集』29)。柳田がモースの師・デュルケームに学んでいる形跡があることについては、川田稔らの指摘がある(『意味の地平へ』一九九〇年、など)。もっとも、岡本と会った当時の柳田は、すでに知的にも老いており、話が深化しなかった様子だが――。

岡本が柳田を訪れた当時、すでに、その「縄文土器論」(『日本の伝統』一九五六年)も沖縄文化論(『忘れられた日本』一九六一年)もおおやけにされていた。岡本のこれらの論考は、つまるところ、「南方」ポリネシアのエネルギーを日本の「古層」ないし「周縁」に見出そうとするものである。「忘れられた日本」とは「いくつもの日本」のことにほかならない。赤坂憲雄が『岡本太郎の見た日本』(二〇〇七年)を書くことになる理由である。しかし、岡本太郎が縄文(東北)や沖縄に見出した爆発的な「日本」のエネルギーとは何だったのか。それは南方的・環太平洋的であることをこえて、太陽エネルギーのことであり、つまりは二〇一一年の三・一一で爆発した原子力エネルギー以外ではないのである。岡本の原子力礼賛は、『黒い太陽』(一九五九年)や『私の現代芸術』(一九六三年)に明確に記されている。そもそも、岡本太郎の高名な「太陽の塔」は、「原子力元年」と銘打たれた一九七〇年大阪万博のシンボルとして建てられたものだ。モースからバタイユ（一八九七―一九六二年）の「普遍経済学」（『呪われた部分』）に継承された贈与論は、二人の弟子である岡本にいたって、原子力＝太陽という過剰なものの贈与の無批判な礼賛にいたっているわけである（絓『反原発の思想史』）。だとすれば、「東北学」を名のり岡本太郎を継承して三・一一以降の東北の「復興」を支援する赤坂のマルチカルチュラリズムとは、いったい何だろうか。

可能なるコミュニズム

柄谷の破天荒とも驚嘆すべきとも評しうる『遊動論』は、柳田をめぐる象徴闘争のマルチカルチュラルな転回を経由することで登場した。それもまた初期柳田の非常民研究に焦点化したものであり、それを中後期柳田の「固有信仰」神学につなげてみせるという力業が一種のアクロバティックな達成を見せている。それは、柄谷の近年の著作が人類の「ディープ・ヒストリー（ビッグ・ヒストリー）」の構築への志向を色濃く反映していることとの一環でもあろう。とうに常民＝農民のリアリティーは喪失していた。しかし、急いで付け加えておかなければならないが、柄谷の『遊動論』がマルチカルチュラリズムだということではない。そもそも、『日本近代文学の起源』という著作にしてからが、日本の近代文学が「封建的」で特殊だとする旧来の史観に対して、「日本近代文学」なるものは存在しないと主張するものだったはずである。つまり柄谷は、「日本近代文学」を「世界史の構造」のなかに位置づけたわけである。

このことを、絓は、柄谷における「労農派的転回」と呼んだことがある（『天皇制の隠語(ジャーゴン)』）。それまでの日本文学に対する歴史観は、小林秀雄の「私小説論」（一九三五年）を典型として、その「封建的」な特殊性（天皇制の存在）を指摘するものであった。これは、日本資本主義論争における講座派マルクス主義の史観から学んだものである。小林秀雄は、もちろん非（反）マルクス主義者であったが、その歴史観は、一九三五年当時の親しい友人であった転向文学者・林房雄（一九〇三—七五年）から学んだのではないかと推定される。林の転向文学で日本の近代化を題材にした『青年』は何度も書き直されているが、その一九三四年の初版は、いまだにまったき講座派史観にもとづいていた（内藤由直(よしただ)『国民文学のストラテジー』二〇一四年）。小林はただちに『青年』を絶賛した評を書いている（「林房雄の『青年』」一九三四年）。講座派史観に対する労農派マルクス主義は、日本の近代を世界的同質性のなかで捉えたものである。柄谷は、『マルクスその可能性の中心』で、労農派の近傍から出発した特異なマルクス経済学者・宇野弘蔵（一八九七—一九七七年）を参照し、すでに「労農派的転回」を果たしていた。ただ、労農派の難点は、つまり「日本的特殊性」としての天皇制問題が問えなくなるところにあり、このことは柄谷の「ディープ・ヒストリー」を反映した柳田論にも影を落としていく。

以上のことから、柄谷が赤坂憲雄との対談（「柳田国男の現代性」、「at プラス」18、二〇一三年）で、村井紀らの一九九〇年代の柳田批判に対して「あまり興味がもてなかった」というのは、やや韜晦した言い方だろう。柄谷の『遊動論』は、柳田論のマルチカルチュラリズムへの転回のみならず、一九七〇年代以降の網野善彦による非常民の歴史学や、ドゥルーズ／ガタリの『千のプラトー』におけるノマドロジーを踏まえて、柳田の思想を、それを超えた世界性のなかで捉えようとしたと言える。柄谷が言うように、常民から非常民へ、定住から遊動（ノマド）へといったこれらの視座転換は、「一九六八年の革命」を経た後の先進資本主義諸国における農村の解体と資本の流動性の高まりに呼応するものだろう。柄谷の『遊動論』はそのことを見据えて、それをこえる「可能なるコミュニズム」を柳田のなかに見ようとしたと言える。その柳田論のポイントの一つが、柳田の最初の民俗学的著述と見なされる『後狩詞記（のちのかりことばのき）』における、「社会主義」の発見であった。

　柄谷の著書にも記されているが、煩をいとわず略述しておこう。一九〇八年の五月から八月にかけて、農政官僚・柳田は九州旅行をおこなっているが、その過程で七月には宮崎県内陸部の山地・椎葉村（しいばそん）に入った。そこで村長以下の歓待を受け古文書などを見るなかで、群書類従にある「狩詞記」に倣って、椎葉村の狩言葉を記録したのが『後狩詞記』である。一九〇九年、私家版として少部数で出版された。おおむね椎葉村に保存された古文書を写したものだが、そのなかには、狩りでえた猪の分配方法として「撃主には射中てたる方の前肢と胆とを与ふ。其前肢の目方は総量の五分の一なり。其後又撃主をも加へて平等に分配す」（『全集』1、四五一頁）云々、とある。また、椎葉村の「生業」たる「焼畑の土地は今も凡て共有である」（四三五頁）ともある。九州探訪についての講演記録「九州南部地方の民風」（一九〇九年）には、「此山村には、富の均分といふが如き社会主義の理想が実行せられたのであります。『ユートピヤ』の実現で、一の奇蹟であります」とある。しかし柳田は、その奇蹟は「併し実際住民は必しも高き理想に促されて之を実施したのではありませぬ。全く彼等の土地に対する思想が、平地に於ける我々の思想と異つて居るため、何等の面倒もなく、斯る分割方法が行はる、のであります」（同、『全集』23、六二八頁）と言うのである。

椎葉村住民のこの「我々の思想と異」なった思想を、柄谷は「山人」の思想と名づける。赤坂憲雄の精査（『山の精神史』）によれば、柳田は山人と山民をほぼ厳密に使い分け、前者は先住異民族と、後者は常民から分かれたものとされる。椎葉村の住民は山民ではあるが山人ではない。山人は遊動的であり、それはドゥルーズ／ガタリの言う「ノマドロジー」をこえるものであると、柄谷は近年の人類学の知見などを参照しながら説く。

柳田において結局、「山人は見つからない。しかし、山人の「思想」は確実に存在するのだ。山人は幻想ではない。それは「思想」とし存在するのだ」と、柄谷は言う。「人々の自治と相互扶助」に基づく柳田の「社会主義」とは、同じ柄谷の『世界史の構造』（二〇一〇年）に言う、互酬的な「交換様式A」ということなのであろう。

ところで、柄谷の柳田理解の前世代に対する一つの新しさは、柳田のエドマンド・バーク流保守主義を、「可能なるコミュニズム」へと転換してみせたところにある。柄谷はハンナ・アーレントの評議会運動への高い評価を受け継いで（『世界史の構造』）、それがアソシエーション運動としての「可能なるコミュニズム」だとするが、先に述べておいたようにアーレントがポスト・フランス革命（ロシア革命）の思想家であるのと同じ意味で、それはバーク＝柳田的保守主義（伝統主義）をも包摂したものである。柄谷は『倫理21』その他で、カントの「他者を手段としてのみならず、目的として扱え」（『道徳形而上学原論』）という格率を敷衍し、そこにおける他者が未来の他者をも含むものとした。カントのバークからの影響は、その崇高論（バーク『美と崇高の論理』、カント『判断力批判』）においてしばしば指摘されるが、この読み込みも妥当なものだろう。その場合、他者とは未来だけでなく過去の他者をも含むものでなければならない。また、そう考える方が正しい。柳田は『後狩詞記』の、椎葉村における焼畑共有地の「社会主義」を記した直後に、「思ふに古今は直立する一の棒では無くて、山地に向けて之を横に寝かしたやうなのが我国のさまである」（『全集』1、四三五頁）という有名な言葉を記している。これは、椎葉村の「社会主義」が伝統的な過去への責任と継承においてあることを言っていると見なすべきだろう。

だが改めて振り返ってみれば、バーク＝柳田の伝統主義（保守主義）は、その担い手を「国家」と指定していたのではなかったか。それは、「社会」ではありえないのである。だとすれば、柳田の「社会主義」とは何か。また柄谷は、『先祖の話』に代表される中後期柳田の「固有信仰」論を、「固有信仰を求めることは、山人を求めることにほかならない」と言って、初期柳田と戦後柳田との連続性を主張する。しかし、日本の敗戦を眼前にして書き継がれ、敗戦直後に刊行された『先祖の話』その他は、まぎれもなく、永続すべき「国家」の危機への応援であり、天皇制護持のイデオロギーであった。そのことと山人の思想＝固有信仰とは、どう関係しているのか。柳田の固有信仰＝祖先崇拝の問題（アクチュアリティー！）については、主に第Ⅲ部第二章で論じるが、おそらく、このあたりに丸山真男から吉本隆明をへて柄谷行人にまでいたった柳田をめぐる象徴闘争において見逃されてきた問題も伏在していると思われる。

戦後の柳田理解に欠落していた視点は、柳田がまぎれもなく国家官僚として発言しているということである。そして、それこそが柳田の民俗学、農政学、文学の三つを貫く言説の水準でもあるだろう。意外かもしれないが、そのことは柳田におけるクロポトキン（一八四二―一九二一年）という問題を導入することで明らかになる。アナキストとして知られるクロポトキンは、柳田の文学、農政学、民俗学を繋ぐミッシングリンクであり、そこから官僚としての柳田の相貌があらわれるのである。

Ⅱ

帝国主義国家官僚のクロポトキン

柳田の「闕語法」

柳田国男はクロポトキン主義者であった。それは単に一時的なものではない。若い決定的な時期に導入され、生涯をとおしてのことだったと思われる。柳田の文学的嗜好はイギリス文学やフランス文学以上に、その周縁のヨーロッパ諸国の文学に傾く傾向がある。それは、当時の「世界文学」の趨勢を反映しているが、同時に、ロシアがヨーロッパでありながらそれ以外でもあるという地政学的特殊性をも反映している。近代日本が、アジアでありながら欧米の波にあらわれているように、である。

柳田にはクロポトキンに直接に言及した文章が二つ存在する。一つは「クロポトキンとツルゲーネフ」(『全集』23)と題された、談話速記とも推定されるもので、田山花袋が編集兼発行人を務める「文章世界」一九〇九年第四巻第六号(五月一日発行)の雑録欄に掲載された。文末に「KY生」とあるものである。四〇〇字詰め原稿用紙にして一六枚である。もう一つは、「農政の新生面」(『全集』24)と題されたもので、帝国農会の仙台市での講演録であり、一九一三年六月一五日発行の「帝国農会報」第三巻第六号に掲載された。仙台市での講演は同年三月二三日におこなわれた。題名から知られるように、クロポトキンを主題に論じているわけではない。同文では、「クロパトキン」とあるが、クロポトキンのことであることは、そこにクロポトキンの『田園・工場・仕事場』(種々の邦題があるが、本書ではこれに統一する)が間違いなく引かれていることで明らかである。そのことも、後に明らかにする。現在公開されている柳田の膨大な蔵書目録には、クロポトキンの著作は含まれていないが、柳田は確かにクロポトキンを読んでいるのである。

柳田がクロポトキンを読んでいたということは、柳田研究において魅力的な主題であるはずだが、柳田とクロポトキンという視点は、これまで存在していない。われわれが知る限りで、クロポトキンと柳田を関係づけているのは、大室幹雄の『ふくろうと蝸牛(かたつむり)』(二〇〇四年)での簡単な指摘が唯一かと思われる。しかしそこでは、柳田の文学的教養にクロポトキンも入っていただろうという推定がなされているのみである。後にも述べるように、クロポトキンのロシア文学史『ロシア文学の理想と現実』(原著は一九〇五年、英語版)は、戦前ではロシア文学を知る上での格好の入門書の一つで、広く読まれたことが知られているから、大室の推定は正鵠を射ているだろう。事実、柳田の「ツルゲーネフとクロポトキン」では、『ロシア文学の理想と現実』(以下、おおむねロシア文学史と略記)を読んだことが明記されている。つまり、クロポトキンの文学者としての側面も、受容されていたわけである。だが、それだけではない。

柳田はアナキストであり革命家でもあるクロポトキンに親炙するところがあったのだ。現在刊行中の新版『全集』は、「クロポトキンとツルゲーネフ」を初めて収録しているが、この文章の存在はすでに知られていた。その新版『全集』23の編者「解題」には「クロポトキンはロシアの地理学者」とある。確かにクロポトキンは地理学者・地質学者で間違いではなく、民俗学者となっていく柳田のクロポトキンへの関心はその面にも向けられていたと見なしうるが、何よりもまず、クロポトキンはアナキストであり革命家である。「解題」のこの記述は、ややミスリーディングだろう。「農政の新展開」における「クロパトキン」への『全集』24の注解はなく（明治期では「クロポトキン」の表記は一定していない）、そこで援用されている書物が『田園・工場・仕事場』であることにも指摘がない。

精査をきわめる新版『全集』の編集解題でかくのごときだから、柳田とクロポトキンという視点が、膨大な柳田研究のなかで生じなかったのも無理はないのかも知れない。しかし、それはクロポトキンという思想家が、二〇世紀が始まる前後の日本において――いや、世界的にも――果たした大きな役割に対する現在の忘却に理由があると思われる。現代でも、クロポトキンの思想がかえりみられることはなくはない。しかし、それはソ連邦崩壊以降の世界において、失墜した社会主義（ボリシェヴィズム）に対する、アナキズムの復権といった、相も変わらぬ退屈な反復のなかで、である（おおむね、この文脈だが、『災害ユートピア』のレベッカ・ソルニットや『負債論』のデヴィッド・グレーバーなど現在のアナキストは、クロポトキンに依拠しており、本書は、この潮流の議論を批判的に踏まえている)。

クロポトキンを参照することなく、柳田をアナキストと呼ぶ者はいた。柳田に「原始人」を見た鶴見和子は(鶴見和子前掲論文参照)、原始人はアニミズムであり、アニミズムはアナーキーであり、したがって柳田はアナキストであると言う(鶴見和子『言葉果つるところ 石牟礼道子の巻(鶴見和子・対話まんだら)』二〇〇二年)。これがナイーブな妄想であることは、本書の第Ⅲ部第四章で明らかにされよう。鶴見は柳田のアニミズムは天皇制と無関係だと言うが、間違いである。そもそも鶴見の対談相手の石牟礼が、今や隠れもない天皇主義者である。

柳田におけるクロポトキンが問題化されてこなかったのは、クロポトキンに言及している文章が二つだけに過ぎないということもあろう。しかし、柳田には、橋川文三が言う「réticence(闕語法)」(「柳田国男拾遺」一九六四年)の癖があることは知られており、参照文献などを隠していることも頻繁である。柳田研究はそれを探し当てることに腐心してきたのではなかったか。われわれの考えでは、クロポトキンこそ柳田の最大の「闕語」なのである。

クロポトキンの日本への導入

クロポトキンの日本における導入過程を一瞥することから始めよう。その文脈のなかに、柳田にとってのクロポトキンを位置づける必要があるからである(以下の記述は、ピルーモヴァ『クロポトキン伝』所収の、訳者・左近毅による、クロポトキンに関係する日本語の文献の記述などを主に参看し、他の文献からのものも付加した）。

クロポトキンの名前は、日本においては、自由民権運動のなかでロシア「虚無党」の名とともに知られるようになった。いわゆる「政治小説」である。自由民権運動は自らをロシア・ナロードニキに擬するところがあり、ナロードニキはニヒリストといっしょくたに「虚無党」と言われた。その過激さが怖れられ瞠目されてもいた。左近によれば、西河通徹（にしかわつうてつ）訳述『露国虚無党事情』（一八八二年）が、日本でクロポトキンの名前が見出せる最初のようである。発禁処分になったという。政治小説としては、ナロードニキ（チャイコフスキー団）であるステプニャーク（一八五二―九五年）の『地底のロシヤ』を種本とする、土佐自由党系の政治小説家・宮崎夢柳（むりゅう）（一八五五―八九年）の『虚無党日実伝記　鬼啾啾（きしゅうしゅう）』（一八八四年）が、相当の分量のクロポトキンの伝記を含んでいる。「全魯西亜帝国内到る処に日に月にその数を増加し来り、大いに勢力を逞しうする、彼の最とも恐怖すべき虚無党の魁首と仰がれ、領袖と敬はれて、同党員を指揮するもの、中にも、当時有名なるは侯爵ペートル、クロポトキン氏にて」（『明治文学全集』5）云々、で始まるその記述は、人口に膾炙していったと思われる。ナロードニキを虚無思想ととらえ、クロポトキンをその指導者と捉えるという見方は、革命を恐怖する欧米ジャーナリズムの影響もあって、日本では広く流布されていた。なお、付言しておけば、クロポトキンの家は「侯爵」ではなく「公爵」である。また、『鬼啾啾』には、ナロードニキ時代のヴェラ・ザスーリチの過激な肖像も描かれていることを注記しておく。マルクス主義者に転向し、晩年のマルクスにロシアにおける革命の可能性を問うた、あの女性である。

ロシア・ナロードニキへの興味は、文学の上では、政治小説のみならず、二葉亭四迷の翻訳に始まるツルゲーネフへの関心から、自然主義文学運動のなかにも潜在していった。二葉亭の最初のツルゲーネフ翻訳は、『父と子』の部分訳で、「虚無党形気（きょむとうかたぎ）」と題されていた。一八八六年頃であり、刊行はされなかった。原稿も不在ではある。なお、『父と子』（一八六二年）のバザーロフはニヒリストとして知られるが、ナロードニキではない。『父と子』が書かれていた時点でナロードニキ運動は起こっていないからだ。ツルゲーネフがナロードニキを描くのは、最晩年の『処女地』（一八七七年）においてである。しかし、ツルゲーネフの作品はナロードニキに向かう前史のロシアの農民やインテリゲンツィアの姿を日本にも伝えた。二葉亭に対しては相対的に否定的だったとはいえ、ツルゲーネフに親炙するところ大であった柳田の「クロポトキンとツルゲーネフ」も、この文脈で書かれた側面が強い。

クロポトキンの思想は、その著作を一読しただけで明らかなように、穏健穏当なものだ。ナロードニキのテロリズムとの関係についても、直接には想像しにくい。自伝『ある革命家の手記』（一八九九年）には、それについての弁明が記されている。にもかかわらず、クロポトキンの思想がテロリズムに関わっているところが、クロポトキンのアナキズムをわかりにくくしている。柳田の「クロポトキンとツルゲーネフ」について言えば、このエッセイは『ある革命家の手記』の紹介という側面が強い。

政治小説などでの紹介をへて、クロポトキンが本格的に受容されるには、幸徳秋水（一八七一—一九一一年）ら初期社会主義者によるクロポトキン受容を待たなければならなかった。だが、幸徳もまた、クロポトキンを直接行動主義の過激な革命思想と受け取ったのである。幸徳は一九〇五年に獄中でクロポトキン『田園・工場・仕事場』（一八九八年に英語版刊行）を読みアナキズムに深く関心を寄せたが、同年一二月に亡命するようにして渡米、在米のアナキストや社会主義者と交流するなかで直接行動主義の旗幟を鮮明にしていく。一九〇六年六月に日本に帰国、その後、その直接行動主義が一九一〇年の「大逆」事件への流れを形作っていくのである。

帰国の翌年に幸徳が発表した「余が思想の変化」（一九〇七年）のなかには「労働階級の欲する所は、政権の略取でなくて『麺麭（ぱん）の略取』である」（『明治文学全集』84）という有名な一節が読まれる。この幸徳の言葉に促されるように、社会主義者の大弾圧で知られる、大杉栄（一八八五—一九二三年）らによる赤旗事件（一九〇八年）が生起し、一九〇九年一月三〇日には幸徳らの平民社から刊行のクロポトキン『麺麭の略取』（一八九二年にフランス語版刊行）の翻訳出版が発売禁止となった。しかし、一九〇六年の幸徳の帰国以後、平民新聞を中心にクロポトキンの翻訳紹介は爆発的に増えていく。大杉栄、山川均（一八八〇—一九五八年）、森近運平（一八八一—一九一一年）、大石誠之助（一八六七—一九一一年）、白柳秀湖（しらやなぎしゅうこ）（一八八四年—一九五〇年）、上司小剣（かみつかさしょうけん）（一八七四—一九四七年）といった初期社会主義者たちが、それに携わった。彼らのなかには「大逆」事件に連座した者も複数含まれている。

しかし、クロポトキンの影響力は、平民社の周辺にとどまらなかった。ここではその例として、北一輝（一八八三―一九三七年）の一九〇六年五月に刊行された『国体論及び純正社会主義』を一瞥しておこう。そのなかに、クロポトキンへのやや詳しい言及が見られる。この本は発売五日で発禁となったが、堺利彦（一八七一―一九三三年）がたまたま読んで平民社同人の注目するところとなり、北は平民社入りを勧められるが拒絶、宮崎滔天（一八七一―一九二二年）らの革命同志会と知り合うことで「右翼」への方向を選択、北は危うく「大逆」事件の難を逃れることができたというエピソードが知られている。『国体論及び純正社会主義』が刊行された一九〇六年といえば、先にも述べたように、平民新聞などでようやくクロポトキンの翻訳紹介が盛んになり始めた年で、それ以前のことであろう執筆過程での北が、それらに触れる機会は、ほとんどなかったはずである。北は語学ができないから、英書でクロポトキンの著作を読むこともできなかった。北の知識は当時在籍していた早稲田大学の講義録や図書館蔵書などによるものであると推定されている（渡辺京二『北一輝』一九七八年）。つまり、大学あたりでは公然とクロポトキンの思想が講じられていたのであろう。

北のクロポトキン理解は、ある意味では、直接行動主義に帰結する幸徳の理解よりも明晰である。「クロポトキンの相互扶助による生存競争」の小見出しが立てられている冒頭部分を引用しておこう。なお、『相互扶助論』の原著英語版は一九〇二年刊である。

実に、今の生物学者は玉を抱いて瓦の如く考へつゝある者なり。生物進化論が人類に与へたる福音は、如何なる道徳論も如何なる宗教も及ばざる者なることを気附かざるか。ダーヰンによりて悪魔の声の如く響きたる生存競争説は、終にクロポトキンに至りて相互扶助の発見となれり。即ち是れ個体の高き階級たる社会を単位とせる生存競争にして、古来の漠然たる道徳的意識に明確なる科学的根拠を与へたる者なり。（『北一輝著作集』1）

まず注目しなければならないのは、北がダーウィンの進化論をこえるものとしてクロポトキンの相互扶助論を捉えていることである。ここでは、ダーウィンの主張が「悪魔の声」すなわち適者生存説として捉えられている。今日では知られているように、ダーウィンが適者生存を唱えたことはなく、ここで批判されているのはダーウィンを横領したスペンサーの適者生存・優勝劣敗の社会ダーウィニズムのことと見なすべきだろう（ダーウィン以来の進化論の今日にいたるまでの錯綜と進捗の歴史については、吉川浩満『理不尽な進化』二〇一四年、が明解な展望を与えている）。

スペンサーの社会ダーウィニズムは一九世紀世界をおおった巨大な社会理論だが、明治期初期の日本でも猖獗をきわめた。維新後いち早く天賦人権説を紹介し明六社社員として明治期啓蒙の一翼を担った加藤弘之（一八三六―一九一六年）は、国会開設を前にして『人権新説』（一八八二年）を発表して民権思想を批判し、社会ダーウィニズムに転じた。また、同じく国会開設を前にして刊行された『新体詩抄』（一八八二年）の著者の一人である外山正一（一八四八―一九〇〇年）

は、米国留学で社会ダーウィニズムを学び「スペンサーの番人」と揶揄されもしたが、そのなかで「社会学の原理に題す」という詩を書いている。「適するものハ栄ゑゆき／適せぬものハ衰へて／今の世界に在るものハ」――「元を質せば一様に／一代増に少しづゝ／積みかさなれる結果ぞと／今古無双の潤眼で／見極ハめたるハこれぞこれ／アリストートル、ニウトンに／優すも劣らぬ脳力の／ダルウヰン氏の発明ぞ／これに劣らぬスペンセル／同じ道理を拡張し」（『明治文学全集』60）云々と、社会ダーウィニズムを提唱したわけである。加藤、外山ともに明治国家官僚と見なしてよいだろう。なお、この詩には「社会党」や「虚無党」の恐ろしさも記されている。『新体詩抄』は坪内逍遙の『小説神髄』や二葉亭四迷の『浮雲』に先駆ける言文一致運動（俗語革命）の濫觴（らんしょう）でもあるが、前代の文学を形式・内容両面から改良しようとするその世俗主義は、国会開設と明治憲法発布という「近代化」に応接しようとするものでもあった（絓『天皇制の隠語（ジャーゴン）』）。それは、相互に自由で平等な「国民」を創設しようとするものであると同時に、「国民」内部あるいは諸「国家」は、相互に適者生存・優勝劣敗の法則にさらされている存在でもなければならなかったのである。当初の国会は、いわゆる「普選（普通選挙）」ではありえなかった。

今日では社会ダーウィニズムは科学的にも否定され、加藤や外山を嘲笑することが通例となっている。そのことの最近の例は松浦寿輝の『明治の表象空間』（二〇一四年）において見ることができる。しかし、それは嘲笑しておけば足りるのか。他方で松浦は、北一輝の『国体論及び純正社会主義』の罵倒と哄笑に満ちた文体を、バフティン（一八九五―一九七五年）のポリフォニー論に倣うかのように称賛しているが、それはそれでよいとして、そこで松浦は、北がクロポトキンを持ち出して社会ダーウィニズムを批判したことの理由が、まったく理解できていないことは明らかである。

社会ダーウィニズムとはアダム・スミス（一七二三―九〇年）を祖と見なした自由放任主義（レッセフェール）のイデオロギー以外ではなかった。確かに、それはイデオロギーと似た意味で、新しい「詩」であったのであろう。だからこそ、『社会主義神髄』（一九〇三年）の幸徳も、それは当時の「美」であったと言っている。日本資本主義は、幕末の重商主義段階から明治維新をへて自由主義経済の段階に移行しなければならなかった。関税自主権を奪われた日本が不平等条約の撤廃を国是として求める場合、そのイデオロギー的な担保だったのがレッセフェールでありスペンサー流の社会ダーウィニズムなのだ。もちろん、国際社会における日本という国家は、優越者であり適者と見なされる。加藤弘之や外山正一は、国家官僚として、正しく国家の要請に応えていたのである。

近現代詩は、その忌まわしい「起源」としての『新体詩抄』を否認することに腐心してきた。とりわけ、その忌まわしさの象徴が外山正一のこの詩であった。その代わりに見出されるのが、江戸幕末の漢詩であったり、北村透谷（一八六八―九四年）であったり、はたまた明治期初期の讃美歌邦訳であったり、等々であった。そのような否認の身振りは、近代詩が国家的政策の一環として、官僚によって作為されたということへの否認に他ならない。しかし、それはまぎれもない「事実」ではないか。そして、そのような否認の身振りこそ、逆に、誰とは言わぬ近現代詩人が簡単に国家と官僚に——たとえば、卑近には勲章などによって——籠絡される理由である。なお、柳田の婿入り先の柳田家の長女は、やはり『新体詩抄』の著者である矢田部良吉の後妻であり、隣家に住んでいた。『抒情詩』の著者でもあった明治国家官僚・柳田は、以上のことに気づいていただろうか。もちろん、柳田はレッセフェールの詩人ではない。帝国主義時代の「詩人以上の詩人」（中村光夫「新国学談」）である。

それはともかく、一八九〇年代あたりを境に、欧米においては後発資本主義国のドイツが、すでに帝国主義段階に突入していた。ドイツの帝国主義化は、その二〇年ほど前から徴候を見せていた。先進資本主義国イギリスの軽工業中心に対する、重工業中心の独占カルテルの出現であり、それが金融資本や国家と結びつく傾向である。詳述する余裕はないが、伊藤博文や山県有朋が日本の憲法や地方自治改革の範をドイツ・プロイセンに求めたことも、これと関係する。そして、日清戦争をへて日露戦争を終える頃の日本は、不平等条約の撤廃も大方終わり、帝国主義への体制を本格的に整えていく。日英同盟の締結（一九〇二年）は、その象徴と見なされた。もはや優勝劣敗を謳う自由放任は許されない。帝国主義的な国家的経済政策とそのイデオロギーが必要となり、つまり、新しい社会進化論が求められていた。より端的に言えば、国境をこえる市場と資本主義に対して、国家は財政をとおして分配と相互扶助を内政で担うという役割分担が意識されることになった。左右の政治的な立場を問わず、そこで見出されたのが、たとえばクロポトキンの相互扶助論なのである。山県有朋の地方自治改革も、このような機運を背景になされた。

北一輝は、いわゆるアナキストではない。アナキストとは逆の、国家社会主義者と言ってよいだろう。その北がクロポトキンをかくも評価する理由は、その相互扶助論が国家社会主義にとっても有力な参照先たりうると思われたからである。日清戦争後、日露戦争を前にして農政官僚となった柳田国男がクロポトキンを摂取する文脈も、一つにはここにあるが、そのことは後に詳述することになろう。

柳田のクロポトキン受容は、北や、すぐに後述する「右翼」アナキスト、あるいは幸徳秋水のように過激なものではない。なお、クロポトキンは若い時期にスペンサーのロシア語の訳本を刊行しており、その著作の多くでスペンサーを批判し、自身の社会ダーウィニズムが説かれている。柳田もまた、生涯にわたってクロポトキン流の社会ダーウィニズムの徒であった。すでに一九〇六年の「産業組合に就て」でスペンサー流の優勝劣敗論への批判が読まれ、産業組合の必要性が説かれている。官僚を辞してからの著作である『青年と学問』（一九二八年）には「民俗進化の跡」という節があり、「ダーヰニズムの啓示」を称え、「蛮民土人の社会にも進化があつて」云々と述べている（『全集』4、一六八―九頁）。その社会進化論は「狭隘なる民種優劣観」（『全集』4、一七〇頁）を批判するものでもあった。柳田が後に国際連盟の委任統治委員になる時に改めて遭遇する、「黄禍論」に対する批判の「科学的」根拠も、ここに求められる。しかし、それはまた後進帝国主義のイデオロギーとなりうるものなのである。

付言しておけば、クロポトキンは第一次世界大戦で連合国支持・ロシア支持を表明して、世のアナキストたちを驚かせた。不戦のひとと見なされていたからである。しかし、その相互扶助論は、北一輝が見て取ったように、一国的な単位の相互扶助社会を念頭に置いて組み立てられており、国際関係は対称的な諸国家相互の静的な平和として前提されている。ドイツの宣戦は、そのヨーロッパ世界秩序を乱すものとして非難されなければならないのであり、レーニンのような、それを革命へと転化するという発想は、根本的になかったのである。クロポトキンの思想自体が、帝国主義の時代のイデオロギーであった。そのことは、今なお確認されるべきである。後論をやや先取りして言えば、次のようなことだ。「アナキスト人類学」（デヴィッド・グレーバー）とも近傍にあるジョン・ホロウェイは「権力を取らずに世界を変える」ことを提唱して、今日の「新しい社会運動」におけるアナキズムの復権に貢献した。その意味で言えば、柳田は「アナキスト民俗学」と言える。それは、帝国主義国家官僚として権力を取っているから世界を変えられる、という立場だろう。もちろん、柳田のほうがリアルなのである。

　北一輝に見られる「右」におけるクロポトキン受容は、権藤成卿（一八六八―一九三七年）や橘孝三郎（一八九三―一九七四年）といった農本主義者の「社稷」概念へと受け継がれていき、北一輝の国家社会主義とともに、五・一五事件（一九三二年）や二・二六事件（一九三六年）などの「昭和維新」青年将校運動の思想的背景をなした。北と権藤の影響関係については定かでないが、権藤の最初の著作で「社稷」概念を闡明した『皇民自治本義』の刊行が、北の『国体論及び純正社会主義』に遅れる一九二〇年だったことを考えると、その「社稷」は、北をも経由したクロポトキンの農本主義的受容と考えるのが妥当かと思われる。社稷とは、孟子に出典を仰ぎながらも、それをクロポトキン的相互扶助社会とするものである。社稷を「国家」とする考えもあるが、権藤らの近代的「社稷」概念は、「社会」――これは近代において創造された概念である――とするほうが正鵠を射ていよう。それは、古代から日本に――あるいは、アジアに――歴史貫通的に潜在し作動しているものと考えられた。権藤の思想は、「天皇制アナキズム」と呼びうるものだろう。また、その「社稷」概念を受容した橘孝三郎は、青年期にクロポトキンを含むアナキズム文献やトルストイ(一八二八―一九一〇年)、イギリス社会主義を愛読していたことが知られている。

幸徳秋水もまた、北と同じく自由放任の資本主義に対する批判を抱いていた。すでに『二十世紀之怪物 帝国主義』(一九〇一年)を著していた幸徳は「現時の自由競争制度」の弊害が、ヨーロッパのみならず日本でも露呈していることを知っていた。二年後の『社会主義神髄』では、スペンサーの名前さえ挙げ、優勝劣敗論を批判して「科学的社会主義」の立場に立つのである。もちろん、幸徳も進化論それ自体を批判しているわけではない。エンゲルス(一八二〇―九五年)に倣って、幸徳は、あくまで社会進化論の立場に立つ。そこでは、プルードン(一八〇九―六五年)の名前さえ挙げられ、「財産は強奪の結果也、資本家は盗賊也」と言われているが、アナキズムは断乎としてしりぞけられている。幸徳にあっては、いまだアナキズムとマルクス主義が混交していたが、その頃はアナキズム自身に否定的だった。「彼等(自分たち社会主義者のこと――

引用者注）は無政府党に非ず、個人の凶行は何物をも得べきに非ざるを知る、其運動や必ず団体的ならざる可らず。彼等は虚無党に非ず、一時の叛乱が何事をも成すべきに非ざるを知る」（『幸徳秋水全集』第四巻）からである。当時の幸徳の立場は、直接行動を否定し、議会主義による改良と革命を目指した第二インターナショナルの線に沿ったものと言えるだろう。当然にもと言うべきか、クロポトキンの名前さえ出ていない。この幸徳が、その二年後にクロポトキンの『田園・工場・仕事場』に震撼させられ、直接行動主義へと転じていくわけである。では、幸徳の優勝劣敗論批判はクロポトキンのスペンサー批判と、どう結びついていくのか。『社会主義神髄』のなかには、次のような一節が読まれる。

> レウイス・モルガンは算して曰く、人類社会有つて以来、殆と十万年、而して其九万五千年は実に共産制度の時代なりきと。（中略）
>
> 夫れ文明の進歩は、石の地上に落るが如し、落る益々低くして、速度益々加はる。古代人口の漸く増殖し、団聚（だんしゅう）漸く繁栄し、衣食の需用亦漸く多大に、交換の方法従つて複雑なるに従つて、是等共産の制度は亦漸傾覆の運に向へり。

ルイス・ヘンリー・モルガン（一八一八―八一年）は、今日では人種差別主義者としての側面が指弾されることが多いが（グレーバーのようなアナキストは高く評価する）、エンゲルスは

『家族・私有財産・国家の起源』（原著一八八四年）で、モルガンの『古代社会』（原著一八七七年）によりながら、古代狩猟採集民の社会における原始共産制の存在を主張した。幸徳のこの主張もエンゲルス由来のものと言える。幸徳が注記しているように、当時、共産主義は古い言葉と見なされており、社会主義という言葉が用いられていたが、同義とされた。原始共産制は、マルクス主義の範囲をこえて、エキゾティックな民俗学的／人類学的興味も加わり、大正期には盛んに流行する。そのことに柳田民俗学も関係してくるが、さしあたり指摘しておくべきは、幸徳のここでの原始共産制の紹介が早くも一九〇三年になされていること、そして、これが一九〇九年の『後狩詞記』などにおける椎葉村の、柳田国男による「社会主義」の発見と無縁でないだろうということである。もちろん、柳田が直接に幸徳から影響を受けたということではない（読んでいた可能性は十分にあるが）。柳田が『古代社会』や『家族・私有財産・国家の起源』を読んでいた可能性も十分ある。柳田はそれをクロポトキンと結びつけて理解していたと思われるわけだが――。

大正イデオロギー

当面の問題は幸徳のクロポトキンである。クロポトキンの『相互扶助論』の特徴は、人間のみならず動物や昆虫にまでいたる相互扶助社会が汎生物的かつ歴史貫通的に存在し、今なお社会の基底に現存していると主張するところにある。ところが、幸徳が『社会主義神髄』で理解したエンゲルス流の原始共産制は、「文明の進歩」とともに「石の地上に落る」がごとく堕落してしまうのである。今や原始共産制の欠片を見出すことさえ容易ではない。それを革命の根拠とするのは難しい。逆に、クロポトキンの『相互扶助論』的な観点から見れば、存在を持続させている相互扶助社会を覆い隠している障害物（国家権力や悪しき中間団体など）を取りはらえば、それは回復されるのだから、革命は容易である。今日、あまりにも安易と評される――たかだか五〇人程度で革命が可能と考えていたという――ことの多い幸徳の直接行動主義は、そのような意味でクロポトキン主義であった。ロシア・ナロードニキのテロリズムも、基本的に同様である。また、権藤成卿や橘孝三郎らの「社稷」主義に導かれた昭和期の青年将校運動のクーデター計画についても、おおむね然りだろう。天皇は社稷の祭祀をとりおこなう司祭だから必要不可欠である。悪いのは「君側の奸」たる官僚や財閥であり、テロはそこに向けて発動されるのである。このような意味で、幸徳の直接行動主義は、後の「右翼的」なものに接近している。

なお、マルクスにおいても、相互扶助論と同種の発想を抽出することは可能である。それは「市民社会」と呼ばれている概念にほかならない。『ドイツ・イデオロギー』（エンゲルスとの共著）で「歴史の汽缶室」とされたそれは、やはり歴史貫通的に基底で存在し作動している協働的な共同体と見なされている。つまり、普通に言われる「近代市民社会」ではなく、「市民社会」は太古から存在しているというのだ。「ヴェラ・ザスーリチへの手紙」でマルクスが称揚したロシアのミール共同体なども、「汽缶室」の一変種と捉えられる。そのようにしてマルクスを解釈する、市民社会派マルクス主義は、テロリズムやクーデターではなく、むしろ、市民社会内部の「陣地戦」(グラムシ(一八九一―一九三七))――それは議会主義までを含む――による革命を志向する傾向がある。現在、「新しい社会運動」に影響力をふるうラクラウのポスト・マルクス主義は、この市民社会主義の傾向に掉さすものである。

だが、「市民社会」あるいは相互扶助的な共同体は歴史貫通的に存在しているのか。第Ⅰ部第二章で論じたように『大アジア主義の歴史的基礎』の平野義太郎は柳田に拠りながら(逆に、柳田も平野に拠って)中国農村にも日本と同様の共同体(市民社会の亜種)を見出すことで、大アジア主義を基礎づけた。これに対して、中国農村には祖先崇拝や相互扶助が全く見られぬとして平野を批判したのが『法律社会学の諸問題』(一九四三年)の戒能通孝(一九〇八―七五年)であった。二人はほぼ同じ調査記録から正反対の結論を見出した。今日から見れば戒能の優位は動かない。そもそも平野は敗戦と同時に大アジア主義を放棄しているのだし、柳田も同様であろう。戒能の主張から今日の中国を見て帰結できるのは、市民社会なくしても資本主義化は可能だということである(平野戒能論争については、旗田巍『中国村落と共同体理論』一九七三年、三品英憲「大塚久雄と近代中国農村研究」、小野塚知二他編『大塚久雄「共同体の基礎理論」を読み直す』二〇〇七年を参照)。

閑話休題。日本におけるクロポトキン受容は、右翼や左派のアナキズムのように過激化しただけではない。そもそも幸徳が直接行動主義の糧とした『麵麭の略取 "Conquest of Bread"』は、「食料問題の解決」とでも訳されるべきものであった。幸徳の革命的ロマンティシズムによって、かく訳されて流布したわけである（本書では、この訳語に統一）。一九一〇年の「大逆」事件が、ある意味、クロポトキン受容をめぐっていたことは、すでに見たとおりである。その事件が石川啄木（一八八六―一九一二年）に衝撃を与えたことも周知のエピソードである。啄木はクロポトキンに向かい、「時代閉塞の現状」（一九一〇年）その他の批評が書かれた。啄木の短歌に歌われた「テロリストの悲しき心」（『一握の砂』）や「国禁の書」（同）といったイメージも、クロポトキンを過激な思想家とする神秘化に貢献しているだろう（なお、啄木の言う「国禁の書（ふみ）」が幸徳訳の『麵麭の略取』を指すかどうかは確定できない）。これまた、革命的ロマンティシズムである。

しかし、革命的ロマンティシズムがよくも悪くも不可能となりつつあるのが、「時代閉塞の現状」である。「大逆」事件への連座を危うくまぬがれた大杉栄と荒畑寒村（一八八七―一九八一年）は、一九一二年に雑誌「近代思想」を発刊した。この雑誌は、「大逆」事件以降の「冬の時代」にあって社会主義思想を普及させるべく刊行されたもので、文芸雑誌の性格も色濃い。初期社会主義者だけではなく、岩野泡鳴、相馬御風（一八八三―一九五〇年）、内田魯庵（一八六八―一九二九年）ら多くの文学者も登場している。この雑誌が、いわゆる「大正アナキズム」と呼ばれるようになるものを流布させた功績は大きい。「大逆」事件以降の大杉は、次第にクロポトキン主義から脱し、ジョルジュ・ソレル（一八四七―一九二二年）とベルクソン（一八五九―一九四一年）によって、「生の拡充」を謳い、アナルコ・サンディカリズムに傾斜していく。一種のロマン主義の再建ではある。荒畑はマルクス主義者への道をたどる。しかし、戦前でアナキズムと言えば、何よりもまずクロポトキンのことであり（秋山清『アナキズム文学史』一九七五年）、プルードンでもバクーニン（一八一四—七六年）でもなかった。しかもそれは、有力な社会思想として受け入れられたのである。大杉栄の最後のパートナーで、関東大震災時に大杉らとともに虐殺された伊藤野枝（一八九五—一九二三年）の「無政府の事実」（一九二一—二三年）などに見られるのは、ほとんど「社稷」論とみまがうようなクロポトキン主義である。戦前には春陽堂から『クロポトキン全集』全一二巻（一九二八—二九年）が刊行されている。クロポトキンは、何よりも同時代の思想家だったのである。

「大正文学」を代表する一人である久米正雄は、短編「工廠裏にて」（一九二〇年）のなかで、当時の学生たちの書棚を揶揄的に描いている。

久野の安物の竹で拵えた本立には、乏しい洋書の中に、イプセン、ハウプトマン、ショウ、ブリュウ、ゴルスワシイと云つたやうな人々の、近代の社会劇の書冊が並んでゐた。松田の稍〻大きい、曇り硝子を篏めた本箱の中には、ジェームスや当時流行だつたオイツケン、ベルグソンなぞに交つて、マルクスの資本論やクロポトキンの相互扶助なぞが、樺色な簡素な表紙の背を見せてゐたりした。而して二人は其頃大峯氏や荒木氏の発行してゐた、「近代思潮」の愛読者だつた。——要するに二人は各々異つた面から、青年らしい社会主義かぶれがしてゐた。それは石川啄木の歌なぞから、「国禁の書を涙して読む」といつた風な、感傷癖を多分に注入されたためでもあった。(『編年体 大正文学全集 大正九年』9)

もちろん、「大峯氏」は大杉栄、「荒木氏」は荒畑寒村で、「近代思潮」は「近代思想」である。また、柳田らが一九〇〇年代に開いていた「イブセン会」を想起しつつ、イプセンがこの文脈に位置づけられていることにも注意しておこう。

大杉栄は「近代思想」(一二月)に書いた「座談」(一九一二年)というエッセイで、「僕は『白樺』が一番好きだ」と言い、「トルストイやクロポトキンは、白樺の連中のやうな若い貴族が、更にもう一つ改宗した人ぢやあるまいか」と、当時、自然主義文学に対抗して勃興しつつあった白樺派に期待を示した。ここで大杉が念頭に置いているのは有島武郎(一八七八―一九二三年)や武者小路実篤(一八八五―一九七六年)だと言ってよいだろう。学習院の文学グループが糾合して雑誌「白樺」を創刊したのは、「大逆」事件と同じ一九一〇年である。白樺派の作家たちが「大逆」事件に衝撃を受けて作品を残していることは知られているが、なかでも、武者小路実篤の戯曲「桃色の室」(一九一一年)は、『「白樺派」の文学』(一九五四年)での本多秋五の指摘以来、知られるところだ。武者小路が「大逆」事件をどの程度意識していたかについては、若干の留保が必要であるにしても、である。また、有島における「大逆」事件の衝撃については、幾つかの研究が言及しているが、決定的な証拠は見つかっていない。有島の思想からして批判的であったであろうことは推定される。武者小路が熱烈なトルストイ信者であったことは有名だが、その

「新しき村」の試みがクロポトキンの相互扶助論を想起させることは言うまでもない。しかし、クロポトキンについては、有島武郎について触れておくのが順当なところだろう（有島とクロポトキンについては高山亮二の『有島武郎の思想と文学』一九九三年、を主に参看した）。

有島が米国ハーヴァフォード大学留学中の一九〇四年に日露戦争が勃発し、キリスト教に帰依していた有島は緊張した。以後、ハーバード大学の聴講生になっても、信仰上の動揺は続いた。そのなかで、当時著名だった文芸理論家ブランデス（一八四二―一九二七年）の著作のなかにクロポトキンの名前を見出す（一九〇四年頃）。その後、有島は、友人に社会主義者・金子喜一（一八七六―一九〇九年）をえて社会主義に接近していき、熱心にクロポトキンなど社会主義者の著作を読むことになる。金子はアメリカ在住で「万朝報」や「平民新聞」にも寄稿していた。有島は、一九〇七年二月には欧州旅行の途中にロンドンのクロポトキン邸を訪問して、相互扶助論について質問するなどした（同年帰国）。この模様は、後に「クロポトキン」（一九二〇年）として発表されている。しかし、このクロポトキン会見印象記が、有島の実際の訪問のあった一〇数年後に発表されていることからも知られるように、有島はクロポトキンの名前をおおやけに出すことにきわめて慎重であった。その理由は、言うまでもない。有島が帰国した一九〇七年は、幸徳もアメリカから帰国してクロポトキンに拠る過激な直接行動主義を叫んでいた頃であり、一九一〇年には「大逆」事件が生起するからである。にもかかわらず、有島は大杉をはじめアナキストたちには援助を惜しまなかった（というか、たかられていたと言うべきか）。

ツルゲーネフからクロポトキンへ

おおよそ以上の日本におけるクロポトキン受容を踏まえた上で、柳田の「クロポトキンとツルゲーネフ」を見ていきたい。付言しておけば、これまで取り上げてきた人物たちは、北一輝も幸徳秋水も有島武郎も、すべて何らかのかたちで柳田とかかわってくるのである

先にも注意しておいたように、柳田の「クロポトキンとツルゲーネフ」は、「KY生」という署名で、田山花袋の編集する自然主義文学の牙城たる雑誌「文章世界」に一九〇九年に発表された。イニシアルによる署名は、有島と同様の配慮を意味しているが、花袋をはじめ、少なくとも自然主義文学のなかでは、柳田国男であることが明らかであったろう。しかしそれ以上に、この文章が意味するところは、何よりもまず、それが文学論であり、おそらくは「蒲団」で自然主義文学の寵児となりつつあった花袋に対する論争的な批判を含意していたということである。柳田が「蒲団」に、とりあえずは称賛の言葉を送っていたことは、すでに第I部第一章で指摘しておいた。しかし見てきたように、その言葉が、ややお座なりなものであったことも否めない。ようやく少女趣味から脱したとか、これからも花袋は伸びる人だといったものであったし、「「生」の合評」では文学観に違いがあることを公言してもいた。では、その文学観の違いとは何なのか。「『破戒』を評す」から「「生」の合評」に見られたリアリズム感の相違と言えないこともない。しかし、それ以上に問題とされているのは、当時、花袋ら自然主義文学が議論していた「芸術と

実行」という点であったように思われる。

花袋らのいわゆる「芸術と実行」問題は、戦後に平野謙が『藝術と実生活』（一九五八年）で焦点化して以来、さまざまな議論がなされてきた。いや、一九三〇年代に小林秀雄と正宗白鳥とのあいだで交わされた、トルストイの家出の評価をめぐる「思想と実生活」論争（一九三六年）も、その再検討であったかも知れない。もちろん、平野にしても小林にしても、その議論の背景には一九三〇年代の「転向」問題があった。ソヴェト・マルクス主義と社会主義リアリズム論によって支配された日本のプロレタリア文学が、文学（芸術）に対する「政治の優位性」の名のもとに、文学者に共産主義運動（共産党）への献身（実行）を求めていたことは知られている。官憲によって虐殺された小林多喜二（一九〇三―三三年）は、その理論の犠牲者だったと見なされる。そして、「党」への信頼と「政治の優位性」論を貫徹することができなかったプロレタリア文学者のうちの多くが、柳田国男というアジールにおもむいたことも、すでに触れておいた。

「芸術と実行」をめぐる花袋と柳田の「論争」は、この前哨戦だったと言えるだろう。ただ、それを同一的な反復であると見なす時、そこには取り逃がされるものが多い。そもそも、この時代に「党」はなかったからだ。第一部第二章で引用しておいた花袋の『妻』の一節、つまり文学的ディレッタンティズムに対して農政学の「実行」を対置するという問題解決は、死を賭す必要のない「実行」に就くということに過ぎない。しかも、そこでも述べたように、花袋は、そのような「実行」の優位を、すでに「芸術」の立場から斥けていたと考えられる。その証拠が「蒲団」

という作品だったはずである。では、それはどのように斥けられていたのか。

芸術と実行とに分けたらと謂つて、誰が実行を基礎にせずに居るものがあるものか。実際に触れないで、実際の生々した事実に触れないで、何うして自然主義などいふことが考へられるものか。無論、実際より得来つたストルムウンドドラングである。私の前に言つたのは、只単に文芸の上で言つたばかりだ。西洋でもナチユラリズムといふ字は箇人主義とか虚無主義とかいふ所謂実行上の主義とは全く区別されて使はれてあつて、文芸上の意味なしに単に実行上にのみ使用されたといふ例を余り多く聞かない。いや全く聞かないと言つて好い。
(「実行と芸術」、『インキ壺』一九〇九年『花袋全集』15)

つまり花袋は、「芸術と実行」とか「政治と文学」などという問題はない、と言っているわけだ。かつて『抒情詩』時代にはあったかも知れぬディレッタンティズムやセンチメンタリズムを脱し、柳田に「農政学を一頁でも読む方が好い」と言われたのだろう一九〇〇年頃のエピソードを、平気で「蒲団」の後の小説『妻』に書きえた理由は、ここにある。しかし、それはどういうことか。おそらく、「蒲団」の登場人物「横山芳子」のモデルとなった岡田美知代(一八八五―一九六八年)とその「事件」を、花袋はやや大げさに「虚無思想」的な「ストルムウンドドラング」と見なしていたからにほかなるまい(この点については後に戻る)。そして、それが「芸術」

に昇化される時、文学は、もはや「実行」の領域から「全く区別され」たものとなるというのである。

これに対して柳田は、むしろ、芸術と実行の両者が明確には区別しえないという立場に立つ。花袋の『妻』で描かれた柳田（＝西）は、両者が区別されるという立場から「実行」に依拠していたが、「クロポトキンとツルゲーネフ」の柳田は、そうではないというところがポイントである。「クロポトキンとツルゲーネフ」は、きわめて重要なので、できるだけ詳しく紹介しながら、論を進めることにしよう。

同論の柳田は、有島武郎と同様に、まず、当時の日本文学の有力な参照先だったブランデスが、現代ロシアの「二大偉人」（『全集』23、六三四頁）としてトルストイとクロポトキンを挙げていることを言い、その文学と思想の紹介から始める。なお、そこで柳田が参照しているのは、ブランデスがクロポトキン自叙伝（英語版）に寄せた「解説」であるようだ。

クロポトキンの著書ロシヤ文学史及び其（その）自叙伝“Memories of a Revolutionist”を併読すると、ロシヤ文学の大体の傾向と、クロポトキン其人の卓抜なる性格とを窺ひ知る事が出来る。トルストイは芸術家で、同時に宗教的信念の宣伝者である。クロポトキンは文学者で科学者で同時に社会革命家である。（『全集』23、六三四頁）

「ロシヤ文学史」とは『ロシア文学の理想と現実』として、「自叙伝」は『ある革命家の思い出』として、現在、邦訳されているものである。以下概略、柳田の表記に倣う。柳田は、ブランデスが「全篇が小説劇曲以上である」と言う自叙伝の文学性を推奨する(『全集』23、六三四頁)。つまり、クロポトキンにあっては、「芸術と実行」が一身に体現されているというのだ。そして、クロポトキンが「トルストイの如く偏に宗教にこり固まつてゐる人とは違ふ、活動の人」(六三五頁)であると、最上級の賛辞を送るのである。この評論が、まずは花袋に対する批判を含意しているのは、この冒頭部分を見ただけで、明らかである。トルストイではなく、もちろんフローベールでもなく、クロポトキンを、ということだ。

本書でこれまでも強調してきたように、二葉亭に始まる日本の近代文学において、ツルゲーネフは特権的な存在であった。また、後年の回想であるが、柳田には、「日本の文壇でツルゲニェーフを非常に崇拝して推奨したのは、われわれの一派であった」(『故郷七十年』『全集』21、一五九頁)という自負があった。独歩や花袋とともに、の意であろう。これまでの文学史では、二葉亭における「あひゞき」などの言文一致体による翻訳(改訳含む)での、自然描写の問題が強調されることが多かった。それは間違いではない。しかし、それとともに、当時の二葉亭の死(一九〇九年)という出来事も重なって、改めてツルゲーネフをも含めた「芸術と実行」の問題が浮上していた。二葉亭は言文一致体の創始者でありながら、文学には飽き足らず、時に社会主義者を、時には帝国主義者を自称して、さまざまな「実行」におもむいては挫折した存在である。そして、ツルゲーネフもまた、過激なアナキストであるバクーニンとの深い交際など、「芸術と実行」に動揺した存在である。

先の『インキ壺』からの引用では、花袋は「芸術」が「実行」と切り離しうると述べて、一応の解答を出している。しかし、同じ『インキ壺』に収められた「二葉亭四迷君を思ふ」というエッセイでは、柳田国男や国木田独歩と二葉亭訳のツルゲーネフを読んだことを回想した後に、話題は二葉亭自身に及び、「『其面影』『平凡』が竟に氏の本領を出さなかつたのは、誰も皆言ふところであるが、しかし其本領を出さなかつた処に却つて氏本領が見えるやうに私は思ふ」と言う。なぜなら、「実生活と芸術との問題は、常に難かしい問題」であるからだ。その場合、「或はトルストイに行き、或はフロオベルに行く」(『花袋全集』15)という傾向が現在では存在すると、花袋は言うのである。先に引用したエッセイ「実行と芸術」に徴せば、ここで花袋は自身を、トルストイではなくフローベールに擬していることになるのだろう。

そのことを、今の時点から嘲笑する必要はない。蓮實重彦はかつて花袋の「凡庸さ」をマクシム・デュ・カンとともにあった青年期(作家以前)のフローベールになぞらえたことがあった(「フローベール研究と中村光夫」一九七二年、『中村光夫全集』2、月報)。蓮實のデュ・カン論『凡庸な芸術家の肖像』(一九八八年)が出るはるか前である。先駆的で慧眼であると思う。花袋もまたデュ・カンに似て、民衆文化の収集家であり、旅行家で紀行文作家であり、編集者であり、文学回想を残している。しかし、蓮實の正しさを今になって改めて確認し、花袋を貶めても、ここでは意味がない。自分をフローベールと同一視するがごときアナロジーが誤りであったことは、花袋自身にも理解される時が来るだろう。そのことは、しばらく措く。

さしあたっての問題は、一九〇九年の時点で、花袋が「芸術と実行」の問題を解決する方向として、フローベールとは別途に、トルストイを挙げていることだ。日本におけるトルストイの導入は、早くも政治小説の時代から始まっているが、ここでは大雑把に触れておくだけで充分だろう。その後、トルストイの作品の翻訳紹介も多々なされていった。花袋自身もその一端を担った。徳冨蘆花（一八六八―一九二七年）がトルストイに心酔し、一九〇六年にはパレスティナをへてロシアにおもむいてトルストイを訪問、『順礼紀行』（一九〇六年）を著した。一九〇四年には、平民新聞がトルストイの非戦論「悔い改めよ」を幸徳秋水・堺利彦の訳で掲載し、大きな反響をえていた。このような背景のなかに、花袋の発言もあったと思われる。この発言の予想は的中したと言ってよいだろう。翌一九一〇年には、トルストイに親炙する武者小路実篤や有島武郎らの雑誌「白樺」が、反自然主義を掲げて登場する。そして、「白樺」に代表される大正期の文学は、花袋の自然主義を過去のものとして葬り去っていくのである。

柳田国男の「クロポトキンとツルゲーネフ」に見出せる、同時代の他の文学者に対するアドヴァンテージは、一つには、翌年にひかえた「白樺」登場にいたる動向を予料しながら、そこで、トルストイとクロポトキンを分離してみせたことにあった。そのことの正負は問わず、これは農政学や民俗学にもたずさわる柳田にとっては妥当なことであった。そのことも後に論じよう。もう一つ注意しておきたいのは、「クロポトキンとツルゲーネフ」が書かれた直後の「新旧両時代の文芸」（一九〇九年）では、「ツルゲネフなども今では古いと云はれ」るようになったと記されていることである（『全集』23、六四六頁）。「クロポトキンとツルゲーネフ」は、そのような時代に応接して書かれたものなのだ。ここで改めて、先に簡単に触れておいた、柳田がトルストイではなくクロポトキンに優位性を認めている箇所を詳しく引用しておく。

　ロシヤ文学――殊に近代の文学には多少に関せず、必ず社会状態の反影がある。作家にして多少なりとも革命的傾向を帯びてゐない人は殆んど無い。文芸と社会制度の衝突と云ふ事は孰れの国よりも最も多い、従つてそれだけ文芸に生々した生気がある。フレッシ、アンド、ブラットである。一体にロシヤ人は大きな空想を抱いてゐる国民だ、然も其空想を実現しようと臆面もなく進んで行く国民だ。と同時に、一方にはまた狐疑し逡巡し、容易に断行の出ない点もある。所謂ドンキホーテ式の人物と、ハムレット式の人物との双方がゐる。此がために様々な活劇が生じて来る。クロポトキンの如きは蓋し前者に属すべき人物である。有ゆる社会の状態を経験して、然かも自分の為すべき点に向つては勇猛果敢、トルストイの如く偏に宗教にこり固まつてゐる人とは違ふ、活動の人だ、猛烈なる革命家であると共に温情慈悲に富む事、此人の如きは、稀れだ、「其性格に於ては、或は自由の為めに戦ふ各国の勇士の中にも此人に匹敵する者もあるべし、然かも此人の如く無私、此人の如く人類を愛好する

ものは稀なり」とブランデスは言つてゐる。(『全集』23、六三五頁)

ここまで見てきて注目すべきは、保守主義者に相違ない明治国家官僚・柳田が、いかに当時の世界文学理解のカノンであったブランデスに導かれたとはいえ、かくも「猛烈なる革命家」クロポトキンを称揚しているということである。しかも、一九一〇年の「大逆」事件を前にして、社会主義者への弾圧が日に日にあらわになっていた一九〇九年においてである。友人・花袋への駁論の企図を持った文章であるにしても、このことに解しがたいところがあるかと思われる。

農政官僚として出発した当初の柳田は、「社会主義」について、何度も言及している。これは、帝国主義国家官僚が政策論として社会主義なるものに関心を抱いていたことの証左であり、そのような傾向は、一九三〇年代においても反復される(あるいは、その後も)。柳田の社会主義への関心を、「左派」的に強調することは、あまり意味のあることとは思えない。しかし、逆に言えば、当時において、「社会主義」の導入は、いかなる立場のひとびとにおいても不可避だったのだ(その不可避性が潰えたと、現在、言うことができるだろうか?)。

最初の農政学にかんする著述と見なされる「生産組合の性質に就て」(一九〇一年)でも、「社会主義」という言葉が読まれる。同じ一九〇一年の講演録「産業組合に付て」で言われているのは、「社会主義とか財産共有主義とかゞ説きまする通りであつて聊かも疑ひのないもの」であったとしても、「社会の組織を根底から顚覆して貧富の階級とか何とか云ふものを悉く打破して了はる抔と云ふ事は是れは随分重大な問題で私共は国家の機関の一人に具つて居つて夫れを非難するの説すらも貴公方(あなたかた)の前で説く事を不穏当と思ふ」(『全集』23、一九九頁)ということである。また、『農政学』(一九〇二年)においても、「近世の社会主義の論又は土地公有論の如き其説の当不当可否は別問題として、仮令全然私有財産を消滅せしむべしといふものありとも、必しも一部の学者が驚駭するが如き、無謀の破壊論なりと速断すること能はざるなり」(『全集』1、二二三頁)と言って、ここではやや社会主義に好意的に喋っている。柳田には、「土地公有論は生産の問題には非ずして分配の問題なり」(同、『全集』1、二二八—二二九頁)という視点があった。この分配論的視点が、椎葉村における「社会主義の理想」の発見のベースともなっている。

この頃の柳田は、ツルゲーネフの『猟人日記』を読んでいることが知られている(「すゞみ台(二)」一九〇一年『全集』23)。『猟人日記』は、ツルゲーネフの作品のなかでもロシアの農奴を活写し、ロシアの農奴解放に与って力があったとされる短編連作集である。柳田がツルゲーネフを読み始めたのは、一八九〇年頃からと思われる(「乱読の癖」一九〇七年『全集』23)。その「崇拝し推奨し」(『故郷七十年』)ていたツルゲーネフが、のりこえられねばならない時がきたのだ。「クロポトキンとツルゲーネフ」という文章は、官僚・柳田が言う「不穏当」なところまで、あえて踏み込んでいるようには思われる。実際、クロポトキンはロシア「虚無党」の首魁とも思われていたのだし、当時の幸徳秋水がクロポトキン主義を標榜し依拠して直接行動主義を唱えていたことは、すでに見たとおりだ。柳田のこの文章に、クロポトキンが「過激派」であることを否定する箇所はない。むしろ、それを「ドンキホーテ」に擬して肯定しているかのようである。
　しかし、このようなところから柳田が保守主義者であるという規定を括弧に入れて、社会主義者や共産主義者であるかのようなイメージを流布することも間違いだろう。確かに、『後狩詞記』などで原始共産制を見出して歓喜する柳田がいた。しかし、それは「猛烈なる革命家」によって現代に回復されるものでもないようである。にもかかわらず、クロポトキンのドン・キホーテ的な（?）「実行」は称揚される。この点についても、柳田は明確に自己認識を持ってはいた。いったん「クロポトキンとツルゲーネフ」という文章から離れて、柳田のその自己認識を追ってみよう。

無政府主義を愛読する官僚

「クロポトキンとツルゲーネフ」が発表される一年以上前の一九〇七年末における第八回イブセン会において、次のような会話が出席者とのあいだでなされていた。当日のテーマは、イプセンの『野鴨』をめぐってだったが、話題はイプセンその人に及んでいる。以下の文中、正宗氏は正宗白鳥、徳田氏は徳田（近松）秋江（一八七六―一九四四年）、岩野氏は岩野泡鳴、長谷川氏は長谷川天渓（一八七六―一九四〇年）である。

　　正宗氏。イブセン自身の生活はどんなものであつたらう。

徳田氏。随分金なぞを欲しがつた人の様だ。

岩野氏。然しそんな事はなんでもない、性格の大きい人はそれでいゝ。人格と芸術を接近せしめやうとする人は間違つてる。

柳田氏。官吏なぞで無政府主義の著述なぞを愛読してる人がある、非常な矛盾ぢやないか。

正宗氏。然う言へば僕等だつて然うだ、其れを廃すれば僕等は死ぬ外ない。

長谷川氏。理想なぞといつても一種の illusion だ、その illusion がなくなる頃は人間夢醒めて唯死だ。

正宗氏。西洋でもいつか他の illusion が設けられてイブセンなぞも捨てられる時が来る。

柳田氏。然し現在に於いては少くとも其 illusion が真面目なものでなければならぬ。

岩野氏。刹那の味が其処にあるのだ。(「新思潮」五号一九〇八年)

アナキズムの著述を愛読する官僚(この発言は、椎葉村を訪れる以前であることに注意)。それは「非常な矛盾」だが、自分がそれだ、と柳田は言っているのではないか。この柳田の発言が意味していることを、他の出席者は分かっているのだろうか。すぐ後に明らかにするように、イブセン会ではクロポトキンがすでに紹介されていたのだが、そのことの意味は他の出席者におそらく分かっておらず、柳田の発言は、出席者各々のワン・オブ・ゼムとして聞き流されているように思われる。白鳥は「ペシミスト」らしく、天渓は「現実暴露の悲哀」のひとらしく、泡鳴は刹那主義のひとらしく、秋江はベタな私小説作家らしく、である。しかし、各々が自分の立場を闡明しているのだとすれば、柳田もそうしていると言える。この引用部分が「芸術と実行」をめぐっていることからも知られるように、柳田の発言は、その問題についての柳田自身の「解答」であり、「クロポトキンとツルゲーネフ」に深くかかわっているのだ。しかも、それは「真面目な」**illusion** だと言われている。

贅言かもしれぬが言っておく。この部分は、「季刊柳田國男研究」第二号（一九七三年）に「新資料紹介」として再録されたことがあることからも知られるように、これまでにも何人かの研究者に言及され、注目されてきた資料である。しかし、ここで引用した部分での柳田の発言が、自分のことを言っているという指摘はない。『新版　南島イデオロギーの発生』の村井紀はまったく逆に、柳田が「官吏なぞで無政府主義の著述なぞを愛読してゐる人」を非難していると読んでいるほどである。そのような誤読は、「クロポトキンとツルゲーネフ」という翌年の文章に着目すれば避けられたことだ。にもかかわらず、予測される反論を封じるために、多少の迂回をしよう。つまり、もしアナキズム文献を読む官僚がいたとして、それは誰か、という問題である。

そういう「非常な矛盾」を抱えた官吏・官僚は他にもいたようである。いや、いくらでもいた。柳田の農商務省の後輩で、一九一〇年から新渡戸稲造（一八六二―一九三三年）の家でもよおされることになる郷土会の会員でもあり、生涯にわたって柳田と関係の深かった戦前戦後の政治家・石黒忠篤（一八八四―一九六〇年）――「農政の神様」と呼ばれた――の評伝『石黒忠篤伝』

によれば、「新治某」という年老いた官吏が、平民新聞を購読しているというので辞職させられるという事件があったという。しかし、これは赤旗事件の頃というから一九〇八年六月くらいのことであろう。先に引用したイプセン会の『野鴨』をめぐる座談会の「新思潮」掲載は一九〇八年二月発行、実際におこなわれたのが前年の一二月とあり、柳田発言が「新治某」を念頭に置いていることは、まずありえない。他の座談会出席者が「新治某」をその時点で知っているとも考えにくい。柳田のこの発言は、自分のことを指して自称はしない、柳田特有の「闕語法」と見なすべきだろう。

しかも、農商務省というところは、そういった「非常な矛盾」の場であった。石黒自身もクロポトキンを愛読する官僚だったのである。石黒は旧制七高時代に、外国人教師の薦めでクロポトキンを読んでいたという。トルストイに親炙するとともに、である。石黒の高校時代は一九〇一年から一九〇四年だから、外国人教師の助言があったとはいえ、日本においてはかなり早い受容になる。また、「新治某」が免官になった頃には、農商務省農務局の書棚にあった「"Conquest of Bread"を引っ張り出して読みふけった」ともいう。幸徳訳『麵麭の略取』が発禁になるおよそ一年前ということになる。言うまでもなく、農政局は農政学の参考文献として、その本を置いていたはずである。レッセフェールから帝国主義段階に入っていた日本資本主義は、クロポトキンの思想に着目していたわけだ（それが、まず柳田自身だったという想定も可能である）。柳田にアドヴァンテージがあるとすれば、それは、クロポトキンを農政学の参照先のみならず、文学として、あるいは民俗学の糧として受容したところにあった。

では、柳田のクロポトキン受容はいつの頃までさかのぼりうるのか。それを決定しうる材料はないようである。農政学の参考書として、かなり早くから接していたのではないかという推定は成り立ちうるが、決定的なところは不明である。ここでは、柳田がブランデスに導かれてクロポトキンの偉大さを知ったという「クロポトキンとツルゲーネフ」の記述に沿って、文学の側面から押さえておこう。この面から見ても、柳田のクロポトキン受容はかなり早い。

クロポトキンの日本の文学者への紹介は、イプセン会と並行しておこなわれていた文学サロン龍土会(これは当初は柳田邸でおこなわれていた)において、柳田の友人でもある評論家の中沢臨川(一八七八―一九二〇年)が島崎藤村にクロポトキンの自伝を薦めたことを手掛かりに、一九〇八年末あたりから、龍土会の周辺ではクロポトキンの名前が知られ始めたことが考証されている(瓜生清「藤村とクロポトキン『相互扶助論』」一九九七年)。瓜生によれば、中沢は同年夏頃にはブランデスを通じてクロポトキンを知っていたらしい。これ以上の詮索はできない。中沢は一九〇七年の末頃から雑誌「新思潮」にブランデスの「露国印象記」の翻訳連載を始め、『露西亜印象記』(一九一二年)として刊行している(ただし、同書にクロポトキンについての記述はない)。また、後には、クロポトキンの『正義と自由――社会改造の基調』の翻訳(一九二〇年)もおこなっている(前掲『クロポトキン伝』所収の左近作成の書誌による)。前掲「新思潮」座談会に徴せば、柳田のクロポトキン受容は、おそらく、それ以前である。

柳田のロシア文学一般への関心は、民俗学的な――ある意味では社会主義的な――ものであった様子である。後の回想では、「彼国ではこのツルゲニエフ去りゴルキー来るまでの二十年間が、地方研究の最も隆であつた時で、独り本国のみならず、西比利亜を始めとし、中央亜細亜から蒙古迄の研究などが徹底的に行はれました」（「郡史調査員会に於て」一九一八年、『全集』25、二九九頁）と言われるように、彼らロシアの作家――とりわけ、ツルゲーネフよりはゴーリキー――の、地理学的・民俗学的記述に惹かれていたと述懐している。とりわけ、ツルゲーネフの貴族主義に対して、ゴーリキーの「作中の人物と同じレベルで田舎の生活を書いている」（二九九頁）ところが称揚されている。ロシアへの関心は、座談会「民俗座談」（一九四〇年、『柳田國男対談集』）において、旧知の秋田雨雀（一八八三―一九六二年）――先に引用したイプセン会第八回の速記者である――に対して、革命後のロシアの民俗学の動向を問うていることからもうかがえる。「郡史調査員会に於て」では、イプセンへの関心さえロシア由来であったというのだ。柳田のクロポトキン受容は、そのような文学への接し方の核心をなしていると言ってよいだろう。「郡史調査員会に於て」の講演がおこなわれたのは、ロシア十月革命の翌年であるということも、念のために注記しておこう。柳田は柳田なりに、時代の激動に心を動かされていたのかもしれない。

ハムレットとドン・キホーテ

再び、柳田の「クロポトキンとツルゲーネフ」に戻ろう。ところが、この柳田の文章は、ただちに「左にツルゲーネフとの会見のさま及びツルゲーネフの容貌、作物（さくぶつ）の批評、思想の動向に関するクロポトキンの意見を抄出する」として、自伝からのおおむね正確な訳を延々と記しているだけの、やや異様なものである。しかし、それは柳田の意図が込められた抄録であると思われる。先に引用しておいたハムレット型とドン・キホーテ型という分類は、ツルゲーネフの有名な講演「ハムレットとドン・キホーテ」（一八六〇年）においてなされているものだ。大正期から戦前にかけては、よく読まれたものであり、ツルゲーネフ版「芸術と実行」論である。クロポトキンは、自伝と文学史のなかで、このツルゲーネフの概念をツルゲーネフ自身とその作品に当てはめて分析している。つまり、ツルゲーネフの論理によってツルゲーネフを批判し、解体に導くのだ。柳田の独自性と、それに含まれる柳田のメッセージは、この二つの概念をツルゲーネフとクロポトキンに当てはめ、なおかつ自分自身にもそうしたところにある。

　まず、ツルゲーネフの「ハムレットとドン・キホーテ」を見ておこう。これはクロポトキンの文学史に十分なほどに引用されているが、自叙伝に依拠する柳田の論ではやや省略されているので、多少の紹介をしておく。ツルゲーネフは、「ドン・キホーテは何を現わすものでしょう。（中略）何か永遠な不動なものを、一口に言うと、真理を信じます。真理は個々の人間の外に存し、容易には人間に引渡されず、奉仕と犠牲を要求しますが、しかし奉仕の持続と犠牲の力には獲得されるものであります」（傍点原文）と言う。これに対してハムレットがあらわしているのは、「何よりも先ず分析とエゴイズム、従って無信仰です。全身自分自身のために生きているのですからエゴイストです」と、基本的に否定されるのである（『ハムレットとドン・キホーテ』河野與一、柴田治三郎訳、なお邦訳原文では「ドン　キホーテ」と表記されているが、改めた）。あと、柳田の文（抄訳）で注目されるところは、「ドン、キホーテの如き人物は常に群集の指導となる」（『全集』23、六三八頁）というところであろうか。

ツルゲーネフの批評が妥当かどうかは措こう。ただ、この価値転倒が一九一〇年前後の日本文学にとって大きな意味を持ったであろうことは想像にかたくない。知られているように、シェイクスピアは日本の近代文学の創生期において、特権的な役割を果たした。『新体詩抄』においては、「to be or not to be」を含む箇所が二種類も訳されている（矢田部良吉訳「シェークスピール氏ハムレット中の一段」、外山正一訳「シェーキスピール氏ハムレット中の一段」）。二葉亭とともに言文一致体の創始者として知られる山田美妙がやはり同様の箇所の翻訳を試みたらしいことは、松本清張の小説『文豪』（一九七四年）によって知られているだろう。美妙の才能に嫉妬していたと松本清張の言う――勝本清一郎（一八九九―一九六七年）の説とも言われるが――坪内逍遙は、シェイクスピアの先駆的な翻訳者でもあったが、その全訳を敢行した。日本の近代小説でハムレット的に煩悶する登場人物は数知れない。「明治期」とは、「煩悶、高揚、そして悲哀」の時代であっただろう（野口武彦の同名論文『近代日本の批評――明治・大正篇』所収）それに対して、ドン・キホーテは十返舎一九ばりの滑稽小説とアナロジーされて受容される傾向があった。セルバンテスの紹介は、すでに幕末期から見られる。一八九三年には、『ドン・キホーテ』前編が『鈍機翁冒険譚』（松井松居訳）で刊行されている。しかし、俗語革命とリアリズムを主線とする近代文学では、やはり傍系的と見なされていたと言える（セルバンテスと『ドン・キホーテ』の受容史については、坂東省次・蔵本邦夫編『セルバンテスの世界』一九九七年、所収の、世路蛮太郎「『ドン・キホーテ』翻訳史」、蔵本邦夫「江戸幕末・明治の『ドン・キホーテ』」を参照）。ツルゲーネフの『ハムレットとドン・キホーテ』は、この文脈をくつがえすものであった。

自身ハムレット型の登場人物を多く描いていたはずのツルゲーネフが、それを否定するかのごとき批評をおこなっている。しかも、その批評を使って、ドン・キホーテ型と見なされるクロポトキンがツルゲーネフを分析・批判する。もちろん、敬愛を込めてであるが――。柳田が、それをまた反復する。これはどういうことか。

花袋批判という文脈で見れば、それは「蒲団」がハムレット型かドン・キホーテ型かという問題としてあるだろう。「蒲団」が発表された当時の反響の多くは、作家の赤裸々な告白として受容され高い評価をえた。発表された当時、「田山君は死ぬんではないか」とまで言った者もいるらしい。つまり、ハムレットのごとき告白として受け取られ、評価されたわけである。しかし他方では、正宗白鳥の『自然主義文学盛衰史』（一九四八年）が伝えるように、「オイ見ろ、田山がこんな馬鹿なことを書いてる」と大笑いした者もいる。これは、「蒲団」を滑稽小説として、ドン・キホーテのごとく読んだとも言える。しかも、『蒲団』の登場人物たちは実に多くの先行外国文学作品（など）を遍歴しており、また近年の研究によれば、名前は挙げられずとも幾つもの文学作品がパロディー的に（?）引用されてもいるという。これまた、先行の中世騎士道小説を遍歴するドン・キホーテ的身振りを共有するものと見なせよう。このように、ハムレット型とドン・キホーテ型の二つを併せ持ったところに、「蒲団」の特異性を見出すことができる。

しかし、ツルゲーネフ＝クロポトキン＝柳田のパラダイムは、これとはまったく異なったものである。ツルゲーネフには、旧来のハムレット像もドン・キホーテ像も眼中にない。それゆえ、クロポトキンは容赦ないほど、ツルゲーネフの論理でツルゲーネフを批判（?）するのである。柳田の文から引用しよう。原文の若干の書き換えがあるようであり、それは柳田の加筆や省略であるようだが、そのことも含め、柳田文のニュアンスが伝わったほうがよいと思うからである。

> 「父と子」——氏（ツルゲーネフのこと——引用者注）が最も深酷刻な小説であると考へられてゐる此作は、ロシヤの青年からは最も強い反抗の声を以て迎へられた。青年者等の言ふ所によると、ニヒリスト、バザロフは決して真の虚無主義の代表者ではない。氏はニヒリズムの諷刺の為めにかの作をつくつたものだと一般に考へられた。此誤解は甚くツルゲーネフ氏を悩ました。氏が「ヴァージン、ソイル」を書いてから後、氏と青年者との間に、セント、ピータースブルグで調停が出来たが、氏が此攻撃の為めに受けた創痍は終生癒されなかつたやうに思はれる。
>
> で、氏は、自分（クロポトキンのこと——引用者注）が氏の作物に対する熱心なる称讃者で

ある事をば、ラフロフから聞かれたと見えて、或日(あるひ)自分と二人、アントコルスキーの美術堂からの帰途、車中で、バザロフに付いて如何様考へるかと訊かれた。で、自分は打開けて答へた。

「バザロフは如何にも虚無主義者の好個の描写ではあるが、貴下(あなた)が他の作中の人物を愛されるやうに、バザロフをば愛されぬやうに思ふ」。

「いや、それは全く違ふ、私はバザロフをば愛さぬどころか、最も強く愛するのです」と意外にも強い調子で氏は答へる。

そして、

「家へ帰つてから私の日記をお目に掛けよう、其日記には、私のあの小説の終りを、バザロフの死で止めにした時、如何様に泣いたかゞつけてある」と。

氏は確にバザロフの才気の一面をば愛して居たに過ぎない。氏はバザロフの名を日記にまで記して、其虚無的主義と、自己の意見とを同一視し、此見解からして現社会の事件をば批評したのである。が、併し(しか)、確かに氏は、バザロフをば称讃こそはしたが、愛してはゐなかつた。(『全集』23、六三七—六三八頁)

この場面は、クロポトキンのロシア文学史にも簡単な記述があるが、自伝でより詳しく述べられている場面である。クロポトキンにとっては重要なエピソードだったのであろう。しかしこれは、クロポトキンの強引なロジックであるように思う。『父と子』の主人公で、日本の読者にも強い印象を与えていたバザーロフを、ツルゲーネフは「愛する」と言い、日記まで見せるのに、クロポトキンは「愛してはゐなかつた」と言うのだ。これはクロポトキンがツルゲーネフの『ハムレットとドン・キホーテ』のロジックをツルゲーネフ自身に適用した帰結である。これに続く部分でクロポトキンは『ハムレットとドン・キホーテ』を援用しながら、「氏自身及び氏の親友の多くはハムレットの部類に属するものが多い。氏はハムレットをば愛し、ドン、キホーテをば称讃する。さればこそ氏は又バザロフをば称讃するのである」（傍点は柳田のものである。『全集』23、六三八—六三九頁）として、そのツルゲーネフについての分析を正当化するのである。つまり、バザーロフはドン・キホーテ型であるがゆえに、ツルゲーネフ自身とは違う、と。そして、柳田においても、ツルゲーネフはハムレット型でクロポトキンはドン・キホーテ型であるがゆえに、後者が称揚されているわけである。

ニヒリストのバザーロフはいまだ十分にドン・キホーテ的な行動家ではない。引用文中で「青年者等の言ふ所によると、ニヒリスト、バザロフは決して真の虚無主義の代表者ではない。氏はニヒリズムの諷刺（ふうし）の為めにかの作をつくつたものだと一般に考へられた。此誤解は甚くツルゲーネフ氏を悩ました。氏が「ヴァージン、ソイル」を書いてから後、氏と青年者との間に、セント、ピータースブルグで調停が出来たが」云々というところが、その問題の所在を指し示している。しかし、柳田の文章では、そのことがいささか不明確であるように思われる。真のドン・キホーテ型は、一八七〇年代のナロードニキ運動のなかから登場しなければならない。「ヴァージン、ソイル」すなわちツルゲーネフ晩年の作である『処女地』は、ナロードニキ運動を描いたものだが、それではまだ不十分なのである。

「あなたはムイシュキンと知りあいでしたか?」一八七八年にツルゲーネフが私に聞いたことがある。私たちの団(ナロードニキのチャイコフスキー団のこと――引用者注)の公判があったとき、いちばんたくましい個性であることがはっきりしたのがムイシュキンであった。「あれこそは男ですね。ハムレット的なものなど、これっぽっちもない。」そういいながら、ツルゲーネフはロシアの運動に登場してきたこの新しいタイプについて明らかに思いめぐらしているふうであった。彼が『処女地』を書いたころにはまだ存在しなかったが、それから二年後に現われたこのタイプのことを。(『ある革命家の思い出』高杉一郎訳)

この部分を柳田の訳と比較してみよう。

嘗て氏は(千八百七十八年)自分に、「貴下は、ミスキンを御存じですか」と訊かれた。ミスキンは自分等の友人中最も強い人物である。「私は彼の人を十分知りたいものだ、彼の人こそは少しもハムレッティズムの痕跡のない人です」と言ひながら、氏は明らかにロシヤ改革運動に於ける此新タイプの人物をば黙想して居られた。斯様な人物は氏が“Virgin soil”の人物中には存在してゐなかつた。(『全集』23、六三九頁)

柳田にはいくつかの省筆が見られるが、何よりも、クロポトキンがチャイコフスキー団の指導者の一人であったことを曖昧にしているように思われる。ロシア革命前史は、通説によれば、『父と子』(一八六二年)におけるニヒリストの造形と、チェルヌイシェフスキー(一八二八―八九年)の小説『何をなすべきか』(一八六三年)により、ナロードニキ運動が隆盛したが、そのなかには元チャイコフスキー団の一員のソフィア・ペロフスカヤ(一八五三―八一年)のようにテロリズムに走る者もいた。ペロフスカヤについてはクロポトキンが自伝のなかで哀惜の言葉を述べている。また、すでに紹介しておいた、クロポトキンやヴェラ・ザスーリチのことを記している宮崎夢柳の政治小説『鬼啾啾』では、すでにペロフスカヤの事跡も描かれていた。柳田の筆は、日本において流布されていた「虚無党」のイメージを抑えようとしている節が見られる。

クロポトキンの自叙伝においては、明らかにツルゲーネフがナロードニキ運動にいたるまでの同伴者的かつ過渡的存在として描かれている。柳田の抄訳部分においても、その方向性はうかがえる。つまり、明治期の文学に圧倒的な影響を与えてきたツルゲーネフが、過去のものになりつつあることを示唆している。しかし、その先がナロードニキであり、テロリズムであることは、やや曖昧なままに留められている。確かに、柳田もクロポトキンを「社会革命家」と紹介してはいる。しかし、それは過激な革命家なのか、漸進主義的な革命家なのか。もちろん、これはアナキズムを愛読する官僚として、当然の「非常な矛盾」ではあったろう。ブランデスが自叙伝の「解説」で、「彼ほど親切かつおだやかな革命家はめったにいない」と評していようとも、である。繰り返すが、柳田が「ツルゲーネフとクロポトキン」という一文を「KY生」の署名で、「文章世界」誌のあまり目立たぬ「雑録」欄に載せた一九〇九年には、すでに日本の過激なクロポトキン主義者たちが、「大逆」事件への道をとどめようもなく歩み始めていた。しかも、それは柳田もその近傍にいた山県有朋によって策謀され、森鷗外も加担したところの、基本的には冤罪事件であった。花袋が「芸術と実行」あるいは「蒲団」の限界を知るのも、この事件を契機とすることになろう。

柳田の「大逆」事件

クロポトキンの自伝でのツルゲーネフについての記述は、ある意味では唐突な終わり方をしている。そして、クロポトキンを抄訳する柳田の文章自体も、そこで終わっている。クロポトキンの自伝のほうは、続いて別の話題に移るのだが、以下に引用する文章をもって終わる柳田のエッセイは、クロポトキンのもの以上に唐突感をまぬがれない。

自分は千八百八十一年の秋氏に逢つたのが其最後である。其時氏は病重くアレキサンダー三世皇帝に対し、ロシヤに憲法を設くるについて、根拠固き議論を示し其必要を説かんと苦心して居られた。当時皇帝は即位間もなく、自己の執るべき政策に関しては猶未だ狐疑の状態に居られた。氏は明らかに悲相を示して自分に語られた。

「私は此をしなければならないと思ふが、何分にもでき難いやうに思ふ」と。

実際氏は此時脊髄癌腫の為めに時々怖ろしい苦痛に悩まされて、立ち居さへ如何にも困難で数分間の対話さへ随分苦しげに見えた。従つて此の意見を書く事も出来なかつたが、数週間後には既に書く必要もなくなつた、と云ふのは、アレキサンダー三世はロシヤの専断君主として君臨する旨の詔勅を発布されたのであつた。(『全集』23、六三九頁)

地主貴族の次男として生まれ、『猟人日記』がロシア農奴の解放に資したと自負していたツルゲーネフが、最晩年、ロシアの民主化に寄与しようと、即位したばかりのアレクサンドル三世に進言を試みようとして果たせなかったという場面である。クロポトキンは、そのようなツルゲーネフを哀惜しながら、自身はのりこえようとするように記述している。しかし、柳田の文脈に、これを置き換えるとどうか。まったく違った光景が見えてくるのではあるまいか。

改めて、「クロポトキンとツルゲーネフ」が発表されたのが、一九〇九年五月一日発行の「文章世界」だったことを確認しよう。この年の一月、幸徳秋水が翻訳して平民社から発行されたクロポトキンの『麵麭の略取』は即刻発売禁止となり、発行人の坂本清馬（一八八五―一九七五年）は出版法違反で起訴、罰金三〇円に処せられている。つまり、柳田の「クロポトキンとツルゲーネフ」は、『麵麭の略取』発禁事件を知って後に書かれており、おそらくは発禁処分に対する抗議の意味が込められている。それが、アナキズムを愛読する明治国家官僚のぎりぎりの所作であったと思われる。柳田はアレクサンドル三世に進言をしようと目論んで失敗したツルゲーネフに、自分を擬しているのではないか。すでに一九〇八年以来、柳田は宮内書記官の職にあり（法制局参事官と兼務）、明治天皇に側近で仕えていた。しかし同時に、「日本人の気風には西欧で所謂デモクラチック、エレメント即ち民主政治の分子が少ない」（「報徳社と信用組合との比較」一九〇六年、『時代ト農政』『全集』2、三五〇頁）と言う存在でもあった。そもそも、「何故に農民は貧なりや」と問う柳田農政と民俗学にとって、『麵麭の略取』は重要な参照先のはずだ。いや、すでに述べておいたように、農務省農政局の書棚には、その英書が何のこともなく置いてあった。クロポトキンは、帝国主義時代を迎えた明治国家の官僚たちにも参照されるべき文献であったのだ。『故郷七十年』には、柳田の次兄・井上通泰や森鷗外の友人で、歌人で医師の賀古鶴所（かこつるど）（一八五五―一九三一年）に学生時代から可愛がられていたことが記されている。賀古、井上、鷗外は山県有朋の側近で、山県の支援のもとに常磐会という短歌会が、山県も交えてもよおされていた。常磐会は賀古邸と山県の別邸・椿山荘で交互にもよおされるほどに、山県も熱心であった。この系列で、農政官僚・柳田も山県閥と思われていたし、事実、山県閥としての利得も幾つかあったようである。その賀所についての『故郷七十年』の記述のなかに、「私も山県が勢力をもっているころ、賀古を説いて山県を動かしてみようかと思ったりしたこともあるが、とても駄目なことが判ったので諦めた」(『全集』21、一四七頁)という言葉が読まれる。

この柳田の例によってミスティックな言葉は、いろいろ憶測が可能である。多くの柳田研究において、これは南方熊楠の神社合祀反対運動と、それへの柳田の加担についてであろうと推測されている。柳田は当時頻繁に文通のあった南方熊楠から、一九一一年頃、熊楠が紀州和歌山で精力的に展開していた神社合祀反対運動への協力を求められ、名前を出さないことを条件に、協力をおこなった。熊楠の合祀反対を記した柳田宛て書簡を『南方二書』として自費出版し識者に配布したのも、それゆえであった。神社合祀は、山県の地方改良運動の一環である。南方の反対の理由は、それが地方村落の信仰と環境と共同性を破壊する——ひいては、天皇制をゆるがす——ということである。山県系官僚の柳田にとっても、その否定的な側面は十分に理解されていた。

そのことは、戦後すぐに出た『氏神と氏子』(一九四七年)のなかで詳しく回想されている。それによれば、賀古のところにおもむいた柳田は、神社合祀は山県が「最初から考え抜いた問題」であることを賀古から諭され、引き下がるのである。神社合祀は一方では「神社は宗教に非ず」という明治憲法下の国是にかかわり、他方では、地方改良運動という山県が主導する国策の根幹にかかわるのである。しかし、柳田の南方への協力はある程度は奏効したところもあるのである(『柳田国男伝』など)。

戦前の神道が「国家神道」として内務省神社局に所属して「神社は宗教に非ず」とされながら、個々の教派神道は宗教とされ「信教の自由」と併存させていた矛盾は、後に柳田も問題とするところであった。それは戦後のGHQによる国家神道の廃止にいたって更なる矛盾を増幅させ、柳田の固有信仰論の根幹で思考されることになるのだが、そのことは第Ⅲ部第二章以降で論じよう。ここでの問題は、『故郷七十年』の記述が何を意味するかである。

柳田は、大正天皇の大嘗祭への「奉仕」の体験から、その事大主義を改善すべく山県有朋へ建白を試み断念したこともあった。先にも述べたが、柳田は一九〇八年から一九一四年まで宮内書記官の職（兼任）にあり、一九一五年の大正天皇の大礼・大嘗祭「奉仕」時は、貴族院書記官長の職にあって大礼使事務官の辞令が下りたのである。宮廷官僚として、また、すでに民俗学への志向を抱いていた柳田は、大嘗祭の「本義」を近代的に生かすという立場から、当時は貴族院議長の職にあった山県への諫言をおこなおうとしたが、やはり断念している（山下紘一郎『神樹と巫女と天皇』参照）。おそらくは、神社合祀反対の時と似た理由であったかと思われる。

以上が、知られている山県への（つまり、天皇への）諫言と断念の例である。あるいは、通説のように解するのが正しいのであろう。そのことを、われわれも否定しない。しかし、山県の地方改良運動は、柳田もその一端を積極的に担っている政策であった。「クロポトキンとツルゲーネフ」を読んできたわれわれにとって気になるのは、クロポトキンによるアレクサンドル三世への進言の前に、ロシアに「専断君主として君臨する旨の詔勅」が発布されたという一言である。

これを柳田に置き換えれば、『麵麭の略取』発禁のことではないか。前年の赤旗事件も、国家による初期社会主義者への弾圧として知られている。しかしこれは、大杉、荒畑ら「硬派」の扇動による騒擾であって、実力行動による社会変革を否定する柳田にとっては、あまり意に介することではなかったと思われる。しかし、『麵麭の略取』発禁は、それとは異なる。『麵麭の略取』は明治国家官僚にとっても参照すべき本なのである。その発禁は「専断君主」制への転換にほかならない。冤罪と捏造に満ちた「大逆」事件への道は、あと一歩であり、それは森鷗外なども巻き込んで、山県によってなされた「反動」政策である。もちろん、その「反動」は地方改良運動と一体のものであるけれども――。

これは単なる憶測とばかり言い切れない。柳田の周囲に生起した「大逆」事件の余波である。従来の柳田研究においては、きわめて重大なインパクトを同時代のひとびと、とりわけ知識人界に与えた「大逆」事件のあった一九一〇年という年が、柳田の思想的な転換期にもあたることから、それこそさまざまな憶測を呼んできた。前年の『後狩詞記』につづき『石神問答』、『遠野物語』が刊行され、また、『時代ト農政』を著して農政学の自己の立場を、おおやけに闡明する。しかし、柳田は「大逆」事件について、何も言っていない（ように見える）。論者・研究者たちは、柳田はリベラルだから事件には否定的であったに違いないとか、あるいは逆に、尊皇家の山県派官僚だから肯っていただろうと、さまざまに憶測した。なお、一九一〇年は日本による韓国の併合がおこなわれた年でもあり、柳田は、法制官僚（兼務）としてそれにかかわる法整備にたずさわり、その「功」によって勲五等瑞宝章を授与されている（一九一一年）。当時の柳田が、まぎれもない帝国主義国家官僚であり宮廷官僚だったことを忘れてはならない、

柳田の「大逆」事件問題について精緻かつ有益な探索をおこなったのは、歴史学者の佐伯有清（ありきよ）（一九二五―二〇〇五年）である。佐伯は『柳田国男と古代史』（一九八八年）と「柳田国男と『青い鳥』と大逆事件」（二〇〇四年）で、「大逆」事件の被告の一人で、刑死した森近運平と柳田との接点を見出した（なお、森近と柳田の接点については、すでに吉実誠一「地方における『平民社』運動（2）」一九七二年、がある）。以下、森近について概略紹介をおこなった後、佐伯の説に沿いながら検討を加えよう。

一八八〇年（一八八一年とも）に岡山県の農村に生まれた森近は、岡山県立農事講習所を主席で卒業後の一九〇〇年、広島府中の大蔵省専売局に就職後、一九〇二年には岡山県技手兼属となって岡山県庁に就職した。きわめて優秀な官吏だったという。幸徳の『社会主義神髄』を読んで社会主義に接近、一九〇四年には前年に刊行されたばかりの平民新聞の岡山読者会を組織、しかし一九〇四年一二月、職場における日露戦争に対する反戦的言動で社会主義者として免官になる。その後、大阪に居を移して一九〇五年に大阪平民社を設立。その後上京して、幸徳秋水や堺利彦らと交わり、社会主義運動にコミットした。それから、再び大阪平民社を興したが一九〇八年二月に新聞条例違反で一五日の重禁固刑。出獄後、上京して幸徳の周辺にいたが、その直接行動主義に疑問を抱き、一九〇九年には岡山に帰郷、ブドウやイチゴの園芸栽培に従事していた。「大

逆」事件への連座は、一九〇七年頃に幸徳宅で謀議をおこなったというものだが、数多い事件の冤罪被告のなかでも典型例である。森近の思想は、幸徳の『社会主義神髄』に触発されて以降、ほぼ一貫して、第二インターナショナル的な穏健路線に沿っている。堺利彦とともに啓蒙的なイデオローグであり実践家であった（以上の記述は、主に『日本アナキズム運動人名事典』の西山拓の記述に沿いながら、木村壽他編『森近運平研究基本文献（上・下）』などによって補った）。

森近と柳田は、森近が岡山県の農業技官であった時代に邂逅している。一九〇三年二月、農政官僚・柳田は小作争議が頻発する岡山県北部の視察におもむいた。この時、岡山県庁で応接したのが森近であったと想定して、無理はない。森近は当時、農政担当であり、岡山の小作争議に腐心していた。翌一九〇四年に森近が「岡山県農会報」に連載した「産業組合摘要」には、柳田を援用した部分が読まれる。「生産組合を応用して小作人の組合を設け、団体の実力と信用とを以て大に資力の養成につとめ、地主の利益を害せずして小作人の独立を図ったらよからう。是は柳田法学士の説であるが、僕の大に賛成する所だから一言紹介して置きたい」（木村、吉岡他編『森近運平研究基本文献』上）云々、と。小作争議に接した森近の思考が依拠したのは、「物納小作料の金納化であり、産業組合法の生産組合の応用としての小作組合による連合借地であった。この考えは、若き日の柳田国男の著作『最新産業組合通解』から得たものであった」（「解説」、『森近運平研究基本文献』下）。

柳田本人に接する以前、協同組合論と小作料金納を主張する柳田農政学に対して、あらかじめ森近が関心を抱き、共感していたと想定することも、決して困難ではない。あるいは、柳田は岡山で講演をしたのかも知れず、それに森近が共鳴したとも考えられる（ただし、柳田の講演記録は残っていない）。この頃の森近は、いまだ明確な社会主義者ではない。佐伯や『森近運平研究基本文献』の「解説」者は、森近の論文――あるいは、続く『産業組合手引』（一九〇四年）も含んでよいだろう――が『最新産業組合通解』を参照していると推定し、それはそれで妥当である。柳田の最初の著作である同書は、刊行年月日の確定が難しい本である（現行版『全集』1の「解題」参照）。現行版『全集』1では、確定不可能ながら『最新産業組合通解』より以前の版と推定される『産業組合』を底本としている。後者は大学（専門学校）の講義録と思われる。その流布版である『最新産業組合通解』のほうは、一九〇二年一二月二〇日に刊行されている。

つまり、森近が一九〇三年二月一六日頃に柳田に会うまでに二ヶ月もない。勉強熱心な森下とはいえ、この期間のうちに柳田の著書を入手して読んでいたかどうか、やや疑問が残る。この頃までの柳田の著述では、農政関係の最初のものである「産業組合の性質に就て」（一九〇一年）が論争的なもので、話題作であったようだ（岩本由輝『論争する柳田國男』一九八五年、参照）。すでに柳田は各地で農政について講演しているが、森近が容易に入手しうるだろうものは、ない。森近が腐心していた小作問題について、柳田が論じ、小作人組合を提唱したのは、『最新産業組合通解』が最初である。だとすれば、森近は岡山で柳田に会った後に柳田の著作を読んだのではないか、という推定も合理性を持つだろう。このあたりを確定する材料はない。

ややディテールに拘泥したのは、魅力的な佐伯説ながら、柳田と森近との邂逅をあまりにロマンティックに考えすぎているように見えるからである。柳田に会って以降、明確に社会主義者になる以前の森近は確かに柳田の農政学に信頼を寄せ、依拠してもいるが、柳田のほうには森近に対する直接の言及が一切ないのである。そのことを、どう解釈するか。柳田が森近をどう考えていたかを知る資料を見出さねばならない。

佐伯の執拗な探索は、興味深い資料を発見した。柳田の旧蔵英訳書にあるメーテルリンクの『青い鳥』に記された読了記録には、「明治四十四年一月二十四日読了柳田国男／幸徳等十二名刑ニ遭ふ」とあった。このことを根拠として佐伯は、「「刑ニ遭ふ」という柳田の言葉には、処刑された人々に対して、思いがけなくも刑に出あってしまったという同情の思いが込められているように見受けられる」と論じるのである。なお、この佐伯説を承けて、小田富英は、柳田の義父・直平が元大審院判事だったことを挙げ、「大逆」事件に柳田が関心を抱いていたことの傍証としている（「「平地人」とはだれか」二〇一一年）。

確かに、柳田は「大逆」事件の情報を多く知りうる立場にいた。そもそも、山県閥の官僚であり、人脈的にも鷗外はじめソースは多々存在しただろう。しかし、『青い鳥』に残された短いメモ書きからだけで、事件の「処刑された人々」に「同情」を寄せていたという想像は、いかがなものだろうか。それは、柳田からの森近への関心が立証できないことから来る拡散した印象批評であり、贔屓の引き倒しの感は否定できない。

だが、柳田の森近への関心、ひいては「大逆」事件への評価を記した文章は存在する。「大逆」事件から六年後の一九一六年の講演録「地主諸君が考究すべき新問題（大正五年四月廿九日本会総会席上に於て）」が、それである。これは、貴族院書記官長の肩書で、栃木県の地主会でおこなわれた。この講演の内容を紹介するには及ばない。ただ、地方地主を前にした講演であることを念頭に置けば足りる。そのなかで、柳田はかつて調査見分した岡山での小作争議について語るのである。

私は明治三十六年に岡山県の備中の方面の、一番小作問題のうるさい所を歩いて見たことがある、此所で申すことの法螺話でない証拠を確に見て居る、二度続いて小作人が「ストライキ」をやつた、負けて下さいませなければ作りませぬからと言つて抛出した儘知らぬ顔をして居る、一遍の方はそれは玉島といふ附近の或地主の経験でありますが、それなら借りて貰はないといふので、翌年はずつと残らず自分の持つてゐる地面を、不作だと思へば宜いといふので草を生した儘抛つて置た、其一年期の終らぬ前に小作人の中の顔役の口きゝが来て、どうか堪へて貰ひたい、永年の関係があるのに斯う云ふ心得違ひがあつて誠に済まないと言つて、堪へて貰つて元の関係を結んだ、所が元と〳〵喧嘩して地主と小作人との間は面白くない原因があるのでありますから、三年か四年の後に又起つた、今度は小作人の方が強くて地主が降参して仕舞つた、〔以下略〕（『全集』25、一八四―五頁）

言うまでもなく、ここで回想されているのは森近と邂逅した岡山の記憶である。ここで言われているのは、第Ⅰ部第二章で紹介した柳田の百姓一揆観（『都市と農村』）と同じものだろう。小作争議も地主と小作人とのあいだの一種のゲームだというのである。ただ、松方デフレ（一八八五年）において爆発的に発生した地主―小作の分離、つまり近代の小作争議はこの種のゲームによっては解決できないと、柳田が思っているのも明らかだ。その解決策は「社会主義」の近傍にしかないだろう。柳田は地主を前にしてそう言っている。しかも、「大逆」事件を想起させながら、である。

少しでも小民の為に利益になることを言ふ人間を、社会主義ででもあるかの如く言ふのは慎しまなければならない、社会主義であるかないかと云ふやうな点は、今日の社会組織の根本になつて居るものを覆へすか覆へさないかと云ふことで区別しなくてはならぬ、〔以下略〕
（『全集』25、一九二頁）

ここで森近運平が回顧され追悼されていることは、まず間違いないだろう。県庁職員の座を逐われて以降の森近を、柳田がどのように追跡していたのか、その資料は残されていない。しかし、岡山での小作争議を回想して、「社会主義」と非難され刑死した「小民の為に利益になることを言ふ人間」である森近を想っていることは確かであろう。ただし、ここで言われているのは森近のことのみと考えるべきであり、国家（社会）の転覆を目論む「社会主義者」は斥けられている。

　柳田と森近が出会った一九〇三年頃には、二人はクロポトキンに接していなかったにしろ、二人の志向はすでにクロポトキン的なものであり、その後の二人はクロポトキンを介してつながっていったのである。この講演の三年前、つまり「大逆」事件の三年後、柳田が講演「農政の新生面」でクロポトキンの名前を出したことは、すでに触れておいた。それは、都市近郊の農業におけるクロポトキン主義の有効性を言うものだった。すでに時代は大正期に入り、「大逆」事件の記憶は残りながらも、大杉栄や荒畑寒村の「近代思想」や白樺派の登場のなかで、穏健なクロポトキンというイメージが流布されつつあった。

　そして、森近もまた、基本的には穏健な——正統な？——クロポトキン主義者だった。幸徳がアメリカ合衆国から帰国してクロポトキンに依拠した直接行動主義を提唱し、一九〇六年あたりからクロポトキンの翻訳が飛躍的に増えたこと、森近もその翻訳者のひとりであったことは、すでに述べておいた。幸徳の第二インター主流の穏健路線から過激なアナキズムへの転換は、欧米アナキズムの動向に即応したものである。森近と堺利彦との共著である『社会主義綱要』（一九〇七年）においても、そのことは明確に記されている（この部分は堺執筆のようだが）。しかし、この森近の代表作においても、森近の社会主義の主張は、第二インター主流に沿って穏健である。元来が農民運動家であった森近は、過激なクロポトキン主義に接しても、それを穏健なクロポトキンとして受容していたと思われる。「大逆」事件以前に幸徳の下を去ったこと、岡山に帰郷してクロポトキン流の「園芸」にたずさわっていたことは、その証明である。まさに、『田園・工場・仕事場』のラインにほかならない。そして、このような森近の足跡を、クロポトキン主義者・柳田がひそかに注目し、追跡したであろうことは、十分に推察できる。一九一六年になっての森近への追悼は、その証拠である。

管野スガと森近運平

この後も、柳田の周辺には、「大逆」事件に間接的に関係する者は、後に詳述する橋浦泰雄をはじめ何人か出没するが、圧倒的な存在感をもって柳田と接したのは、森近を措いて、ない。しかし、柳田にとっての「大逆」事件の問題は、かく森近を追悼することによって完了できるものだろうか。

幸徳を含め冤罪をこうむった多くの被告はいざ知らず、実際に爆弾を製造し明治天皇に投擲しようと目論んだ宮下太吉（一八七五―一九一一年）や管野スガ（一八八一―一九一一年）ら「大逆」の確信犯の企図は、国家権力の顚覆というよりは、明治憲法下において天皇を「神」と信じる大衆の「迷信」を打破するところにあった。血を流し、あるいは死する者であるなら、天皇は「神」ではないと証明できると考えたわけである。進化論に裏打ちされた啓蒙主義の過激化にほかならない。天皇が「神」でなく「人間」であることは、大衆はいざ知らず、明治期啓蒙にとっても周知のことだった。夏目漱石も、「日本丈が神国でない」ということを、スペンサー流の社会進化論をもとに知っていた。にもかかわらず、「大逆」事件に接した漱石は、「則天去私」（私を去り天皇に則す）の境地にいたるわけである（『思ひ出す事など』一九一〇年）。また、鷗外は天皇を神である「かのやうに」見なすことになる（以上の点については、絓『「帝国」の文学』参照。また、次に論じる花袋についても同書を参照。なお「管野スガ」にはいくつか他の表記があるが、本書ではこれに統一した）。

「大逆」事件は、柳田も信奉している——スペンサー流ではないにしろクロポトキン流の——社会進化論が、それを貫徹すれば近代天皇制と抵触することを、被告たちが身をもって証したわけである。その時、「則天去私」でもなく「かのやうに」でもない天皇制の積極的な擁護の思想を、どのようにして見出すのか。それは、先に述べた神社合祀反対にも内在していた問題系だが、この時点での柳田には、それに対する思考は熟していない。「固有信仰」論として思考される柳田の「解答」は、戦中の『日本の祭』から、敗戦による天皇の「人間化」を前にして頂点を迎えるはずだが、そのことを論じるのは、第Ⅲ部に持ちこさされる。

管野スガに代表される「大逆」事件のこの側面に衝撃を受けたのは、むしろ田山花袋のほうであった。先に引用しておいた花袋の『インキ壺』所収の二つのエッセイ、「二葉亭四迷君を思ふ」と「実行と芸術」のあいだにある「矛盾」を、もう一度確認しておこう。後者において花袋は、「個人主義とか虚無主義」というのは「実行上の主義」であって、「ナチュラリズム」というのは「単に文芸上」の主義であると言っていた。ところが、前者では、自分は芸術と実行を区別するフローベール的な立場であるとしながら、これは「常に難かしい問題」で二葉亭はそれに翻弄され、フローベールとは対極的なトルストイ的立場もあると言っている。フローベールではもちろんありえなかった花袋には、「大逆」事件以降、この問題が回帰してくる。トルストイでもありえない花袋に回帰してくるのは、ツルゲーネフ／クロポトキン的な問題である。つまり、「虚無主義」という「実行上の主義」の問題が、である。これも先に引用しておいた「実行と芸術」の一節では、すでに、「蒲団」の横山芳子が「虚無思想」の「ストルムウンドドラング」に暗に比定されていたと見なしうる。

花袋の文学回想『東京の三十年』（一九一七年）は、柳田に使嗾されて書かれたものと言われているが、そこには、新宿淀橋の正春寺境内の管野スガの墓を二度にわたって詣でる花袋の姿が描かれている。当時、管野の墓に詣でることは、かなりはばかられることであったから、管野スガの名前も墓参の時期も記されていない。一九一四年か一九一五年と推定される。『東京の三十年』の「ある墓」と題された章から。柳田／クロポトキン問題にかかわる部分を引用しておこう。

まず、一回目の墓参。

私は感慨無量たらざるを得なかつた。私はロシアの作家の小説の最後の章のシインの中に立つてゐるやうな気がした。突き詰めた女の心、新しい女の心、さういふ心や空気がこの日本にも動いたといふことは、考へれば考へるほど大きなことであつた。ニヒリスト以前のバザロフ、それよりも、もつともつと大きなことであつた。私はじつとしてその土饅頭の前に立つた。

ここで花袋は『父と子』を想起しているわけである。そして二回目の墓参。再び『父と子』が話題になる。この時は「S君」をともなっている。岩波文庫版の竹盛天雄（てんゆう）の注では、これは花袋の弟子の作家・白石実三（一八八六―一九三七年）としているが、「大逆」事件研究家の神崎清（一九〇四―七九年）の『大逆事件』4（一九七七年）や森山重雄編著『大逆事件＝文学作家論』（一九八〇年）などにおける説に従って、自然主義の早稲田系批評家・相馬御風としておきたい。御風は「大逆」事件の前年に『父と子』の英文からの全訳を刊行しており、やはり同年、クロポトキンの「チエホフ論」を翻訳しているからである（左近前掲クロポトキン邦訳書誌には未記載、『明治文学全集』43の御風年譜（中村完編）に拠る）。御風は大杉らの雑誌「近代思想」にも協力したが、大杉の社会主義に「敗北」して、一九一六年に帰郷し隠棲した。この軌跡は、「蒲団」をめぐる柳田とのひそかな「論争」に敗北し、いわゆる大正期にいたって急速に没落していく花袋と重なるのである。しかし、次の引用文で、Sをことさら御風と見なす必要もない。

その次に行つた時には、S君と一緒であつた。S君の顔にも悲痛な色が上つた。

『本当に意味が深いですな。……さうです、さうです。』

（中略）

『ロシアは面白いですな。』

かうS君は言つた。

『しかし、ドイツのことも考へて見なければならない。』

私はかう言つたが、それつきりで二人は黙つて歩いた。

引用を略した部分は、二人が「個人主義の共和政治にあらはれた形と専制政治にあらはれた形」について話して歩いたと記されて、明らかに「大逆」事件のことを念頭に置いていることが知られる。そして、「ロシアのこと」とは、「蒲団」つまり前回の墓参で花袋が思った『父と子』のことが言われている。「ドイツのこと」は、「蒲団」のヒロイン横山芳子をそれに擬した、ハウプトマン（一八六二―一九四六年）の戯曲「寂しき人々」のヒロインであるアンナ・マールのことだろう。『東京の三十年』で花袋は「蒲団」のヒロインを「私のアンナ・マール」と呼んでいる。それはともに「社会の虚偽に反抗」する「「自然主義」の声」であったと認識されている。本書が論じている文脈で言えば、花袋は「蒲団」において管野スガ的な「ストルムウンドドラング」が、すでに浸透していたことを認めざるをえなかったと言える。

事実、花袋はこの頃から「トコヨゴヨミ」（一九一四年）に始まり、「或る僧の奇蹟」（同）、「残雪」(同)、「山上の震死」(一九一五年)など、「大逆」事件に材を取った奇怪な小説を憑かれたように書いている。これらの小説を分析するのは興味深いことだが、本書の主題からは外れるので措いておく。ただ、「大逆」事件に接して、花袋のフローベールに自らを擬していた「芸術」と「実行」の峻別が破綻してしまったことを指摘しておけば足りる。「私は思想としては Free thinker であるけれども、魂から言へば、矢張大日本主義の一人である」(「明治天皇の崩御」、『東京の三十年』)と言うその間隙に、横山芳子=管野スガ的な「実行」と「情動」が否応なく「芸術」に侵入し、破壊さえしてしまうのだ。「蒲団」ではかろうじて維持されていたかに見えたその均衡が、である。

しかし、「思想としては Free thinker であるけれども、魂から言へば、やはり大日本主義」であるとは、おおむね柳田のものでもなかっただろうか。柳田と花袋との生涯にわたる友情も、この幅のなかで維持されていたはずである。柳田が管野スガではなく森近運平に就くことによって保たれていたバランスは、近代小説ではなく別途の領域を見出すことで、「芸術と実行」の問題を「解決」しなければならない。言うまでもなく、それは「民俗学」という領域である。それもまた、概略、文学と農政学とともに、クロポトキンによって導かれた領域であった。

第二章

民俗学と共産主義

常民と非常民

「クロポトキンとツルゲーネフ」の冒頭のほうには、柳田がクロポトキンの地理学者としての側面に関心を抱いていることが記されている。クロポトキンはアナキストとして活動を開始する以前から、地理学者の業績が世界的に知られていた。その仕事が『相互扶助論』に代表されるクロポトキンの理論の基礎をなしている。ブランデスの「解説」に依拠していると思われる柳田の紹介文を引用しておこう。

モスカウ其他の別荘地に於ける彼の少年時の面影は一幅の田園詩で、稍々長じては、豪奢限りなしと云はれてゐるロシヤ皇宮中のページとなり、白面金髪の美少年としてニコラス皇帝及びアレキサンダー皇后に奉侍し、やがてロシヤの青年貴族が一度びは必ず経べき軍隊生活に身を投じた。然かも彼の選んだのは、黒地に鮮紅色の線ある上衣、犬の毛で製した無縁帽、灰色のズボンを着けた黒竜江上のコザック騎兵士官であつた。地は曠漠たる幾千里西比利亜の東、人煙稀にして気候は峻烈、人々は其撰択の突飛なのに驚いたが、此空漠たる地こそ、彼が親しく下層人民の悲境を知り、且又科学上空前なる大発見をなすべき原野であつた。(『全集』23、六三四頁)

このように紹介されたクロポトキン像には、柳田の事跡との幾つかの異同が見出せる。柳田は兵庫県神東郡辻川(現・神崎郡福崎町辻川)に、松岡操(医師、漢学者、神道家)とたけの六男として生まれた。後に柳田が繰り返し懐古するところでは、やはり「一幅の田園詩」のような故郷であった様子である。この文章を書いた頃の柳田は、柳田をモデルとして登場させる花袋の小説によれば、やはり白面の美少年の面影を残す青年であり、天皇に身近に仕える宮廷官僚ではあったが、若いクロポトキンのような貴族の出自ではなかった。柳田の生家が「日本一小さい家」(『故郷七十年』)ということには、多分の誇張があるが――。しかし、次第に昇進を続けるにしたがって皇室の祭祀に深くかかわるようになり、天皇の側近に侍する宮廷官僚であった。官僚を辞めた後も、戦後に最後の枢密顧問官に就任するのをはじめ、晩年にいたるまで皇室とは深いつながりを持つ。また、柳田は軍隊に入ってはいない。徴兵忌避のためと思われる送籍をおこなっていることが指摘されている(『柳田国男伝』など)。農政官僚あるいは民俗学者として、「日本」全国のみならず朝鮮や台湾、中国の各地も旅行した(ヨーロッパやアメリカにもおもむいた)。官僚時代の柳田は「閑職」を利用して日本地理の研究も熱心におこなっている。法制局参事官時代の柳田は、内閣書記官と内閣書記官室記録係を兼務しているが（一九一〇—一九一四年）、膨大な古文書や地理書を所蔵している内閣文庫を読みふけったことは、多くの論者が注目するところである。柳田を『日本風景論』（一八九四年）で知られる志賀重昂（一八六三—一九二七年）の系譜を引く地理学者と見なす藤田省三（一九二七—二〇〇三年）のようなひともいる（橋川文三との対談「民族主義は有効か」一九六二年、での発言）。前掲大室幹雄の柳田論も、おおよそそのような視点である。なお、柳田のこのような側面は、従来、地方・共同体を——人間主義的にではなく——「景観主義」的に捉えるものとして批判される傾向さえあった。

しかし、ここで注目すべきところは、クロポトキンの地理学上の発見が、シベリアというロシアの周縁地域でなされているということである。自伝の記述に即しても明らかだが、クロポトキンの地理学的・地質学的遠征は、ロシアが近代国家として創造されていく過程における「不死の身体」とその周縁の確定の試みにほかならなかった。近代の文学者は、それが「国民国家」の創造とかかわるためもあり、多くの者が旅行家でもあった。それは、ロシアにおいても日本においても変わらない。しかし、そのなかでもクロポトキンや柳田は異例の大旅行家と言える。その過程で、クロポトキンは少数民族や民衆における相互扶助社会を発見していくわけだが、同様に、農政官僚として全国各地を旅行する柳田も、「異民族」や「原始共産制」を発見することで、民俗学への途を踏み出していくわけである。たとえば、クロポトキンによる少数民族の「発見」とは次のようなものであった。

これまでのざっとした示唆からさえ、未開人についてのわれわれの知識は決して貧しいものではなく、それに関するかぎり、ホッブズ派の思弁に有利というよりむしろ反対になっていることが分かる。さらにこれを大幅に増補するのが、先史時代のヨーロッパ住民とおなじ文明のレベルにある現存の未開部族の直接的な観察である。

今日見られるこれら未開部族は、時折栄えたより高度な文明を昔知っていた人類の退化した見本ではない。（中略）容易に近づけない高地に集まる部族は別として、「野蛮人」は、多少とも文明化された民族を取り囲む帯を描き、諸大陸の末端を占めている。（『相互扶助論』大沢正道訳、傍点原文、『アナキズム叢書　クロポトキン　Ⅰ』）

「ホッブズ派」とは、つまり相互扶助社会の存在を否定するひとびとのことである。相互扶助が見えにくくなった、つまり文明化された「ホッブズ的」社会を「取り囲む帯」＝周縁には、「野蛮人」の相互扶助社会がある、というのである。九州椎葉村を訪れた一九〇八年七月の時点で柳田が、この一節を含む『相互扶助論』を読んでいたかどうかを確定することはできない。一九〇七年一二月のイブセン会でアナキストの文献を読む官僚を自認した柳田であり、読書家で知られ、すでに民俗学への一歩を踏み出していた柳田であるから、読んでいたと考えるのが妥当だが、クロポトキンの自伝には、『相互扶助論』の梗概も記されているのだから、さほどそのことを詮索する必要もあるまい。つまり、椎葉村という周縁における「社会主義の理想」の発見は、クロポトキンの読書によって、あらかじめ決定されていた出来事だということである。柳田は、クロポトキンの書いたことを、椎葉村その他で確認したのだ。『後狩詞記』や『石神問答』をはじめ、初期柳田の民俗学が、アイヌや台湾の先住民の当時の研究を参照していることは、つとに知られている。

柳田が見出す「社会主義の理想」あるいは原始共産制は、いわゆる異民族のものではない。柳田の言う「天孫人種」の一員でありながら「文明化された」地域を「取り囲む」ようにして、その「末端を占めている」のである。『後狩詞記』の背景を述べる講演録「九州南部地方の民風」において、柳田は椎葉村の住民を「山民」と規定している。『山の精神史』の赤坂憲雄が精緻に検証しているように、柳田は「山民」と「山人」を、ほぼ厳密に使い分けている（若干の例外は認められるが、ここで指摘するに及ばない）。山民は「天孫人種」であり、山人は先住の異民族である。この区別は「九州南部地方の民風」でも貫かれているが、後の「山人外伝資料」（一九一三年）では、それがより明確に打ち出されている。そこでは、山人がいまだ谷や平野に住んでいた時代も想定され、それは日本人と通婚した「国津神時代」とされている。なお、柳田は「民族」と「人種」を区別せず使っているが、本書ではさしあたり拘泥しない。

「九州南部地方の民風」で柳田は、九州の「此地方一帯の模様が植民地である」ことは「北海道の石狩南部よりも却つて甚しい位」だと言う。金融資本に侵食されているからである。だが、「彼地にありては旧土人といふのが異人種たる『アイヌ』で、此に於ては先住民は同じ日本人である」（『全集』23、六二九頁）。つまり、「社会主義の理想」が見出せるのは、自民族の周縁部分においてて、ということになる。

このことは、続く『石神問答』や『遠野物語』と対照してみれば明らかとなる。前者では、「シヤクジン」等と呼ばれる石神が、日本人と異民族の境界に立てられた「隘勇線」のごときものと想定されている（柳田が日本の先住民族を「隘勇線」で隔てられた台湾先住民に重ね合わせていることについては、多くの指摘がある）。しかし、石神＝隘勇線の向こう側の「社会」がいかなるものか――原始共産制なのか否か――は、ほとんど顧慮されることがない。『遠野物語』についても同様である。そこでは村の常民たちが山人たちと交通しているが（通婚さえ存在する）、山人たちは「社会」を構成している様子がなく、椎葉村におけるような発見は望むべくもないのである。

初期柳田には「アイヌの家の形」（一九一〇年）という、例外的に異民族を扱った短文がある。これは羽前（山形県）で見た空屋がアイヌの家の作りと似ていることに触発されて書かれたものだが、結局、アイヌのものに似ているのかアイヌのもののほうが似ているのか曖昧にしたままで文が終わっている。その他、初期に集中する柳田の非常民研究や、一国民俗学を自称するようになって以降でも論じられる歌比丘尼や座頭、木地師などの漂泊者についても、柳田は、それらを

「日本人」に収斂しうると考えているのである。もちろん、社会科学者で社会進化論の徒である柳田は、島国に住む「日本人」なるものが、天孫人種と呼ばれようと天から降ってきたわけでもなければ地からわいてきたものだとも思っていたわけではない。晩年の『海上の道』で想定されたように、海をこえて大陸のどこかから渡ってきたと考えられており、それ以前に先住民族が存在していたことを否定するはずもない。ナショナル・アイデンティティーを強調する戦後の柳田は、「単一民族の邦を成す」(『祭日考』一九四七年、『全集』16、一〇一頁)などと口走ることもある。しかし、同じ戦後の発言でも、日本民族の「混淆」性を認めているのである(石田英一郎、折口信夫との座談会「日本人の神と霊魂の観念そのほか」一九四九年、『民俗学について』)。

一国民俗学を自称するようになって以降の柳田は、日本を単一民族国家と見なすようになったのか。沖縄の問題はしばらく措くとしても、近代国民国家として創設された「日本」にアイヌが存在していることは明らかであるのみならず、植民地の台湾や朝鮮の人間も「日本人」であったことを官僚・柳田が知らぬはずもない。柳田は朝鮮人を「日本人」にすることに、法制官僚として貢献した存在である。「日本」は、目の前の事実として多民族国家なのである。だとすれば、柳田の単一民族主義と呼ばれるものとは何か。すでに序章でも示唆しておいたように、それは、むしろ一国主義とするほうが正確なものである。

『後狩詞記』での原始共産制の発見という事例からも明らかなように、椎葉村の住民は確かに「日本人」であるが、先住異民族の生活を継承している。そのことを示すのが村民の狩猟とその分配だけでなく、同様に椎葉村における原始共産制の遺風を残す焼畑農業の存在である。「唯焼畑を作って衣食を営むと云ふことが決して大和民族の特性とは言はれぬ」（「山民の生活」一九〇九年、『全集』23、六五五頁）のだとすれば、それは「日本人」が先住異民族たる山人と共存し通婚した「国津神時代」の遺風なのである。しかし、山人は「日本人」に駆逐あるいは同化されたのだから、原始共産制は「日本」一国内でのみ発見され、「隘勇線」の外にそれを見出すことはできない。異民族（クロポトキンの言う「野蛮人」）はいてもよいが、「天孫人種」のヘゲモニーは確立されている。「社会主義の理想」や「幽冥教」といった遺風は、基本的には天孫族によって継承されている（あるいは、されるべき）ものなのであり、その衰退が慨歎されようと、ヘゲモニックな民族において「社会」として見出されなければならないものなのだ。このような意味において、柳田は初期から一貫して一国主義者であった。もちろん、その国家は帝国主義的に膨張していくこともあるが、「不死の身体」は核として永続するものと見なされているのである。

南方熊楠に山人の存在を否定されて以降、柳田は山人研究から常民研究に向かったという説が一般に存在する。しかし、山人の遺風を伝える常民＝山民が存在すれば、柳田にとっては十分だろう。常民の学と言われる柳田民俗学ではあるが、柳田は単に「農民」のみを対象にしたわけではない。初期以降においても、一般的には非常民に分類される遊芸者、商人、鍛冶師、職人、木地師、漁労民などについて、柳田は随時論じている。ただし、これら非常民も、決して異民族ではなく、椎葉村の山民と同じく、「天孫人種」に含まれるものとして捉えられている（ただし、木地師という例外が明示的に存在するが、これは第Ⅲ部第一章で論じる)。つまり、常民=農民の一部なのである。「士農工商の内、工の半分以上商の九分通り迄が、もとは農民から出たものであって、農工商をそれぞ〳〵別異なる階級の如く見るのは誤り」であり、「士と謂ふ階級も亦、農から別れたものだ」(『地名の話その他』一九三三年、『全集』7、六三頁)。ここで重要なのは、柳田も農民=常民出自の非常民ばかりでなく、非常民出自の非常民の存在も認めているということだ、ただ、数の上でも政治的にも、ヘゲモニーは常民=農民の側にあるということである。折口信夫の民俗学が「外部」的な非常民を先行的に想定するのに対して、柳田は非常民をも「内部」化しているわけである。

柳田が誇る民俗学上の方法と仮説として方言周圏論なるものがある。もう一つ、やはり高名な重出立証法は、方言周圏論に依拠して可能な方法論である。その重要な(唯一の?)成果が、「蝸牛」のさまざまな方言を分類し、その古型を見出そうとした『蝸牛考』(一九三〇年)である。方言周圏説の有名な定義を引いておこう。

国語の改良は古今ともに、先づ文化の中心に於て起るのが普通である。故にそこでは既に変化し、又は次に生れて居る単語なり物の言ひ方なりが、遠い村里にはまだ波及せず、久しく元のまゝで居る場合は幾らでも有り得る。(中略)この国語変化の傾向は、我邦に於ては最も単純で、之を攪き乱すやうな力は昔から少なかつたやうに思ふ。たとへば異民族の影響が特に一隅に強く働くとか、又は居住民の系統が別であつた為に、同化を拒んだり妥協を要求したりするといふ、仏蘭西方言図巻の上で説かれて居るやうな原因といふものは、探し出さうとして見ても、さう多くは見つからないのである。（「改訂版の序」、『蝸牛考』一九四三年、『全集』5、三〇二頁）

このように定義された方言周圏説は、今日では評判が悪い。そもそも、このように想定された事態が実際に存在するのか、どうか。さまざまな実証的反論が可能であろう。そして、この理論的枠組みが、地方に対する中央の優位を前提とする単純な「中心―周縁」論であることも、また、あからさまに単一民族論であるかのようなことも、方言周圏論の評価を下げている。しかし、このような思考は柳田において初期から一貫していたのではないか。現代的ではない単一民族説をしりぞけるために、非常民研究の初期柳田を多民族国家論として称揚し、中後期以降の柳田を括弧に入れてしまう傾向は、いかがなものだろうか。

方言周圏論においても、柳田は別段単一民族説をとっているわけではない。先住異民族はいたかもしれないし、いただろうが、ヘゲモニックな民族が「不死の身体」を形成するに際して、「之を攪き乱すやうな力は昔から少なかつた」（傍点引用者）と言っているだけである。それゆえ、起源にある単一の「国語」なるものもアプリオリに想定される。「もしも前代に溯つて行くほどづゝ、国語の地方差が甚だしかつたものとすれば、何の事は無い我々は異種族といふことに帰するのである。稀にも立証することの出来ない原住民の永続と、且つその大きな感化力とを前提とし、そこへ入つて行くほどの者は、片端から其言葉にかぶれるとでも想像しなければ、東西南北の地域別に、言語が昔から対立して居たものと、いふことは出来ない筈である」(「方言の成立」一九三八年、『口語の将来』、『全集』10、一二三頁。傍点引用者)、と。

柳田が古代日本に朝鮮からの渡来人が多くいたことを知らぬわけでもない。たとえば、「流され王」(『一目小僧その他』一九三四年)と題されたエッセイでは、「武州高麗本郷の白髭社」の当主が「高麗氏」と名のり、古系図を伝えていることから書き始めている。柳田も、日本書紀に記された朝鮮からの高麗氏渡来を否定しはしない。しかし、「高麗氏家伝が古い歴史の儘と云ふことは、まだ中々信を執り難い」として、「名族の去来盛衰も多かつた間に、法師も入込み浪人も遊行した」(『全集』7、五二四〜五二五頁)として、千数百年以来の時間における歴史を詮索していくのである。

柳田民俗学と柳田門下から出た人類学者たちとの対立も、柳田の一国主義をめぐっていることは明らかである。そのことは、柳田の『桃太郎の誕生』(一九三三年)と石田英一郎の『桃太郎の母』(一九五六年)を併読すれば一目瞭然であり、ことさらに強調すべきことでもない。前者において柳田は、「国々の昔話に意外な弘い一致のあること位は、学者などを頼まずとも(中略)読めば誰にでもすぐわかる」が、重要なのは「明瞭なる共通分子を片脇に整理し、さて残りの日本国内の生成発達の跡を視ること」(『全集』6、二九六頁)だと言う。なぜなら、「民間説話の信仰的背景には、往々にして各民族毎に独立したものがあつた」（二九七頁）からである。これに対して後者の石田の著書においては、神話や昔話などの「文化の伝搬」がアジアや太平洋諸地域に求められている。このことの優劣を問うことが問題なのではない。あるいは、第Ⅰ部第二章で取り上げた海野弘の『陰謀と幻想の大アジア』などですでに指摘されているように、戦時下の石田を含めた人類学者たちが、侵略戦争のイデオロギーたる「大アジア主義」に加担したという逆説的な事実を、ここで繰り返したいわけでもない。柳田の一国主義が侵略的な膨張主義に加担することが少なかったとしても、それはあくまで相対的なものに過ぎないのであって、そのことは第Ⅰ部第二章で平野義太郎と柳田の関係等として示唆しておいた。柳田の相対的一国主義も、あくまで帝国主義のイデオロギーであったことは、踏まえておくべきである。ここで強調しておきたいのは、柳田の一国主義が、日本の「固有信仰」という問題と結びついているという一事である。つまり、近代的な社会進化論の徒としての柳田における——あるいは、近代国民国家たる「日本」の——「固有信仰」とは何か、という問題である。マルクス主義から出発した石田に、「固有信仰」の問題はない。しかし、この問題は第Ⅲ部に持ち越される。

われわれが『蝸牛考』から引用したところとほぼ同じ部分を引用して福田アジオが言うように（『柳田国男の民俗学』）、柳田は周圏説を単に方言という対象に限定して考えてはいなかった。福田も引く『先祖の話』には、「中央と交通の最も少なかつた国の端々に於て、真似も言ひ合せもせずに一致して存するものは、先づ一応は古い世から伝はつたものと私は見る」（『全集』15、八〇頁）、とある。言うところの「遠方の一致」（『国語の将来』一九三九年、『全集』10、三五頁）である。つまり、「古今は直立する一の棒では無くて。山地に向けて之を横に寝かしたやうなのが我国のさまである」（『後狩詞記』、『全集』1、四三五頁）。「山地」とは単に山ではなく、広く周縁部の意と見なすべきだろう。だとすれば、椎葉村という「周圏」に見出した「社会主義」あるいは「原始共産制」は、別の周縁にも見出されねばならないだろう。それへの関心は持続されていく。

一九一二年、伊波普猷（一八七六—一九四七年）から著書『古琉球』（一九一一年）を贈られたのをきっかけに、柳田が、それ以前から懐胎していた沖縄への関心を一層高め、『海南小記』（一九二五年）にまとめられる旅行を敢行（一九二一年）していることは知られている。その旅行では、後に柳田のもとで沖縄学に専心することになる比嘉春潮（一八八三—一九七七年）とも出会い、比嘉が民俗学に進むきっかけを作っている。当時の比嘉はキリスト教やトルストイから出発して、堺利彦とも文通する社会主義者であった。

『海南小記』の「附言」において柳田は、伊波をはじめいくつかの沖縄研究を紹介しているが、そのなかで、「部分的の新研究としては、島出身の篤学者佐喜眞興英君の「南島説話」と、「シマの話」とを推薦する。後者は古来の村共産制の実例を詳述したもので、新発見に富んで居る」（『全集』3、四〇〇頁）と記している。原始共産制は椎葉村だけではなく別の周縁においても発見されなければならなかったのだが、そのことは同時に、沖縄が「日本」であるという一国主義年）は学生時代から柳田に嘱望されていた存在（裁判官となった）で、『南島説話』（一九二二年）も『シマの話』（一九二五年）も柳田が深くかかわっている「炉辺叢書」（郷土研究社）として刊行されている。

的・周圏論的確信の有力な一根拠ともなるわけである。なお、佐喜眞興英（一八九三―一九二五

サンチョ・パンザの登場

椎葉村での原始共産制の発見から十数年後の一九二五年（つまり、『海南小記』が刊行された年）、日本における原始共産制をフィールドワークしようと柳田のもとにやってきた者がいる。柳田の生涯の重要な「従者」となる橋浦泰雄である。「ツルゲーネフとクロポトキン」の柳田が、クロポトキン／ツルゲーネフに倣って、ドン・キホーテとサンチョというキャラクターを、どのように捉えていたにしても、柳田と橋浦はその二人に似ている。柳田がクロポトキンに倣って自らをドン・キホーテに擬していたとすれば、橋浦はサンチョ・パンザのような存在と言える。柳田のもとを去る、あるいは一時的にでも離反する「弟子たち」が多々いるなかで、橋浦は一貫して柳田の忠実な「従者」であった。橋浦なくして柳田民俗学はなかったと言ってよい。サンチョなくしてドン・キホーテが存在しえないように、である。橋浦については、すでに鶴見太郎による『柳田国男とその弟子たち』や『橋浦泰雄伝』における研究がある。橋浦の回想録『五塵録』（一九八二年）も参看しながら、簡単に橋浦について触れておこう。橋浦には幾つかの異同を含む同

種の回想が複数あり、また、転向問題など信のおけない部分もそこにあるが、なるべく是正しながら記す。

橋浦泰雄は一八八八年に鳥取県の農村に生まれた。生家は雑貨商で、かなり大きな地主であった。高等小学校を卒業後、家業を手伝うかたわら同郷の友人たちと同人雑誌をやるという文学青年であった。同人仲間には、後に大衆文学の大家となる白井喬二（一八八九―一九八〇年）がいる。弟の橋浦時雄（一八九一―一九六九年）は「大逆」事件に連座した体験を持つ社会運動家である。一九一二年に上京、幾つかの仕事につくかたわら、独学で日本画を学ぶ。生涯、画家を生業と称した。一九一六年、足助素一（一八七八―一九三〇年）を知り、その縁から有島武郎も知ることになる。足助は札幌農学校以来の有島の親友であり、当時、叢文閣という出版社を興していた。同社は有島の著作を陸続と刊行した。有島は「大正期」の大ベストセラー作家であった（山本芳明『文学者はつくられる』二〇〇〇年、参照）。足助や有島の周辺には社会主義者やアナキストも含む多くの読者が集まっていた。一九二〇年、第一回メーデーに参加。以後、社会運動に積極的にかかわり、当時の社会主義者たちとも交際する。戦前は日本プロレタリア芸術聯盟中央委員長（一九二六年）、全日本無産者芸術聯盟中央委員長（一九二八年）を歴任した。三・一五事件の「冬の時代」である。戦後一九四五年一〇月には、日本共産党にただちに入党している。戦時下における転向問題はあいまいだが、おおむねコミュニストとして生涯を終えたと言ってよいだろう。

橋浦によれば、「大正の初期にクロポトキンの『相互扶助論』の前半部を翻訳で読」んで、「日本にもあるのだ、相互扶助というよりも、もっと原始的な制度が——」と、日本における原始共産制について関心をいだく（橋浦泰雄「連載インタビュー　柳田国男との出会い」、「季刊柳田國男研究」第二号一九七三年）。橋浦が読んだのは山本飼山（しざん）（一八九〇—一九一三年）によるものだという（なお飼山は本名・山本一蔵だが、同インタビューでは「市蔵」とある）。飼山は長野県旧制松本中学時代から「平民新聞」の読者であり、早稲田大学に進学後には幸徳、石川三四郎（一八七六—一九五六年）、木下尚江（一八六九—一九三七年）など初期社会主義者と知り合い、大杉・荒畑の雑誌「近代思想」にも寄稿、『相互扶助論』の翻訳を始めたが、鉄道自殺を遂げた。キリスト教徒でペシミストでもあり、特異なキャラクターについての回想や研究もある。死後、『飼山遺稿』（一九一四年）が刊行され、そこには『相互扶助論』前半部、つまり「序」から始まり第一章「動物界の相互扶助」から第四章「野蛮人の相互扶助」までの翻訳も収められている。泰雄の弟で飼山の早稲田時代の友人・橋浦時男の追悼文「生真面目な男」も、「近代思想」一九一三年一二月号からの転載である。時男は飼山と「もっとも親しかった」と、「近代思想」復刻版の解説で、荒畑寒村は回顧する。橋浦泰雄が『相互扶助論』を読んだのは、『飼山遺稿』によってであろう。

なお、『相互扶助論』の翻訳は、一九〇八年に幸徳、山川均によって一部分が『動物界の道徳』(Mutual aid, chapter II, Mutual aid among animal) として出ているが、ただちに発禁になったようだ。飼山のものは、『相互扶助論』の最初の本格的な翻訳である。なお、全訳は一九二七年刊行の大杉栄によるものが最初である（以上の点については、前掲左近「参考文献」、前掲小田光雄「出版状況クロニクル」、山川菊栄・向坂逸郎編『山川均自伝――ある凡人の記録・その他』一九六一年、などを参看した。そのなかで、飼山のクロポトキン翻訳に触れているのは、小田のみである)。

『柳田国男とその弟子たち』の鶴見太郎は、橋浦泰雄が「青年期、郷里の鳥取で読んだクロポトキンの『相互扶助論』」から「決定的な影響」を受けたと書いているが、決定的であろうにしても、時期は上京後のはずである。鶴見の『橋浦泰雄伝』では、時雄の一九一〇年五月八日の日記には **Mutual aid** 読了の記述があり、泰雄はそれ以降に読んだのであろうと推定している。しかし、泰雄が英文で『相互扶助論』を読めるとは思えないから、「季刊柳田國男研究」第二号での回想を参照すべきである。『飼山遺稿』が刊行されたのは、橋浦泰雄が上京(一九一二年)した二年後である。語学に堪能とは思えない橋浦泰雄が、いかに早熟とはいえ、クロポトキンと柳田にどのように接近していったかということが、ここでは重要である。

橋浦泰雄は、上京前からすでに「平民新聞」をつうじてマルクスやエンゲルスに触れていた。しかし、以上の回想からも知られるように、橋浦が民俗学におもむくに当たっては、クロポトキンが決定的であったと見なすべきであろう。有島サークルへの参入も、クロポトキン主義の側面が強いことをうかがわせる。そして、すでに足助の援助で日本における原始共産制のフィールドワークを開始していた橋浦は、一九二五年九月五日、まったく面識のなかった柳田を、その講演会場に訪ねるのである。堺利彦の助言によるものだったという。「柳田国男君は内閣書記官長をしていて内閣文庫の蔵書なんかもよく見ているし、それからほうぼう歩きまわって地方のことを一番よく知っている」（前掲インタヴュー）から、研究をするなら柳田に会え、と言われたという。なお、ここでも回想に些細な誤り（のようなもの）が認められる。堺が橋浦に柳田の名前を告げた時点は、すでに柳田が官界を去った一九一九年以降ではないだろうか。柳田が橋浦と会った時、柳田は朝日新聞に入社しており、国際連盟委任統治委員の務めも終えていた。

橋浦に柳田を紹介した堺利彦は、柳田と面識があったのか。前掲インタヴューなどによれば、橋浦自身は、『抒情詩』の詩人・松岡国男としてはかすかに記憶していたが、柳田についてほとんど知るところがなかった。また、会いに行くに際しては、何の紹介状も持っていなかった。ただ、堺の言に従って突然訪れたのである。そして、現在まで、柳田と堺の交流を証す手紙類その他は何もない（小田富英の教示による）。しかし、本書で論じてきた文脈に沿えば、これは何の問題もない。堺は親しかった森近運平から柳田のことを聞き知っていたと考えるのが自然であり、二人の共通の基盤がクロポトキン主義であることも、自覚的か否かは問わず、認識していたのである。もちろん、前述したように、堺が、交流のある比嘉春潮から柳田のことを聞いていたということも、ありうる。この頃、すでに柳田は農政官僚から民俗学者としての相貌をおおやけにしていた。

しかし、それ以上に重要なのは、一面識もない、それも左翼運動家であることを隠そうともしない橋浦を、柳田がいとも簡単に受け入れたということである。先に略述した橋浦のキャリアからも知られるように、柳田のもとを訪れ民俗学に本格的にとりくむ橋浦は、同時に、プロレタリア芸術運動にも深くコミットしていくのである。このことは、一般的には柳田のリベラリズムあるいは懐の深さとして理解され、一九三〇年代における転向マルクス主義者たちの受け入れとも関連づけて把握されている。それは間違いではない。しかし、それ以上に重要なのは、柳田における原始共産制への拘泥、つまりクロポトキン主義の持続である。

すでに論じてきたように、一九〇八（七）年の第八回イプセン会における「無政府主義の著述を愛読している」旨の発言、一九〇九年の「クロポトキンとツルゲーネフ」の発表、一九一三年の「農政の新生面」におけるクロポトキンの援用、そして一九一四年の「地主諸君の考究すべき新問題」での森近運平追悼と、柳田は目立たぬながらもクロポトキンのアナキズムにシンパシーを寄せる発言を、随時続けてきた。それは、一九一〇年の「大逆」事件をこえてなされていた。そこには、「大正期」においてクロポトキンが改めて受容される風土が形成されていったからでもあろう。しかし、おそらく一九二〇年の森戸事件を契機に、柳田はクロポトキンを封印するのである（その前に一九一七年のロシア革命という契機も介在しているが）。

森戸事件とは、当時の東京帝国大学経済学部助教授・森戸辰男が、経済学部機関誌「経済学研究」に論文「クロポトキンの社会思想の研究」を発表したことが右翼団体からの抗議を呼び新聞紙法違反（朝憲紊乱罪）で起訴、森戸が退官に追い込まれた事件である。国家官僚である帝大教官が、アナキズムを論ずることが不穏当だとされたわけである。森戸事件当時、柳田はすでに貴族院書記官長の職を辞していたが、つい先ごろまで高級官僚だった者がクロポトキンを称揚することが、身を危うくするのは間違いない。これを契機に、柳田は自身のアナキズム的発言を禁じたと思われる。そのような柳田のもとに、日本における原始共産制の存在をフィールドワークしたいと称する男が登場した。柳田が橋浦を受け入れた背景には、こうした事情が存在していたと考えられる。

橋浦は柳田のもとで民俗学徒として研鑽を積むかたわら、すでに記したように、共産党系の団体の役職も務めているが、戦前は党員ではなかったと思われる。社会運動家としては、主に、協同組合運動に熱心だった。おそらくは、クロポトキン主義の影を引きずりながら、ロシア革命以降の状況のなかで、共産党の陣営に属していたのだと思われる。ただ、転向を宣言していない。平野謙の言う「なしくずしの転向」の一例と言えよう。あるいは、偽装転向と言うべきなのだろうか。そこに、柳田の庇護がどの程度介在していたかも不明である（経済的には親身以上の庇護をしている）。

柳田が橋浦の原始共産制の探求や協同組合運動への傾斜といった側面に一貫して好意的だったことは確かかと思われる。敗戦の年の一二月三〇日、橋浦は柳田邸を訪れている。すでに共産党に入党していた時期である。『炭焼日記』に「橋浦君来、協同組合の状況をかたる、賀川の方と別にやって居る。石黒氏に相談することをすゝめる」（『全集』20、七一八頁）とある。この時、柳田は橋浦が入党していることを知っていたかどうか。橋浦が、そのことを語ったかどうか。しかしともかく、橋浦がコミュニストであることを知る柳田が、敗戦を決める御前会議にも列席していた石黒忠篤に協働組合運動について相談することを勧めるとは、ある種、奇異な感じを持たないではない。しかし、石黒もまた、若い時代のクロポトキン主義者であったことを想起すれば、その感はある程度払拭されるだろう。なお、引用文中の「賀川」は、キリスト教社会運動家・賀川豊彦（一八八八―一九六〇年）のこと。

では、橋浦の原始共産制の探求は、マルクス主義者からは、どう受け取られていただろうか。後年の評価だが、一九二〇年代からプロレタリア文学の気鋭の理論家として知られた勝本清一郎は次のように評している。

有島さんが亡くなってから以後、有島さんが生前に発行していた「泉」という雑誌のもう一つ後期のがやはり同じ誌名であるんですよ。そこに結集していた人たちは多少プロレタリア文学の門口に来ている人たちですね。その連中の一人で後にプロレタリア美術運動家になった橋浦泰雄君の、日本の山奥に理想郷をたずねてあちこち行く旅行記が「理想郷を探ねて」という題で連載されているんだ。ところが理想郷というのは、例の平家の落武者がどうとかこうとかいうところで、たとえば木曾の藪原から飛騨の野麦峠を越えて山のなかの一軒家みたいなところへ行くので、そうすると言葉はやっと通じるが非衛生で、ふとんでもなんでも臭くて寝られなくて、有島武郎の「宣言一つ」、あれをいまさら思い出したなんて話が載っていますね。これも一つの「新しい村」の求めかただったんですが、やっぱり理想郷の探索

というのは、ちょっと失敗しているんですね。（柳田泉、勝本清一郎、猪野謙二編『座談会大正文学史』一九六五年）

ここには、マルクス主義者からする「大正アナキズム」ないしは白樺派的なものに対する軽蔑があらわにされている。当時のマルクス主義としても、モルガン／エンゲルスに従って原始共産制の存在を認めないわけではない。しかし、それが可能なのは、生産力は低度で分業が未発達の「未開社会」においてなのである。もし、現在において原始共産制が見出されるとしても、それは、そこが周縁的・孤立的な未開社会だからに他ならない。そして、資本主義が高度に発達してしまった現在において、そのような原始共産制を見出したとしても、まったく無意味なのだ。あるいは、「新しき村」のごとく、資本主義社会のなかに「社会主義の理想」を建設することも、不可能なのである。マルクス主義（ボリシェヴィズム）は、このようなロジックによってアナキズムを駆逐した（と言われている）。いわゆるアナボル論争であり、「「敗北」の文学――芥川龍之介の文学について」（一九二九年）の宮本顕治（一九〇八―二〇〇七年）が言う「野蛮な情熱」としてのマルクス主義である。そして、それはまったく正しい。その生産力主義が、後に、マルクス主義内部からさえ批判されるほかないとしても、である。

しかし、本書で問うていることは、そのような、よく知られた歴史ではない。マルクス主義からの批判にもかかわらず、クロポトキン的アナキズムが「昭和」青年将校運動など右翼陣営において、「社稷」主義としてひそかに延命していったことは、すでに述べておいたとおりだし、一九四五年の敗戦後に共産党員となっていた橋浦にあっても延命していたこと、そして、それに好意的に手を差し伸べようとした柳田がいたことも、上述のごとくである。そもそも、クロポトキン自身が生産力主義者だったことは、柳田の「クロポトキンとツルゲーネフ」が依拠した自叙伝に、『田園・工場・仕事場』の梗概として記されていた。その部分を引用しておこう。それは、クロポトキンのマルクス主義批判でもあった。

クロポトキンは、「たいていの社会主義者たちがこれまで説いてきたことは、現在の文明社会はすべての人に完全に満ちたりた生活を保証するだけの物資は十二分に生産しているが、ただ一つ分配に欠陥がある。そこで社会革命がおきた場合、いま資本家のふところにはいっている「剰余価値」、または利益は社会そのものの所有となるので、みんなはただ工場や職場に復帰しさえすればいいというのであった」とマルクス主義の主張をまとめ、次のように批判する。

私の意見はその反対である。——現在の私有制度のもとでは生産そのものが誤った方向をとっているので、生活必需品さえもまったく不十分にしか生産されていず、あらゆる人々に満ちたりた生活を保障するほど生産されている生活必需品などただの一つもありはしない。(中略)あらゆる文明国では、あらゆる人々に豊富な生活を保証するために農業生産も工業生産も大々的に高める必要があるし、またその気になれば簡単に高めることができる。ここから出発して私は、あらゆる人々に楽しい筋肉労働と頭脳労働とを同時に行なうことを可能にするような近代農業や教育はできないものであろうかと思いめぐらすようになった。

クロポトキンによるマルクス主義批判が正鵠を射ているか否かは問わない。この部分を一九〇九年の「クロポトキンとツルゲーネフ」を書いた時点で、柳田は、確実に読んでいた。だからこそ、一九一三年の「農政の新生面」では、「クロパトキン氏」のこの著書を――まさに生産力主義的な部分を――援用するわけである。柳田の農政学は、確かに、分配論を重視して、協同組合を提唱している。しかし、それは農村の生産力の向上に資するからにほかならない。椎葉村の社会主義の理想は、その低度の生産性によって可能なものであり、直接には「近代」に適用できないのである。たとえ、そこに相互扶助社会の――「市民社会」の？――伝統的な連続性があろうとも、である。このことを含め、改めて後述するが、柳田は一貫して生産力主義者にほかならない。それゆえ、マルクス主義的な生産力主義によるクロポトキン主義批判を、柳田は意に介するところがなかったはずである。その批判は、橋浦や武者小路実篤のような「大正的」ユートピア主義には有効だが、帝国主義国官僚・柳田のリアリズムには織り込み済だったと思われる。

ハイネとアナトール・フランス

柳田のツルゲーネフやイプセンへの関心も、最初は、それらにおける――クロポトキン的な

――地理学的民俗学的記述への興味からだったことは、すでに指摘した。しかし、柳田民俗学の濫觴をなす椎葉村「山民」における「社会主義」の発見は、クロポトキンからの啓示のみとは言えないところもある。すでに指摘しておいたように、『社会主義神髄』の幸徳秋水は、モルガン、エンゲルスに拠って、原始共産制の存在を主張していた。柳田がモルガンの説を知らなかったとは、やや考えにくい。それは、フレイザーとともに、トーテミズムについての有力な参照先でもあったはずである。しかし、それらのことは措くとしても、クロポトキンとともに文学作品から受けた啓示もあるだろう。柳田は、しばしば、自身を民俗学に導いた書物として、ハイネの『流刑の神々』(一八五三年)とアナトール・フランスの『白い石の上で』(一九〇五年)を挙げている(両書とも、柳田や当時の書名表記はさまざまだが、本書ではこれに統一)。そして、ハイネがマルクスやエンゲルスの近傍の青年ヘーゲル派であったことから、柳田における「社会主義」をハイネに遡及する見解も存在する(柄谷行人『遊動論』)。

柳田の著作における『流刑の神々』への言及の初出は、最初の民俗学的著述と見なされる「幽冥談」(一九〇五年)である。そこで柳田は、ハイネのこの著作について「貴下(あなた)は御読(およみ)になつた事がないか知らぬけれども」と言い、「僕はそれを読んだ時に非常に感じた」と書き出す。これは談話記事であり、発表誌「新古文林」の編集者は国木田哲夫(独歩)である。『東京の三十年』の花袋によれば、『抒情詩』のグループは星菫(せいきん)派よろしくハイネの恋愛詩を高唱することがあったというが、その一員である独歩に対して、ハイネの別種の側面を紹介するという意図が、ここにはあると見なしうる。キリスト教に制圧されたヨーロッパ世界で、ジュピター（ゼウス）をはじめマルス、ヴィーナスは雪の降る北国の山中に逃げ込んでいった。ジュピターは左右に狼を抱えて囲炉裏にあたっている、マルスはドイツ北方の川で冥途の渡守をやっている、ヴィーナスはある山の洞窟でキリスト教徒を騙している（春をひさいでいる）、云々。このように紹介した後、「窃（ひそか）に日本の宗教の不振を慨嘆」する柳田は、日本古来の――「国津神時代」以来の、ということであろう――「幽冥教」の考察に向かう（『全集』23、三九四頁―五頁）。

民俗学に向かうに際して、『流刑の神々』からいかにインスパイアされたかという回顧を、柳田は後にも繰り返しおこなっている。しかし、『流刑の神々』から社会主義や共産主義を読み取るのは、いささか困難だろう。また、柳田がハイネのその側面に触れることはない（これは、アナトール・フランスについても同様だが）。柳田の協同組合論が社会主義・共産主義とある種の親和性を持つことを否定できないにしろ、それをハイネやマルクスと結びつけるのは、かなり難しい。

確かに、ハイネはロマン派として「芸術と実行」の統一を希求していた存在だが、「幽冥談」の柳田は、『流刑の神々』を「ハイネも滑稽的（こっけいてき）に書いたのだらう」（『全集』23、三九五頁）と評しているのみである。また、ハイネをマルクス主義の先駆者と見なすこと自体、これは日本でも林房雄や中野重治ら一九三〇年代の転向文学者にもてはやされた視点だが、実際にはかなり無理がある。そもそも、「幽冥談」が語られた一九〇五年の日露戦直後（あるいは最末期）にあっても、ハイネの政治性は、高山樗牛（一八七一―一九〇二年）や弟の斎藤野の人（一八七八―一九〇九年）の日清日露戦間期ロマン主義の線で受容されていたと思われる。樗牛のハイネ理解と対置されるのは、ジャーナリストや民衆思想家としてのハイネを強調した田岡嶺雲（一八七〇―一九一二年）だが、柳田が語りかけている独歩のハイネ像が、甘美な恋愛詩人であると同時に、樗牛的なものであろうことは想像に難くない。独歩は日清戦争時には「国民新聞」記者として愛国的なルポルタージュ「愛弟通信」を発表して著名であった。つまり、柳田は独歩に向かって、既存のイメージとは異なった民俗学者としてのハイネ像を語ろうとしているわけである。もちろん、民俗学に向かうのもロマン派の一面にほかならない。柳田はロマン化した保守主義者と言える。その点では、同様に柳田を民俗学に導いたというアナトール・フランスのほうが、はるかに無理なく共産主義と柳田との関係を指示してくれるのである。

敗戦後すぐの一九四六年末に、柳田国男は中野重治との対談「文学・学問・政治」（雑誌「展望」一九四七年新年号に掲載）をおこなった。この座談は数ある柳田の座談のなかでも注目度が高いもので、今なお柳田論ではしばしば引用される。枢密顧問官であった柳田と、共産党の幹部党員でもある作家・中野との対談は、当時も話題であった。その意味については第Ⅲ部第三章でも触れる機会があろうが、ここで着目したいのは、中野の「外国の本で一ばん影響を受けられたのは……」の問いに、「アナトール・フランスですね。非常に影響を受けてるんです」と答えているところである（『柳田國男対談集』）。柳田はなぜハイネと言わなかったのか。転向時代の中野が

『ハイネ人生読本』（一九三六年）の著者であることを、柳田が知らなかったとは思えない。また、なぜ中野は「ハイネはどうですか」と聞き返さなかったのか。怠慢なのか、失念なのか。柳田がハイネの恋愛詩や『流刑の神々』から大きな影響を受けていることを、中野が知らないはずもない。『青年と学問』では、柳田民俗学の成立に触れて、ハイネとアナトール・フランスが——つまり、『流刑の神々』と『白い石の上で』が——並置され、連続性が言われている。対談では、アナトール・フランスがフレイザー（一八五四—一九四一年）とも「懇意にしてる」ことが語られて（『柳田國男対談集』）、その民俗学的・人類学的意味が指摘されているのである。これもまた、柳田の闕語法と見なすべきではなかろうか。ここでの問題は、この対談が共産主義者・中野に応接しているという文脈なのである。

柳田には、ハイネの「革命的」ロマン主義を斥ける契機があったのではないか。『柳田国男と近代文学』の井口時男が指摘する、「月並み」に就く側面である。花袋らとハイネの詩を高唱した星菫派時代は「ギレッタンチズム」として斥けられたはずであった。若い日のヘーゲル、ヘルダーリン、フィヒテと同様にナポレオンを崇拝するユダヤ人ハイネの革命詩人としての相貌は、その種のロマンティシズムと無縁ではなかった。だからこそ、柳田は『流刑の神々』の「滑稽的」な相貌にのみ着目し、「信仰の無い人」（『全集』23、三九四—五頁）ハイネに抗して、日本固有の宗教としての「幽冥教」の探求に向かうのである。幽冥教は、柳田にとって生涯にわたる問題であり、そのことは第Ⅲ部第三章で論じる。

アナトール・フランスがシニカルなエスプリに満ちた作家として、芥川龍之介（一八九二—一九二七年）をはじめとする「大正期」の作家に愛読されたことは、今日でも記憶されている。しかし、『白い石の上で』は、やや別のアナトール・フランスの相貌を伝える作品なのである。

一八九四年、フランス陸軍参謀本部勤務のユダヤ人ドレフュス大尉がドイツのスパイであるとして逮捕されたことを契機に起こったドレフュス事件は、それが冤罪か否かをめぐる共和派と王党派の論争となり、国論を二分するほどの大事件に発展した。詳述は控えるが、その後のフランス史を（いや、『全体主義の起源』のハンナ・アーレントに倣えば「近代」そのものを）決定していく重要な事件であり、作家のエミール・ゾラ（一八四〇—一九〇二年）がドレフュス擁護の先頭に立ったことは、あまりにも有名である。「花火」（一九一九年）の永井荷風が、「大逆」事件を、日本のドレフュス事件として捉えたことも知られていよう。

アナトール・フランスもまた、ドレフュス擁護の陣営に加わった。『白い石の上で』は、アナトール・フランスがドレフュス事件にコミットすることで、社会主義への関心を高め、最も政治化した時期の作品なのである。エミール・ゾラの作品に親炙し、ゾライズムの影が色濃い花袋の「重右衛門の最後」（一九〇二年）を花袋の最高傑作と見なす柳田が、そして、森近運平の冤罪を信じていたであろう柳田が、アナトール・フランスを読むに際して、このような文脈に無関心であったか、どうか。しかも、『白い石の上で』は、民俗学に導くような作品であると同時に、共産主義へも方向づけられた小説なのである。

柳田が『白い石の上で』をいつ、どのようにして入手し読んだのかについては、前掲中野対談における柳田の回想と花袋の『東京の三十年』とのあいだに違いがあり、そこから『柳田國男──民俗学への模索』（一九八二年）の岩本由輝は「日露戦争のさなか」、一九〇四年のことと推定している。しかし、二人の回想はかなり怪しい。そもそも、同作品は日露戦争の帰趨を踏まえて書かれているわけで、『白い石の上で』の発表は一九〇五年だから、柳田や花袋がその独訳版（?）を入手し読んだのは、それから数年後のことであろう。したがって、柳田が同書をどのように入手し読んだかも不明とするほかない。その後、一九〇九年前後からアナトール・フランスの英訳本が丸善に大量に入ってきて、ブームを作り出していくのである（岡谷公二「柳田国男とアナトール・フランス一九八二年）。柳田はアナトール・フランスの作品を愛読していたが、とりわけ『白い石の上で』は訳本や原著を繰り返し読んでいる。

『白い石の上で』は一種のサイエンス・フィクションだが、これは、進化論の徒であったアナトール・フランスのその側面がよく出ている作品である。ただ、アナトール・フランスの進化論は、スペンサー主義的なものとは異なり、単なる優勝劣敗論とは言えない。柳田との関係でよく指摘されるのは、日露戦での日本の「勝利」に驚嘆したアナトール・フランスの黄禍論批判であり、それが国際連盟委任統治委員としてジュネーブにおもむいた折の柳田をして、フランス語の勉強のために同作品を再読させたというエピソードである。『白い石の上で』を柳田に薦められた和辻哲郎は、「考えが変るくらいに影響をうけた」と言っている（柳田國男、長谷川如是閑、大西克禮、和辻哲郎、今井登志喜「日本文化の検討」一九四〇年、での発言、『柳田國男対談集』）。一九一〇年代前半あたりのことと推定されている（茢部直『光の領国 和辻哲郎』二〇一〇年）。確かに、『古寺巡礼』や『風土』といった和辻のポピュラーな著作に即してさえ、和辻には黄禍論批判とナショナリズムの文脈が底流している。柳田も繰り返し回想しているように、『白い石の上で』は、『流刑の神々』と同じく、キリスト教に制圧される以前の古代ローマを遺跡によって想像することから、歴史の流れが語られる。パウロのキリスト教伝道によって、古代ローマが大きく変貌するそのことを、もしキリスト教が導入されなければ、という仮定がリアリティーをもって語られる。そのような意味で、『白い石の上で』は柳田を民俗学に導いた書物と見なしてさしつかえないであろう。

しかし、それとともに同書の後半では三五〇年後の未来社会を共産主義社会として描いていることが注目されねばならない。登場人物の一人の口をとおして語られるサイエンス・フィクションとは、次のようなものだ。

現在時は一九〇三年九月に設定されている。「私」イポリットは「大工業家で保守党の代議士」を父に持ち、自身も「保守主義者」だが、家庭教師によって社会主義を教えられてはいた。その「私」がある日、共産主義が実現されているヨーロッパ社会の未来社会に目をさますのである。そこは、生産力が「自由放任時代の三四倍に高め」られ、「パリには、もう誰も人が住んでゐません」と言われるように、近代大都市の喧騒や不衛生も払拭されている。また、「化学者自身が農耕者になつてからといふものは、農業が多角経営になつた」と言われるように、いわゆる精神労働と肉体労働の分裂も克服されている。もちろん、ここにトマス・モア（一四七八—一五三五年）やウイリアム・モリス（一八三四—九六年）以来のユートピア主義を見てもよいわけだが、より同時代的にはクロポトキンの『田園・工場・仕事場』との近似性を想起すべきだろう。しかも、その話者「私」が保守主義者であることが、柳田との類似を際立たせる。柳田はこの部分を、イプセン会での発言に倣えば、「真面目な」illusionとして愛読したのではないだろうか。

しかも、さらに注意すべきことは、未来に実現されたこの共産主義社会を破壊しようとするのが、無政府主義者だとされていることである。アナトール・フランスは一九世紀後期フランスにおけるアナキストの破壊行為を観察していた。ドレフュス事件におけるシャルル・ペギー（一八七三—一九一四年）やジョルジュ・ソレルのラディカリズムについても、同様であったろう。アナトール・フランスの共産主義は、あくまで漸進主義的かつ穏健なものである。そして、柳田のクロポトキン主義もまたそうであり、それが官僚のものであることからも明らかなように、『白い石の上で』で言われる「共産主義」＝「集産主義」に近いイメージであったと言える（『白い石の上で』は権守操一訳を用いた。また、アナトール・フランスと『白い石の上で』の位置づけにかんしては、同書白水社版の訳者による「あとがき」、加藤林太郎「アナトール・フランス——その作品に表われた"Science vulgalisée"」などを参照した）。

『白い石の上で』は何度か抄訳・全訳されているが、一九一三年の「青踏」誌上における浅野友の抄訳（二回連載）、一九一五年の「生活と芸術」誌における土岐哀果の抄訳は、ともに以上紹介した共産主義の部分である。また、一九二四年には、初期プロレタリア文芸評論家としても知られる平林初之輔（一八九二―一九三一年）が全訳しているが、平林の関心が、アナトール・フランスの共産主義にあったことは、その「訳者序」に明らかである。

水野成夫は戦前の共産党員として活動していたが、一九二八年の三・一五事件で検挙され獄中で転向、天皇制下における共産主義運動を標榜して、南喜一（一八九三―一九七〇年）や浅野晃らとともに「日本共産党労働者派」（いわゆる「解党派」）を結成した。「解党派」は、中央派からは「労農派」的と批判された。佐野学・鍋山貞親（さだちか）の高名な転向（一九三三年六月）に先駆け、それを準備したと評される。その後の水野は、再生紙を作るという南のアイディアをきっかけに財界に転じた。戦後はフジテレビ初代社長などをつとめ、「財界四天王」とまで称された。それと同時に、戦前にはアナトール・フランスを多数翻訳していることで知られる。柳田国男とも親しく交わった。柳田が戦時下に刊行を続けた雑誌「民間伝承」は、編集の橋浦泰雄の尽力とともに、紙の配給など水野の経済的な便宜がなければ成り立たなかった。

なお、「解党派」は旧福本（和夫）派であった。福本と解党派との関係については諸説があるが、福本は、おおむね距離を保ったと言ってよい。だが、福本イズムが君主制（天皇制）打倒を鮮明にした「二七テーゼ」（一九二七年）をもとにコミンテルンに批判されたことに対して、福本を含め「解党派」が不満を抱いていたことも確かである。

福本もまた、戦時下に柳田に師事したことは既述した。福本が柳田の面識を得たのは一九三九年、直接には橋浦泰雄を介してのことであり、水野ら「解党派」を介してではないようだ（福本「Ⅱ私の辞書論」『福本和夫著作集』8、など参照）。しかし、戦時下に和夫の代理として柳田邸を頻繁に訪れている子息の邦雄（柳田『炭焼日記』）は、戦後に水野と深い関係を持っている。戦後に産経新聞に入社した邦雄は、水野に拾われて政界のフィクサーとして知られるようになるが（『表舞台 裏舞台――福本邦雄回顧録』二〇〇七年）、一方では、中野重治を高く評価する『花を咲かせたい――中野重治その抵抗と挫折』（一九九七年）をも著すという、やや捉えがたい人物である。中野の死後も友人・石堂清倫（きよとも）（一九〇四―二〇〇一年）と交流があったらしいことは、石堂の自伝『わが異端の昭和史』（平凡社ライブラリー版、二〇〇一年）に徴して明らかである。このようなところに、柳田国男という「場」が、どのように介在しているのか。今のところ謎とするほかはない。

それはともかく、その水野成夫と柳田との関係について、やはり柳田と親しかった水野の盟友・淺野晃は、戦後に次のように回想している。

フランスといへば、柳田國男先生が、アナトール・フランスを非常に愛読して居られて、水野をつれて行くと、フランスのことで話がはづんで、先生はいかにも満足さうに見えた。先生のフランス愛好は、むしろ溺愛にちかいものがあつた。いまにして思ふと、アナトール・フランスと柳田先生とは、博識の人、趣味の人、文章の人、政策の人、等、等、等、共通するものが大いにあつた。（浅野晃「文学的回想」、中村一仁編『浅野晃詩文集』二〇一一年）

一九三、四〇年代に柳田のもとに集まった転向マルクス主義者たちを受け入れる柳田の構えの原型がここにあるように思われる。浅野が柳田を「政策の人」と言っていることにも注意が必要だろう。共産党からの最初の転向宣言をおこなった「解党派」が、福本和夫流のインテリゲンツィア中心主義から反転して「民衆」を発見し（反知性主義！）、天皇制を容認した上での共産主義運動を標榜したことが端的に象徴するように、それは柳田の民俗学的・農政学的なモティベーションでもあったはずである。しかも、それが『白い石の上で』によって示唆されるところが大きかったであろうことも、すでに述べた。水野の同志であった河合悦三（一九〇三―六六年）は、「水野成夫と私――批判のI」『共同研究転向1―戦前篇上』二〇一二年）で、「解党派」の擁護する天皇制は「今日のような象徴的天皇制にするように闘うこと」であったと述べている。これが戦後の弁明的な回想であるとしても、本書第Ⅲ部第三章で詳述するように、柳田もまた戦後天皇制の誕生に深くかかわっていたとすれば、きわめて示唆的である。

柳田には「翻訳は比較」（一九三九年）という「フランスを論じた唯一の彼の文章」（岡谷前掲文）がある。そこには、「アナトオル・フランスの文章の自由さと安らかさを、何人よりも深く敬慕して居られる現代第一級の読書家たちが、心を揃へて是を日本の国語に結び付けて見ようとせられる努力には、自分は大いなる期待をかけずには居られない」(『全集』30、一九五頁)とあり、「読書家」=翻訳者たる水野への信頼がうかがえる。水野と交わすアナトール・フランスをめぐる会話の話題が『白い石の上で』だけではなかっただろうことは確かだが、その信頼が水野の翻訳者としての技量と「解党派」的思想に置かれていたことも、おそらくは間違いないのである。

天皇制下の共産主義とは、つまり、「固有信仰」のもとでの共産主義ということにほかならない。少なくとも、柳田においてはそうであるほかない。だからこそ、柳田は「信仰の無い人」ハイネの『流刑の神々』にインスパイアされながら、固有信仰としての「幽冥教」の探求に向かった。アナトール・フランスにしても、『白い石の上で』にも明らかなように、その多くの作品はキリスト教へのシニカルな批判を含んでいる。もちろん、柳田にとってキリスト教は仏教や儒教とともに受け入れがたいものだから、アナトール・フランスの批判は首肯されるものであったろう。しかも、『白い石の上で』が日本人のナショナリズムをくすぐるところがあるのは、前述のとおりだ。柳田民俗学の独自性は「社会主義の理想」への「真剣な」illusionを一方に置きながら、それと相補すべき固有信仰(天皇制)の問題を探求したところにあった。

たとえば、自然主義文学の「とらげ婆」であったにしても、民俗学へと向かう時の柳田は、近代以前とそれとの切断を、むしろ否定する。「現在僅かに残つてゐる切々の神歌は、以前は長いカミガタリ(神語り)の一部であつたこと、さうしてこれから所謂語り物其他の文学が発生し且つ発展したこと、換言すれば文学の元祖が神語りであつたことは、まづ確かだと断定し得る」

(『郷土生活の研究法』、『全集』8、二二三頁)と言うとき、これを民俗学的・歴史学的な常識としてやり過ごすべきではない。文学であろうが「社会主義の理想」であろうが、それは固有信仰とも呼ばれる「神学」とともに可能だとされるのである。『笑の本願』や『不幸なる芸術』といった柳田の文学芸術論は、日本の近代文学に欠落しているとされる民衆的な多声性の復権を提唱しているとして評価されることが多いが、それは柳田にとって、近代においても固持されるべき神学的な要請にほかならない。多くの昔話採集にしても然りである。折口信夫が言うように、「一口に言へば、先生の学問は、「神」を目的としてゐる」(折口前掲文)のである。「笑い」といい「民衆言語」といい、それらをバフティン的に称揚することは容易だが、同時に、それらは異言語ではなく、概してナショナルな言語であることには注意が必要である。近代文学が「世界文学」のなかで口語とともに誕生したとすれば、少なくとも当初は、それが「笑い」や「民衆言語」といった周縁的なものから切断されるほかなかったのである。

では、固有信仰をめぐる柳田神学とはどのようなものか。それは、クロポトキン的社会進化論者がどのようにして信仰を持ちうるか、あるいは逆に、信仰なくして社会進化論は可能か、という問題に対する柳田の解答でもあるが、それについては、第Ⅲ部で論じられる。固有信仰についての柳田神学を主題的に論じる前に、クロポトキンと農政学について見ておこう。

第三章
農政学と天皇制

帝国主義的政策として

柳田農政学が、その先駆性ゆえに同時代では受け入れられず、一九四五年の敗戦後、アメリカ占領軍によるドラスティックな農地改革を待って、ようやく再評価の機運が醸成されていったという経緯は大方の論者が採用する視点だが、いささか疑問がある。確かに、柳田農政学の集大成とも言うべき『時代ト農政』（一九一〇年）の「開白」——ここには、いかなる理由にもとづいてか、末尾に「朝鮮併合後三日」との擱筆の日づけが記されている——には、「茲には今日尚問題である所の問題で、私の説のあまり反響を起さなかつたものばかりを公にしました」（『全集』2、二三五頁）とある。また、同書が敗戦後の一九四八年に再刊された際に書かれた「附記」には、「第一次世界大戦後、私は誤解して世の中がすつかり変つて終ひ、それまでの農政の学問は役に立たなくなるものと考へた」（『全集』2、三八四頁）と回顧している。しかし、柳田民俗学が農政学と重なるところが多いという当たり前の事態は措いても、柳田農政が提起した協同組合主義、報徳社批判、町村是批判、中農養成策、小作料金納化などの「近代的」な側面は、戦前に十分な実現を見なかったにしても、石黒忠篤や戦後農地改革を担った農林大臣・和田博雄（一九〇三―六七年）といった農政官僚のなかに懐胎され実現を模索されていたがゆえに、戦後占領軍による農地改革をはじめとした政策に呼応しえたのではなかっただろうか。『帝国の昭和――日本の歴史23』（二〇〇二年）の有馬学も指摘しているように、戦時下統制経済においては、すでに食料管理法（一九四二年）による実質的な小作料金納が進行していた。今や日本資本主義の阻害物と見なされることもある「農協」も一九四八年に発足した（柳田の主張する「中農」の規模は幾つかの揺らぎはあるが、一九〇四年の「中農養成策」での二町歩以上というのが標準だろう。戦後農地改革以降においては、二町歩の農民というのは、やや大きすぎる。もちろんそこには兼業化という事態もある）。

戦後の柳田の農政学再評価に貢献した東畑精一にしても、戦時下における昭和研究会その他での農政へのコミットメントは、農業の企業化など、ひそかに柳田農政の「近代的」側面に呼応するものであったと見なせる。東畑が学生時代から柳田の農政学を読みあさったというのは、東畑自身が「農政学者としての柳田国男」（一九六一年）その他で回想するとおりであり、現行版柳田『全集』の農政関連本は東畑の旧蔵書に負っているところが大きい。東畑は、戦後農政にも深くコミットした。なお、東畑は昭和研究会の常任委員、石黒忠篤は委員であり、柳田は昭和研究会が日中事変の拡大のなかで一九三七年に設立した世界政策研究会から、他の論者と並んで「日本の伝統文化の特殊性について」というテーマでヒアリングを受けている（酒井三郎『昭和研究会』

一九七九年)。

ここでは、三木清の東亜協同体論を中心とする昭和研究会の功罪について論じる余裕はない。ただ、そのこととも やや かかわって、相対的に統制経済派である石黒―和田ら農政官僚と、シュンペーター(一八八三―一九五〇年)直伝の自由経済派である東畑が、ともに柳田農政をリスペクトしうるという、柳田の両義性である。このことは、一九六〇年代の「柳田ブーム」における、その農政学評価にも、ある種の混乱をもたらした。

柳田農政への再評価が「柳田ブーム」に組み込まれる契機は、花田清輝の前掲「柳田国男について」とともに、東畑前掲論文「農政学者としての柳田国男」であることは間違いない。これらに続いて、谷沢永一(一九二九―二〇一一年)の詳細な書誌的研究「『時代ト農政』前後」(一九六二年)や、旧版の二つの「全集」から漏れた論考を収集した藤井隆至の『柳田國男農政論集』(一九七五年)のような仕事もあった。東畑論文は、『定本柳田國男集』の刊行を前に岩波書店の雑誌「文学」が組んだ柳田特集に寄せられたものである。この特集が「柳田ブーム」に資したところは大きい。それ以前にも東畑は柳田へのオマージュを記したエッセイを発表しており、また東畑より先に柳田農政を評価する者がいなかったわけではないが、農業経済学者としての東畑の名声からする影響力ははかりしれないものがあった。しかし、すでに第Ⅰ部以来述べてきたように、一九六〇年代以降の「柳田ブーム」なるものは、柳田のなかに「反近代」(近代の超克!)なり「土着」なりを見出すことを旨としていた。それが、柳田農政の「近代的」な性格とどのように折り合うのか。

確かに、『時代ト農政』その他での柳田の批判の対象は、山県有朋が主導する日露戦後の地方改良運動を担った平田東助（一八四九—一九二五年）、地方改良運動のモデルと見なされた二宮尊徳直系の前時代的報徳主義者・横井時敬（一八六〇—一九二七年）の「農本主義」などであったように思われる（これらと柳田農政学との対質については、岩本前掲『論争する柳田国男』を含め、多くの論者が言及している）。しかし、柳田もまたまぎれもなく山県閥の官僚であり、間違いなく「農本主義者」ではなかったのか。確かに、柳田は小作農の温存や小作料米納制の維持を主張する横井の「農本主義」に批判的ではあったが、そのことも含めて農本主義者としての側面を払拭することはできない。まず、柳田の農本主義を闡明しておこう。

柳田は、農業経済学と農政学の区別を明確に立てる。中央大学の講義録である『農業政策』（一九一二年か、不明）の冒頭で柳田は、「農業経済ノ学ハ農業者本位ナリ社会ノ事情ノ許ス限アラユル手段ヲ以テ農業者ヲ富スノ策ヲ研究ス之ニ反シテ農政学ハ経済政策ノ学問ナリ国ヲ本位トス」（『全集』1、六三五頁）と言う。このやや気負った差別化は他の著述では影を潜めるが、柳田の農政学に対する自負を表現していよう。しかし、この視点から農業がアプリオリに「国ノ本」であるという主張は出てこない。にもかかわらず、なぜそれが国の本であるかを、柳田は論証しようとするのである。

『農業政策学』（一九〇八年）の柳田は、「近年流行ノ農業国本説」（『全集』1、二九九頁）の幾つかの例を挙げて、それに反駁する。農業者が衣食や工業の原料など生活必需品を生産するから貴重だという説に対しては、人生のすべてに不必要なものなどないのだから、一切の労働が国の本であって、ことさらに農業者を上位に置くのはおかしい、と言う。農業が人口の過半を占めるからだという説に対しては、「国力進メハ進ム程」（三〇〇頁）農業人口の割合が減退するのは「自然」だと言う。田舎の生活の方が健康だとする説に対しては、「窮民」のもっともはなはだしいのは、むしろ田舎であると言う。最善の兵士は農村から供給されるという説には、多少理解を示しながらも、戦争テクノロジーが発達したら、多少は体力が劣っても工場労働者の方が知識があるから良いということになるだろうと言う。これらが、おおむね横井時敬あたりを念頭に置いていることは間違いない。『時代ト農政』においても明らかな、柳田の「近代主義」と言えよう。『時代ト農政』では、「柳田の説は変だ」という「駒場の専門家」（『全集』2、一二三八頁）、つまり東京帝国大学農科大学教授・横井を揶揄している。

では、なぜ農業が「国ノ本」なのか。そこでも問題は「国家」なのである。

国家ト謂ヘハ必ス領土アリ国民ノ幸福カ領土ノ広狭ト相消長スル所以ハ実ニ是ニ在リ而シテ土地ノ利用方法ノ最完全周密ナルモノハ農業ナリ林業、漁猟業ハ疎ナリ鉱業、運輸業等ハ偏セリ農業盛ナラサレハ大ナル領土モ小サキ領土ニ異ナラス故ニ之ヲ貴重スヘキナリ又更ニ他ノ方面ヨリ論センニ領土ト国民トヲ連結スルニハ必ス人民ヲシテ領土ノ上ニ定著セシムルヲ要ス土著ハ即国家存在ノ要素ナリ土著アリテ始テ玆ニ近世的意義ニ於ケル国家ハ確立スルナリ而シテ此ノ土著ノ起源ヲ為スモノハ亦農業ナリ語ヲ換ヘテ言ハ、土地ト人民トヲ連結セシムルハ農業ナリ国民ノ浮動的分子ハ農業ノ衰微ト共ニ増加スヘシ農業ハ国民ノ錨ナリ思フニ此ノ二ノ論点ハ所謂農本論者ノ根拠トスヘキ所ニシテ同時ニ又農業政策ノ研究カ特ニ諸君ノ貴重ナル時間ニ値スル所以ナリ（『農業政策学』、『全集』1、三〇一頁）

この講義がおこなわれ刊行された時期が、「クロポトキンとツルゲーネフ」の書かれた時期とほぼ重なり、「社会主義の理想」を椎葉村に見出す時期とも重なっていることに、改めて留意しておくべきだろう。

それはともかく、この部分からも明らかなように、ここで柳田は明確に自らを「農本論者」と規定し、かつ、「近世的」（近代的）な国家主義者としてあらわれている。近代国家とは「領土」の問題であり、そこに「土著」（土着）する人間の問題である。その領土とは、われわれが「不死の身体」とも呼んできたものであり、初期柳田の非常民（異民族？）を対象とした民俗学が、クロポトキンの言う「野蛮人」を対象とした地理学と相似的だったのと同様に、領土のリミットの確定作業を必須としている。だが、その「身体」は狭くなったり広くなったりするので、国家・国民の「消長」は、そのことと関係する。つまり、領土が広くなることは歓迎すべきだが、そこにはとりわけ農民による「植民」が不可欠なのである。このような意味で、少なくとも戦前の柳田国男が植民地主義を放棄したことは一度もなかった。柳田の植民地主義は、人口問題の解決という企図が一義的であるが、それは同時に帝国主義的な膨張を肯定するものである。

すでに指摘しておいたように、柳田は日本が国際連盟から委任統治される南洋諸島に農業移民を考えていたし、戦時下ではニューギニアでの米作を想定していた。あるいは、『雪国の春』では、黒竜江にまで朝鮮人（当時は「日本人」である！）が米作をおこなうことを夢想している。しかし、植民地はもともとあった（と想定された）「不死の身体」の核に較べれば二次的なものだから、失われれば簡単に失念することが可能なのである。戦後の柳田にとって守るべき「領土」＝「不死の身体」が沖縄をリミットとしていたことは論をまたない。また、この引用からも明らかなように、柳田の「土着主義」とは、近代主義的――保守主義的と言ってもよい――なものである。それは、近代が遡及的に（たとえば民俗学によって）把握すべき歴史をも担うことになる。柳田民俗学が、史学でもあるゆえんにほかならない。

このような意味で、相対的に一国主義的であるにしろ帝国主義的であった国家官僚・柳田が、植民地放棄を訴える石橋湛山（一八八四―一九七三年）の「小日本主義」と異なるのは、明らかであろう。しかし、湛山の自由主義は、一九四六年五月に就任した第一次吉田内閣の大蔵大臣時において、GHQの農地改革に反対を唱えさせる理由ともなった。占領政策によって統制的な政策がドラスティックに強行されることに反対して、である。戦時下のいわゆる「戦争責任」が――おそらく、柳田と較べてさえも――希薄であるにもかかわらず、湛山は一九四七年五月に公職追放となるが、それはこのGHQ政策への反対が理由になったとも言われる(石橋湛山と柳田の相違については、本書とは異なる視点から、佐藤光前掲書が論じている)。

土地=領土を国民と「連結」しうるのは農民を措いてない、という「農本論者ノ根拠」はどうだろうか。今日における、おそらくは柳田の想定をはるかにこえる農業人口の激減や、減反政策による農地の圧倒的な縮小を知るわれわれには、柳田の考えが楽観的に見える。しかし、植民地主義をも内包する資本主義(帝国主義)は、必ずや「土地」という問題に突き当たらざるをえない。ドゥルーズとガタリの用語を援用すれば、近代資本主義の高度化は徹底的な「脱領土化」を推し進めるが、それは必ず「再領土化」をともなう。そしてその理由は、すべてを生産できる万能の力を持つかのごとき「資本」であるが、土地を生産することは(たとえば埋め立てなどの些細な例を除けば)できないからである。資本は、その脱領土化の帰趨としてグローバル化(「帝国」化)を推し進めるにしても、そこにおいて「国家」を廃棄することはできない。むしろ、国家という再領土化を必要とするのである。国家間(共同体間)の差異こそが資本の利潤を生み出すからにほかならない。つまり、『資本論』(第三巻)のマルクスが言い、それをドゥルーズ/ガタリが援用するように、資本の限界は資本それ自身なのである(「労働力」を含め、資本が生産できない「外部」については、長原豊『われら瑕疵ある者たち』二〇〇八年、参照)。

柳田は資本主義の帰趨として農業のウエイトが後退すること、つまり「脱領土化」を必然と捉えていた。にもかかわらず、農業による「再領土化」を必須として主張していると言える。これは、帝国主義国家官僚として、きわめて明晰な視点だろう。確かに、現在あらわになっている日本農業の土地からの撤退は、商工業を中心とした戦後の日本資本主義の高度化・都市化によるばかりでなく、日本を含めたアジア全域における、一九六〇年代から顕著になった世界的な「緑の革命」（品種改良をはじめ防虫駆除技術、灌漑設備の整備など）の浸透や、農業機械の普及による農業生産性の爆発的な増大が関係していよう（にもかかわらず、それによって世界的な食料問題や人口問題が解決されたわけではない）。もちろん、一九六二年に死んだ柳田は今日の事態を十分に想定できなかった。にもかかわらず、柳田農政学は、近代資本主義にとって再領土化が不可避であることを最初期から把握しており、それが農業による以外に果たして可能であるかどうかは、今なお問われる問題である。『パルチザンの理論』のカール・シュミットが、レーニンや毛沢東の成功を、農民（土地）パルティザンとの結合に見出したことを想起してもよい。現在においては地球規模での環境破壊が問題とされるなかで、「農への回帰」がエコロジー主義的な観点から主張される理由も、一つにはそこにある（ここに、エコロジー主義が資本主義の枠内の運動として、ナショナリズムに結びつきやすい理由もある）。

足尾銅山鉱毒事件の問題

今日、柳田をエコロジー主義の先駆者と見る視点も存在している。しかし、生産力主義が基底にあった柳田に、そのことを見るのには、やや無理がある。柳田的農本主義や協同組合論がエコロジー主義に回収されやすい側面を否定しえないにしても、である。そのことをよく示すのが、最初期の論文「日本産銅史略」（一九〇三―〇四年）にほかならない。これは、農政学や農村を中心とした民俗学的著作が過半の柳田の仕事のなかでは、異例の題材を扱っているが、それと同時に、この論文が書かれた時が、「足尾銅山鉱毒事件」のさなかであったことが注目される。従来の柳田論では論じられることの少なかった「日本産銅史略」について、その背景も含めて一瞥しておこう。

栃木県と群馬県の渡良瀬川流域に存在する足尾銅山は江戸期から操業がおこなわれていたが、一八七七年には古河家に譲渡され、近代化が進められた。銅は当時、日本の主要輸出品であったが、足尾銅山はそのなかでも最大の銅山となった。しかし、その過程で鉱毒ガスや、それに起因する酸性雨の発生などによる「公害」が発生、銅山に働く労働者や地域農民に甚大な被害が及び、日本を揺るがす社会問題となった。一八九〇年頃から地元での反対運動が生起し、地元（佐野）出身の衆議院議員・田中正造（一八四一―一九一三年）は繰り返し国会で、この問題を取り上げ、運動の先頭に立った。一九〇一年一二月、田中がおこなった天皇直訴事件は、あまりに有名である（直訴状は幸徳秋水の筆になるという）。荒畑寒村が書いた『谷中村滅亡史』（一九〇七年）は記録文学の傑作として知られている。

当時、ドイツの社会政策学会を模して結成されていた日本の社会政策学会は、一九〇二年、横井時敬、柳田国男ら四名を鉱毒事件の調査委員に任じた。「日本産銅史略」は、事実上の東大法学部紀要である「国家学会雑誌」に翌年から翌々年に発表された学術論文だが、そこにその鉱毒事件調査が踏まえられていないと考えるのは難しい。ところが驚くべきことに、そこには公害に苦しむ労働者や地域住民への「同情」――柳田の愛用するヴォキャブラリーである――など皆無なのである。「学問救世」を掲げ、農政学の著述では、いかに学術的であっても農民の「貧」に同情を隠さなかったにもかかわらず、である。「銅ノ生産消費ハ尚種々ノ点ニ於テ我国ノ経済発展ノ上ニ供特殊ノ関係ヲ有ス」、「銅ハ殆ド常ニ国産ヲ以テ国内ノ消費ヲ充シタルノミナラズ、屢其多額ノ余剰ヲ以テ海外ニ供給セリ」(『全集』23、二四一頁)、云々。このような国家主義的・生産力主義的な観点から、柳田は「上古」以来の産銅の歴史を記す。しかも、「新時代ノ事蹟ニハ歴史ノ記述中ニ入ルベキモノ未ダ多カラズ」(『全集』23、二四二頁)として、調査研究してきたはずの足尾銅山鉱毒問題などなきかのように記述を進めるのだ。

農政学における柳田の批判対象であるはずの横井時敬は、社会政策学会での調査を契機に政府批判に転じ、渡良瀬川流域住民の支持もあった。横井の死に際しては渡良瀬川流域住民が弔旗を持って参列したという(この弔旗は、現在、横井が創立に関与した東京農業大学に保管されているという)。横井的「農本主義」が柳田の批判するごとくアナクロニックなものであり、地方改良運動の保守主義を補完するものであったとしても、この問題にかんする限り、横井は柳田よりはるかに「同情」に満ちていて「人間的」ではあった。つまり、横井の小農維持、小作米納などを主張する農本主義とは、近代資本主義の侵食から農民・農村を保護するという意図があったと言える。確かに、柳田は「中農養成策」(一九〇四年)において、「海外渡航者、北海道漁場の出稼人、諸国鉱山の労働者、又は尋常土方人足の徒」に同情を寄せているように見える。しかし、それは「彼等の多数は農業地方より出で、各其郷里に在りては土地の狭隘にして其勤勉を施すの途」(『全集』23、二九一頁)がなかったため、という「農本主義的」理由によっている。

柳田が渡良瀬川鉱毒問題に冷淡な理由は、田中正造の天皇直訴のごとき直接行動に一貫して否定的だったということもあるだろう。後のことになるが、一九二二年から一九二八年の長期にわたって千葉県で生起した野田醤油労働争議は、幾度かの波はありながらも、労賃ピンはねや「蛸部屋制度」、組合破壊などを争点にした大争議であり、社会問題となった。しかし、争議は一九二八年三月、東京駅で争議団副団長が天皇直訴事件を起こしたことから労使双方が「恐懼」し、一挙に収束に向かった。この争議について、当時、朝日新聞にあった柳田は「失敗の教訓」という匿名記事を書き、労働者側の「直訴事件といふが如き、到底何人の想像にも浮ばない非常手段」(『全集』27、四七三頁)を非難している。

朝日新聞時代の柳田は、今日、そのリベラリズムを「大正デモクラシー」の一例として称賛されることが多い(岡村民夫『柳田国男のスイス――渡欧体験と一国民俗学』二〇一三年、など)。そのことを別段、否定する必要もないだろう。しかし、そのリベラリズムは「尊皇」と一体のものであったことが踏まえられなければならない。柳田にとって、「大御心に聞く」という行為は、右翼であれ左翼(?)であれ、決して許されないのである。それが、柳田もまた、田山花袋の言う

「大日本主義」者にして **Free thiker** だということにほかならない。

「日本産銅史略」が書かれた日清戦争から日露戦争にいたる時代は、産業構造の帝国主義化にともなって「銅の時代」から「鉄の時代」へと移行する過程でもあった。一九〇一年には九州に官営の八幡製鉄所が設立され、すでに操業していた民営の釜石鉱山田中製鉄所も、この頃ようやく軌道に乗った。その過程のなかで、帝国主義国家官僚・柳田は日本の産銅政策も支持しているのである。柳田の農政学は、そこにヒューマニズムを見るよりは、大枠においては帝国主義的国家政策として見るのが正しい。もちろん、帝国主義国家官僚には国家官僚なりの「ヒューマニズム」がある。横井と柳田では、それが異なった表現を持ったというに過ぎない。柳田的農本主義は、単に農業に特化するというのではなく、他の産業との連関のなかで考えられていると言える。

田園都市構想と生産力主義

資本による脱領土化と再領土化のディレンマを克服する手立てが、柳田にあっては、クロポトキン的な相互扶助論であり田園都市の構想である。原始共産制以来の相互扶助の伝統を踏まえつつ、アナトール・フランスの『白い石の上で』に描かれたような、突然の(!)共産主義社会の出現を準備するのが、柳田的な官僚の役割——アナキズム——にほかならない。柳田には、「或人は現今の社会を以て社会自然の一時代となし遂には不平等なき黄金時代に到着し得るものなりと云へり然れども余の信ずるところは不平等は人間より離るべからざるものなり」(「産業組合講習会講習筆記」一九〇五年、『全集』23、三二六頁）という官僚的リアリズムがある（この時点で、柳田がクロポトキンを読んでいたかどうかは確定できない）。しかし、アナキズムを愛読する官僚である柳田は、一方では、原始共産制や来るべき共産主義を否定することはできない。それは「社会自然」の過程ではなく、突然に出現するかに想定されているようだが、それまでのあいだに官僚が準備するべき政策も、また必須なのである。

柳田農政学の背景には、学生時代に学んだドイツ新歴史学派（社会政策学派）の経済学が基調にあるという指摘が、多くの論者からなされている。前述したように、柳田も日本の社会政策学会に属していた。確かに、イギリスの自由主義経済学に対抗した後発資本主義国ドイツのそれは社会改良主義的なものであり、国家主義と結びついて、ある種の社会主義的な政策として協同組合なども提唱するものであった。ドイツ歴史学派はリスト（一七八九―一八四六年）以来、資本主義の後進領域たる農業に焦点を当てる傾向がある。柳田がそれに沿って協同組合を論じていることもある。また、すでに指摘しておいたように、柳田にはイギリス・チャーチズムも流れ込んでいるだろう。しかし、一九一〇年前後というエポックを画する時代のなかで、柳田にとってクロポトキンこそが決定的な契機であることは、ここまで詳しく論じてきたとおりであることを、改めて強調しておきたい。

すでに多少は言及してきたが、「クロポトキンとツルゲーネフ」と並んで、柳田がクロポトキンを援用している講演録「農政の新生面」（一九一三年）を見ておこう。これは、農民をいかに土地に「連結」するかについての、柳田の処方である。すでにクロポトキンの自伝における『田園・工場・仕事場』のクロポトキン自身による梗概の記述を紹介しておいたが、「農政の新生面」における同書の援用も、クロポトキンがそこで、マルクス主義にもまして誇った科学主義・生産力主義にかかわっている。大方の柳田論では未紹介のこともあり、煩をいとわず引用しておく。

> 例へば燻炭肥料の如きも、吾々はもう少し真面目に、もう少しどん底まで研究して、果して採用すべきものであるか、採用すべからざるものであるかを明かにして貰ひたいと云ふことを農商務省の諸君に要求して居るのでありますが、是は縦令空理であり若くは実行困難なものであるとしても、少なくもあの事業が証拠立てました一株々々の麦なり小麦なりの大きなものが出来ると云ふことは殆ど争はれないのであります、外国に於ても十年前に出来ましたクロパトキン氏の農業の未来を論じました書物を見ると、斯う云ふ方法を用ゐれば斯う云ふ小麦が出来る、斯う云ふ燕麦が出来ると云ふ写真まで撮つて居ります、詰り或方法を尽したならば、燻炭肥料の如きものを使つてお化の如き穀物になり得ると云ふ見込が立つたならば、論理上には少しく欠点があるかも知れないが、少なくも大体に於て、将来それ程まで急速に心配しないでも宜い、唯今が行止まりの時代とまで言はぬでも宜いと云ふことを言ひ得るのであります。（『全集』24、二八六頁）

ここで言われているのは、『田園・工場・仕事場』の第四章「農業の未来（続き）」で紹介されている、「一八五一年の第一回万国博覧会で、ブライトンのノーマル・ハウスのハレット少佐」がおこなった展示のことであろう。ただし、そこで報告されている「お化の如き穀物」は燻炭肥料の成果ではない。なお、ここで柳田が同書を「十年前に出」たと言っているのは、やや誤りである。すでに幸徳秋水らのクロポトキン受容について述べたところでも言っておいたように、『田園・工場・仕事場』の初版は一八九八年にボストンで出ている。柳田が読んだのは、この版なのかどうか。なお、現在、流布している三一書房版邦訳は一九一二年（ロンドン）の改訂版を用いているが、写真の図版が省略されている。

柳田からのこの引用部分でまず注目されるべきは、官僚の役割が重視されていることと、柳田の科学主義的オプティミズムである。この部分に先立つところでも、「農業は可能性と申しますか、何処まで発達するか分らぬ、将来の発達する限度と云ふものは測り知るべからざるものがある」（『全集』24、二八六頁）と言っている。これは、聴衆の農業関係者に対するリップサーヴィスとばかりは言えまい。『田園・工場・仕事場』では、日本の労働集約的な農業についても若干の言及があり、それは今日では速水融が言うところの「勤勉革命」とも近似的だが、農村の「家」制度を労働組織と見なし、「常民」の勤勉性を称揚する柳田にとっても受け入れやすいものだったろう。

柳田の生産力主義は、従来の柳田理解ではあまり注意されてこなかった側面である。柳田農政学は、むしろ、年ごとに痩せることが否めないところの、土地に拘束されている農業においては生産力が減退していくことを先駆的に指摘していたことが、戦後において高く評価されている。東畑精一は「明治年間に限界生産力をいったのです。（中略）おどろくべきことだと思いますよ。少し先に行きすぎた。いわんやそれで農業論をやるとはね」（逸見謙三、梶井功編『農業経済学の軌跡』一九八一年所収の「座談会」での発言）と驚嘆しているほどである。

　実際、柳田は東畑が見たような農業生産力の限界を何度も主張している。たとえば、早くも一九〇二年の「農業界に於ける分配問題」では、農学博士・酒匂常明（一八六一―一九〇九年）への批判をとおして、農作物の生産量の増加の理由には、耕地面積の拡張、生産方法の進歩、土地の改良、労力の増加などさまざまな契機がありうるが、「収入逓減の法則が下に潜在せる農産業に在りては殊に其生産費との関係を吟味すること」が必要だと注意し、「何れの生産業に於ても産額の増加といふことは決して常に絶対的に希望すべきことに非ず」（『全集』23、二一六―八）と言う。

　柳田の反（?）生産力主義と生産力主義とは、別段、矛盾はしない。柳田は、松方デフレ以来寄生地主制が確立・拡大し、小作料物納のもと小農や小作人が激増した日露戦後の状勢では、主に「勤勉」による生産力の多少の増大が、貧農を増大させるだけで意味がないと言っているわけである。しかも、その多少の生産力の増大は、帝国主義本国内では処理しえないほどの爆発的な人口増加をともなう。農作物の本国での自給は不可能である。重工業の発展にともなって（あるいは、それ以前のマニュファクチュア時代から）、農村から輩出された農家の次男三男や女子が近郊のみならず都市の工場に吸収されるにしても、それはいわゆる相対的過剰人口であり、不況期には失業者として農村に逆流する。日本の農村は資本主義における労働力の調整弁の役割を担っていたが、それは貧困を代償とすることでもあった。このようななかで、中農養成など農業の「近代化」を主張する場合、それは、さしあたり農村の貧困への対処としてあるが、同時に、人口問題を一つの根拠として植民地主義をも肯定することに帰結するのは、いちおう理にかなっている。石黒忠篤は戦時下、加藤完治（一八八四―一九六七年）とともに悪名高い満蒙開拓団民の積極的な推進者であった。

人口減少がむしろ問題になっている今日の先進資本主義国ではやや忘れられがちだが、ある時期までの資本主義国では、マルサス（一七六六―一八三四年）が『人口論』で提起した、「人口は、さまたげられないばあい、等比数列において増大し、人間のための生活資料は等差数列において増大する」（永井義雄訳）という人口問題が巨大な課題としてのしかかっていた。「人口の都会集住は決して好ましき現象にあらずと雖明治初年来殆二倍せる人口の何時迄もこの農業より他に生活の途尽き田舎に蟄伏せんことを望むは無理なり」（「農業界に於ける分配問題」一九〇二年、『全集』23、二二三頁）と言う柳田においても、然りである。すでに江戸期農業「勤勉革命」において地方の人口増加は存在していたが、近代以降のそれは爆発的なものであった。柳田が農民の

「貧」を案じたように、農村は繰り返し凶作にみまわれたが、それは人口爆発を押しとどめるものではない。マルサスが論じたように、である。

　マルサスによる人口問題の解決法は、ダーウィンが『人口論』を読んでインスパイアされたというエピソードがあり、優勝劣敗のスペンサー流社会ダーウィニズムに親近的だが、帝国主義段階の資本主義において否定されねばならなかったことについては、すでに述べておいた。それが、政治的な立場の違いをこえて、クロポトキンが導入されなければならぬ理由でもあった。『人口論』はイギリスの先駆的アナキスト、ウイリアム・ゴドウィン（一七五六―一八三六年）への批判を一基調としているが、クロポトキンの『田園・工場・仕事場』は、まさにマルサス批判を主題とした書物である。すでに明らかだと思うが、クロポトキンは爆発的かつ飛躍的な生産力の増大によって、マルサス的人口問題が解決されると主張していた。しかも、それを担うのは柳田においては「中農」であり、クロポトキンにとっては――柳田にとっても――「園芸」である。幸徳秋水のもとを離れて岡山に帰った森近運平が、「園芸」にたずさわっていたことも想起すべきだろう。柳田がクロポトキンの同書を愛読した理由も、一つはそこにある。

　一国内の優勝劣敗を肯定する明治期初期のスペンサー流社会ダーウィニズムに対して、帝国主義時代の社会ダーウィニズムは、帝国主義各国間の優勝劣敗は肯定するにしても、帝国主義本国内におけるそれは否定される。一国はそれ自体として進化する有機体でなければならないからだ。それゆえ、少なくとも一国内の階級対立という「現実」は括弧に入れられることになり、「社会」が相互扶助的である（あるべきだ）というところに力点が置かれる。確かに、小農小作と寄生地主の対立はある。資本主義の農村への浸透は、不必要（?）なまでの商人層の増大をともなって、農民の利益を危うくしている。しかし、すでに指摘しておいたように、柳田にとって百姓一揆や小作争議は「ゲーム」に近いものと見なされていた。そうでないとしても、小農小作民をはじめとする農業問題は、「小農を存続せしめて之に大農と同じ利益を得せしむる」（「日本に於ける産業組合の思想」一九〇七年、『時代ト農政』、『全集』2、三一一頁）ところの、産業組合、信用組合、購買組合などの相互扶助的な協同組合によって――少なくともかなりの程度は――「解決」されうると考えられていたわけである。それは、資本主義社会の「自由・平等・友愛」のルール枠を最大限に発揮することにほかならない。

にもかかわらず、資本主義の進展が、いわゆる「都市と農村」問題という格差を顕在化することに、「人口の都会移住は決して好ましき現象にはあらず」（「農村に於ける分配問題」）と言っていた柳田が無自覚だったわけではない。「都会熱」（横井時敬）は大きな問題であり、農政学からおおむね撤退して以後の柳田も、『都市と農村』（一九二九年）など多くの著作で、その問題に拘泥している。そして、その問題を「解決」するのも、クロポトキン流の「大工業」に対する「小工業」への加担であり、大都市あるいは小町村に対する中間的な田園都市の構想である。大工業の労働者が必ずしも「機械の奴隷、資本的の蚕」ではないと言いつつ、「幸福なる小工業の存立」（「中農養成策」、『全集』23、三〇五頁）も早くから主張されていた。

工場が田舎に移れば農工兼営の労働者も得られます。（中略）地方に在る工場は必ず住民の収入総額を増します。さて田舎の人口が都会に向つて集注する主たる原因の一は工場が都会にあること、都会に於ける労働の収入の多きことであつたと致せば、田舎に工場が多くなつて来ると云ふことは、都会集中の勢力を稍殺ぐ者であると言はねばならぬと思ひます。（「田舎対都会の問題」一九〇七年、『時代ト農政』、『全集』2、二六六頁）

このような田園都市の構想が、直接にクロポトキンから得られたと言う必要はない。これまで示してきた時系列を改めて追ってみれば明らかだが、柳田がクロポトキンを読み始めたのは、遅く見積もれば一九〇七年くらいだった。また、『田園・工場・仕事場』を読んだ時期は確定できない。『時代ト農政』の刊行時である一九一〇年には、自伝や文学史は読んでいたにしても、『田園・工場・仕事場』を読んでいない可能性はある。もちろん、『相互扶助論』や『麵麭の略取』あたりは読んでいたと見なしておかしくないにしても、である。品川弥二郎（一八四三―一九〇〇年）や平田東助の手になる産業組合法の成立と同年の一九〇〇年に農政官僚となった柳田にとって、その協同組合論や中農養成策、田園都市構想は、同法の枠内においてなしうる改良を意味していた。その発想の最初期には、クロポトキンはなかったかも知れぬ。しかし、文学者でもあり民俗学に向かう途上にあった柳田にとって、クロポトキンがもっとも親しい思想となっていくのは、これまでも論証してきたとおりである。

前掲『柳田国男のスイス』の岡村民夫は、一九二七年の東京砧村（成城）のヨーロッパ風の自宅建築とそこへの長男・為正をともなった単身移住が、国際連盟委任統治委員時代の滞欧における田園都市体験にあると指摘し、そこに柳田のリベラルな思想への飛躍を見ている。しかし、すでに明らかなように、柳田における田園都市への憧憬は、一九〇〇年代にすでに萌していたわけである。成城砧村が、果たしてクロポトキンや柳田農政流の田園都市であるか否か――砧村・成城に映画撮影所はあるが（一九三二年設立）、小工場はない――は大いに疑問であるにしても、である。

また、岡村も含め多くの論者は、柳田の、ジュネーブ時代に発して帰国後まで続くエスペラントへの耽溺が、国際連盟における柳田の語学力の弱さの自覚に理由があると見なしている（岡谷公二の前掲『貴族院書記官長　柳田国男』には、そのことをやや否定する情報が記されているが決定的なものではない）。当時、国際連盟ではエスペラントを公用語にする動きもあった。そして、柳田のそれからの撤退は、国際エスペラント運動のへゲモニーが、アナキストや左派に移行したことへの反発からだとも見なされている。確かに、柳田にある種の政治的警戒心が働いたということはありうる。しかし、日本におけるエスペラント運動が、一九〇〇年代からすでに堺利彦や大杉栄ら初期社会主義者たちと結びついていたこと、あるいは逆に政府がエスペランティズムを社会主義と結びつけて敵視する傾向があったことを、柳田が知っていなかったはずもない。柳田のエスペラントへの傾斜には、むしろ社会主義やアナキズムへのシンパシーが潜在していたとも考えられる。しかし、この点について、これ以上の詮索は避けるべきだろう。

日本資本主義論争と柳田

これらのことはともかく、柳田の田園都市の構想を含む農政学が、山県の地方改良運動に反対するものでないことは、明らかである。しかし、小作料金納化などを含めて柳田農政の「近代性」が天皇制国家に対する批判であったとする見解が登場することになる。一九六〇年代の「柳田ブーム」以降において、柳田が天皇制に対して批判的だったという暗黙の了解があったのは、一つには、柳田農政学の「近代性」が、山県の地方改良運動に象徴される「(半)封建的」な明治天皇制国家への抵抗と見なされたからだが、すでに論証してきたように、柳田農政学の「近代性」は、天皇制を護持するものなのである。たとえば、『時代ト農政』に収められた高名な報徳社批判「報徳社と信用組合の比較」にしても、尊徳主義の相互扶助的な伝統に対しては積極的に肯定しているのであって、批判の対象は、近代的な信用組合に脱皮しようとしない旧弊な一派なのである。尊徳主義が山県の地方改良運動のイデオロギー的な担保とされたのは事実だが、柳田はそのこと自体を批判するわけではない。ここにおいても、神社合祀反対運動に際して、山県の熟慮を知って撤退するといった、すでに論じておいた構えと似たものが見られる。日本資本主義の帝国主義的な発展――これが官僚・柳田の背骨であったのは、既述のとおり――にとって、農村の「近代化」を犠牲にすることは、むしろ「合理的」でさえあったと言えるからだ（柳田が尊徳主義に対して決して対立していたわけではないという立場からの論考として近年のものとしては、田中寧「柳田国男の農政学の展開」二〇一〇年、参照）。

知られているように、戦前の日本資本主義論争は明治維新の性格をめぐって講座派と労農派に分かれ、マルクス主義の土壌のなかで争われた。その時、明治維新以降の資本主義をいまだ「（半）封建的」とする講座派マルクス主義は、その有力な理由の一つとして、小作料が物納であることを挙げた。つまり、いまだコメが資本主義的商品となっていないということである。そして、このような封建的遺制こそ、天皇制の基盤をなしているとした。これに対して労農派は、小作料は物納のかたちをとっていても、実質的に金納化されており、すでに資本主義的商品となっていることを証明しようとした。

第Ⅰ部で触れておいたように、日本資本主義論争当時において柳田が参照されたことはあり、また、柳田自身が多少の言及をおこなったこともある。あるいは、論争の衰退期から「転向」の時代のなかで、柳田が注目されたこともある。しかし、それは主に荘園領主や名主の隷属民たる「名子」の制度や、農村の「結」や「講」といった相互扶助組織の民俗学上の問題であった。柳田の初期農政学の書物は、当時、容易に目にすることができなかったという理由によるものだろう。しかし、敗戦によって思想的状況は変化していた。ＧＨＱは、明確に、日本を「（半）封建的」と規定した上で、その「民主化」＝「近代化」政策を強行していったのである（しかし、第

Ⅲ部第三章でも触れるが、ＧＨＱと並行して戦後吉田茂内閣の経済政策を担ったのは、主に労農派のアカデミシャンであった）。講座派マルクス主義の影響下にあった丸山真男や大塚久雄（一九〇七―九六年）といった思想的リーダーたちが登場してきた理由である。

そのようななかで、柳田農政学が発掘され再評価される機運も醸成されていた。先に挙げた東畑精一の発言も、そのような文脈で見なければならない。逐一検討する余裕はないが、東畑以降、数多く書かれている柳田農政学を再評価する論は、つまり、柳田が「近代市民社会」の確立に腐心したという論調に貫かれており、それは講座派系の論者のみならず、労農派の系譜を引く論者においてもまぬがれない。第Ⅰ部第三章で指摘しておいたように、丸山真男門下・神島二郎の『近代日本の精神構造』は、天皇制国家の「封建性」を論証するために柳田民俗学のデータを駆使したものであって、柳田が明治国家に批判的だったという視点は採用していない。そのような視点が可能になるのは、柳田農政学についての研究が進捗したあとなのである。

しかし、天皇制を「（半）封建的」と見なすはずもない柳田の立場は、あえて言えば労農派に近かった。たとえば、柳田の小作料物納に対する把握は、ある意味で両義的である。確かに柳田は物納制を前時代の遺制として斥け、金納制を主張した。それは物納制が近代天皇制に適合しないからである。しかし物納を単純に封建的遺制と見なすのではなく、「新時代の小作希望者の競争の結果」（『日本農民史』『全集』3、四四九頁）、つまり市場原理にもとづくものとされた。その意味で、『農村問題入門』（一九三七年）の猪俣津南雄が、いちはやく柳田に注目したらしきことは、理にかなっている。あるいは、第Ⅰ部第二章で述べたように、講座派・平野義太郎の柳田への転向後の接近は、日本の「(半)封建的」遺制を、劣位ではなく、逆に欧米近代に対する優位性へと反転させることによって、なされたものであった。しかしその時、右派に転じた平野はもちろんだが、猪俣にあってさえ、天皇制批判の契機は宙に舞うほかない。それは、天皇制を「アジア的」特殊性=優位性と見なすことになってしまうからであり、そこでは逆に、柳田天皇制論の「近代性」が見失われるのである。このことは、戦後に柳田農政学の近代性が称揚される際に、柳田天皇制論の近代性もひそかに温存され肯定されていくことを意味している。繰り返しておけば、再領土化された「不死の身体」を「王」(この場合、天皇)の身体と見なすフェティシズムは、まちがいなく近代資本主義のイデオロギーである。

戦中から俳句雑誌の編集者として柳田に師事してきて、柳田理解における戦後保守派の代表的な文芸評論家であった山本健吉(一九〇七—八八年)は、一九七〇年代のある会合で、当時の「柳田ブーム」が左派によって担われていることに、苦笑する旨の発言をしたことがあるようだ(常民大学『野の学びの史譜』編集委員会編『野の学びの史譜』二〇〇八年、参照)。山本のような者にとっては、当時の「柳田ブーム」がいかにもいぶかしく思えたであろうことは想像にかたくない。そこにおいては、まったき尊皇のひとである柳田が、天皇制国家に批判的であるとされ、天皇主義があるにしても、それは「反近代」主義として肯定されているからである。このような柳田イメージが、いまだ払拭されていないのは言うまでもない。

たとえば、丸山門下・藤田省三のブリリアントな問題作『天皇制国家の支配原理』(一九六六年)を批判的に継承し、マルクス主義的地代範疇論を駆使して精緻な論を展開している『日本マルクス主義と柳田農政学』(一九七八年)の福冨正実は、「「下からの農業進化」の道としては、柳田国男によって提起された「小作料金納化」は、大正中期以降の小作運動のなかで中心課題となった「耕作権の確立」よりもよりいっそう合理的・現実的な方策であったのではないか」と言う。われわれは、どちらが合理的かつ現実的であったかを評定する立場にないが、福冨が「小作料金納化」のほうをよしとする理由は、「近代化」/「資本主義化」の促進に、その方が資すると見なすからであろう。確かに、そうであるかも知れない(既述のように金納化は戦時下にある程度実現されていた)。しかし、そうであるとして、そのような解答は、転倒しているのではないか。なぜなら、戦後の時点ですでに金納化は実現しており、柳田の主張した他の「近代的」政策もおおむね成就しているにもかかわらず、「(半)封建的」であるはずの天皇制はいまだに解消されていないからである。だとすれば、戦後天皇制を存続させているものは何か。アメリカ合衆国は、すでに戦時中から来るべき日本の戦後統治政策を研究しており、そのためには天皇制の存続が不可欠と見なしていたという(加藤哲郎『象徴天皇制の起源』二〇〇五年、参照)。そうであったのだろう。しかし、では「近代化」によって、なお掘り崩されえない天皇制とは何か、ということこそが、まず問われるべきではないか。戦後講座派イデオロギーがいかがわしいのは、このような点にある。

福冨の著書は、今日盛んな――一九一〇年を結節点とする――初期柳田と後期柳田を峻別する視点の先駆をなしている。しかも、今日の論者が、多くの場合、農政学を無視して常民の学と非常民の学を峻別しているのに対して、福冨が農政学の側面から論じていることには意義がある。しかし福冨が、後期柳田の民俗学が一九一〇年の『時代ト農政』でも言われていた「家の永続といふ問題」を「祖先崇拝」と結びつけ核心に据えることによって、「進歩的であった農政思想はいちじるしく後退してしまった」と言うことについては、目を疑わざるをえない。「家」の永続と「国家」の永続を結びつける保守主義が、最初期の農政学においても貫徹されていたことについては、繰り返し指摘してきた。それは、「不死の身体」としての国家を、農業（それは資本主義の重要部分を構成する）による「再領土化」と見なす柳田にとって当然のことであり、その「不死の身体」を担うのが「天皇」と呼ばれる「もの＝身体」であることも、言うまでもないことである。そのような「不死の身体」が、小作料金納化などという「近代化」によって消滅することを、柳田が想定するはずもない。「不死の身体」自身が――古代から続いていると見なされているとはいえ――近代的な「領土」だからである。もし、「不死の身体」に消滅の危機がおこるとすれば、柳田は徹底的に抵抗するだろう。それが敗戦を前にして書き始められる『先祖の話』以下の「新国学」三部作や、沖縄を日本に身体化すべく書かれた『海上の道』であったことは、見やすい事実である。

コメ物神の否定？

ところで、農民は何を作っているから「国ノ本」であるのか。柳田においては、いちおうコメであるということになっているのは周知のことだ。明治期以降の農業は「米と蚕」を主な生産物としたが、蚕が初期資本主義の重要品目であることは明白だから、コメこそが、領土と農民を「連結」する作物と見なされている。柳田農政学や民俗学における米の特権性について、ほぼ誰も疑う者はいない。そして、その農民・米作中心主義は、逆に、『イモと日本人』（一九七九年）の坪井洋文（一九二九―八八年）から網野善彦まで、幾多の批判にさらされてきた。

「日本人」はコメばかり作ってきたわけでもなければ、コメを主食にしてきたわけでもない。しかし、このことは柳田にとっても農政学から民俗学にいたるまでの、当然の前提であった。すでに戦時色が強くなってきて、食料事情が悪化のきざしも見せていた時期ではあるが、次のように言っている。

> 米を毎日の食品とする考へ方は、国全体としても甚だ新らしく、しかも多くの土地の現実とも反して居る。一年のうちの米を食ふ日は限られて居た。即ち先づ神を祭り祖霊に供へ、同じ時だけに人々も相饗したのである。古くは大御力と称して米を以て租納としたのも、是が神聖なる食料であつた為と思はれるが、是が政治に承け継がれて、終に米本位の財政といふ

ものを、最近の革新まで持続せしめるに至ったのである。(『稗の未来』一九三九年、『全集』10、一一頁)

柳田民俗学が「ハレ」と「ケ」の民俗学と言われるゆえんは、ここにある。この種の発言は、柳田の著作の随所に見られる。つまり、コメは貨幣や国土と同様に「もの(フェティッシュ)」――あるいは、デュルケームにならえば「トーテム」か?――であり、そうであるがゆえに、コメを作る農民は国土と「連結」されているのであり、普段の食べ物は「稗」で十分なのだ。東畑精一(シュンペーター派)、平野義太郎(旧講座派)、土屋喬雄(旧労農派)といったひとびとと柳田が同席して歓談している、奇怪と言えば奇怪このうえない一九四〇年の前掲座談会「土地」で、彼らが、稗をこうやって食ったが美味いなどと呑気なことを喋りあっているのも、柳田のこのような歴史認識を背景にしている。それはともかく、コメは「もの」として生産されているのであって、食料としてのそれは二次的である。そして、それは天皇家の祭祀における「もの」でもある。柳田は国家官僚として何度か天皇家の祭祀に「奉仕」している。明治天皇の「大葬」(一九一二年)と大正天皇即位における「大礼」(一九一五年)であり、後者では大嘗祭にも「奉仕」している。そして、その体験のなかで、天皇家の祭祀が「常民」の村祭りと同じであることに深い感銘を受け、後年の『日本の祭』その他に結実することになるわけである(柳田と天皇家のかかわりについては、山下紘一郎『柳田国男の皇室観』、同前掲『神樹と巫女と天皇』などを参照)。

このようなコメを媒介にした天皇＝常民観念は、戦後、荒正人ら戦後派（彼らもまた、「転向」文学者である）を前に、「常民には畏れおおい話ですが皇室の方々も入っておいでになる」と発言してちょっとしたスキャンダルとなる（「日本文化の伝統について」一九五七年、『民俗学について』）。すでに、昭和天皇のいわゆる人間宣言の後であったから、この柳田発言をリベラルなものと誤解する向きもあった。しかし、むしろ逆であろう。初期の農政学時代から、柳田の「農本主義」的な天皇観・国家観は基本的に変わっていないのである。柳田においては、非常民もまた、おおむね常民出自とはされていた。前に見ておいたように、「山人」等先住民あるいは「国津神」は、基本的に天孫族に帰順していたと見なされる。すでに『地名の研究その他』からの引用で示しておいたように、非常民出自の非常民の存在は認められているが、問題は常民＝農民のヘゲモニーなのであり、つまり、「日本人」なるものは、コメという「もの」（トーテム！）を介しておおむね天皇制に収斂されるというのが、柳田の農政学・民俗学を貫いていると言ってよい。これは、柳田を素直に読めば、当たり前といえば当たり前の結論だろう。「天孫人種」は、稲という呪物をたずさえて日本列島に渡ってきたがゆえに、そう呼ばれるわけである。

だが、柳田がコメを介した常民＝天皇制という神話を本当に信じていたかどうかは、きわめて疑わしい。山下前掲『神樹と巫女と天皇』は、すでに戦前の民俗学において、柳田は天皇制の「起源」が「巫女王」にあり、天皇は「ヨリシロ（依代）」であったという認識があったことを主張している。そうだとして、つまり、柳田の天皇制論とは、きわめて確信犯的に「捏造された伝統」（ホブズボウム）であることは確かかと思われる。山下説は示唆的であり、第Ⅲ部で立ち返ることがあろう。

『海上の道』に収められた論文「稲の産屋」は、天皇家の起源に関心を寄せる三笠宮を会長とした「にひなめ研究会」の編集になる『新嘗の研究』第一輯（一九五三年）に収められたものだが、そこでは明白に宮中の祭りと村祭りの同一性が否定されている。やや長くなるが、重要なポイントなので、その部分を引用しておこう（このことは、すでに岩本由輝が『柳田民俗学と天皇制』で鋭く指摘しており、参照されるべきである）。

> 令制以後に於ける公けの新嘗には、少なくとも常人の模すべからざる特色が幾つか有つた。最も見落し難い大きな差別は、皇室が親しく稲作をなされざりしことである。供御の料田は十分に備はつて居ても、それを播き刈る者は御内人では無かつた。殊に大新嘗には国中の公田を悠紀主基に卜定して、其所産を以て祭儀の中心たるべき御飯の料に充てられることになつて居た。それが何れの代からの定めかは、政治史の問題に帰著するが、すでに億計弘計二王子の潜邸の御時にも、伊予の久米部に属する一官人が、大嘗の供物を集めに、播磨の東隅の村まで来たといふ記事もある。是等は到底尋常地方に割拠する大小の農場主たちの、企て及ぶ所では無かつた。此点が先づはつきりとちがつて居る。
>
> 　それよりも更に重要な差別は、この日に迎へ拝せられる神々についての考へ方であつたら

う。是までの普通の解説では、至尊が其年の新穀をきこしめすに際して、御親ら国内の主要なる神祇を御祭りなされる式典として、疑ふ者も無かつたやうだが、もしそれならば是は朝廷の御事業であつて、個々の稲耕作者たちの問題で無く、嘗の祭の一般共通性などは、考へて見る余地も無いわけである。神祇といふ言葉は、今は至つて心軽く、範囲を明らかにせずに用ゐられて居るが、本来は天神地祇、或は天社国社と謂つたのも同じで、つまりは斯邦の有りと有る家々に、斎き祀り申す神々の総称といふべきものだつた。如何に信心の複雑化した時代でも、個々の一家の力では、為し遂げ得ることでは無く、又其必要も無く、権能も有り得なかつた。即ち此点では明かに、皇室の新嘗が普通とは異なつて居たので、我々は先づいつの世から、何によつて斯うなつたかを考へて見なければならぬ。(『全集』21、五六四―五六五頁)

ここで、コメを介して天皇と常民の祭の同一性に依拠していたはずの柳田神学が崩壊しているかに見える。柳田は、このことに一九五〇年代になってようやく気づいたのだろうか、それとも宮中祭祀に「奉仕」した時から気づいていたが、神学的強弁を繰り返していたのだろうか。後者の説を採る岩本は、「国栖(くず)や隼人(はやと)など非稲作民的な山人との深いつながりがうかがえる宮中の祭と村の祭との違いは宮中の祭に後世の付加があって生じたものではなく、本来的なものとみるべきである」と言う。天皇家と非常民との古くからの関係は、近年流行の問題系であり、そのことに意義を認めないわけではない。そのような視点からすれば、折口信夫の柳田に対する理論的優位ということも言えよう。しかし、柳田は天皇家が「外来王」であることを絶対に認めなかった。そのことは、戦後、日本古代史論を風靡した江上波夫（一九〇六―二〇〇二年）の騎馬民族説に対して、折口とは逆に、かたくななまでに否定的だったことからも知られる（前掲柳田、折口、石田英一郎座談会「日本人の神と霊魂の観念そのほか」一九四九年、『民俗学について』）。

それとも関係するが、生産過程を重視する柳田の常民中心主義は、流通過程に生きる商人に対して、あからさまに否定的である。柳田は近代資本主義が商人資本による農村共同体への浸透によるものであることを認める。しかし、農民の「健全」性に対して、「商人は運動を欠き精神を労すること多くして不健全なるを免れず」（前掲「産業組合講習会講習筆記」一九〇五年、『全集』23、三八二頁）として、近代資本制社会における農民の優位を主張するのである。

では、「稲の産屋」における柳田自身による柳田神学の自己否定を、どう考えるべきか。端的に言って、柳田においても、過去から未来へと連綿と続くがごとき、「日本」なるものは存在しないのである。では、「稲の産屋」は、「日本」とは何かを問い続けてきたかに思われた柳田が、そんなものは存在しないと、認めたことを意味しているのだろうか。そのことに、いつ柳田が気づいたかについては、とりあえず詮索する必要はない。それは、山下説でもよいのである。

そもそも、「稲の産屋」を含む『海上の道』の主張は、それが実証的にどう評価されるべきかは問わず、それまでの柳田神学を「否定」する契機を内包していた。『先祖の話』に収斂される旧来の柳田神学において、神々は近郷の「山の神」であり、盆や正月に山から田や家に降りてくる農耕神の祖霊であった。しかし、沖縄で見出された祖霊は「海の神」であり、海の彼方の「ニライカナイ」から到来する。そして、柳田にとっては、後者のほうが古型であるとされる。そのことを、柳田は「アマ」の「海（アマ）」から「天（アメ）」への転義として捉えようとした。海から来て山に登るということだろう。前掲「異族の論理」その他の吉本隆明は、そこから発想を得て、沖縄の民俗をフィールドワークすれば天皇制が相対化できると見なした。また、前掲『新版柳田国男の思想』の中村哲も同様に、「天」皇の思想に「中国大陸からの外来の思想」を見出している。ここにおいても、柳田にとって「日本」なるものは存在しない、と言われているのかも知れない。

　しかし同時にここで柳田が言っているのは、沖縄も「日本」だ、ということではないのか。古代天皇制をこえた、「日本」なるものの祖型が沖縄にある、と。それは、祖先崇拝として同型である、と。天皇制の歴史をこえて、沖縄は日本から古くに分かれた「分家」だという視点は、維持される（『郷土生活の研究法』など）。天皇制は、過去のある時期から将来にわたって、「日本」に適合的な制度であるということになろう。吉本や中村の読解もまた、柳田と同様に、「日本」なるものの存在を認めてしまっている。

　これまで柳田農政学を検討しながら詳述してきたように、柳田が護持しようとしたのは明治以降の近代天皇制国家の「不死性」であって、それが太古に遡って天皇制でないとしても、さほどの問題はない。ただ、近代天皇制も太古の「非＝天皇制」を——「アマ」から「アメ」へと——

継承していれば、それでよい。琉球のタカラガイに誘われた「天孫人種」は、稲をたずさえて「海（アマ）」から来たかもしれないが、その長となる「天（アメ）」＝天皇家がイネの司祭である必要さえない。ただ、近代国家自体は、農本的でなければならないのである。沖縄が米軍統治下にあり、そのことによって「日本」から切断されている時、その「返還」への国民的欲求を表現するかたちで、柳田の沖縄論は書かれた。一九五二年のサンフランシスコ条約発効によって、統治権は米軍にありながら、日本の潜在的主権は「回復」された。「稲の産屋」が書かれたのは、その「主権」回復後である。それは柳田にとって、王の「不死の身体」を真に回復することでもあったのである。

　しかし、柳田にとって沖縄が本当に「日本」だと信じられていたかどうかには、いささか疑問が残る。確かに、柳田の沖縄論は中国と琉球との交通関係の重要性を棄却し、「日本」とのみ関係づけようとしている。だが同時に、戦前の『海南小記』の旅で、柳田は、沖縄本島だけでなく、むしろ離島を巡り、そこに「離島苦」という差別を見出した。奄美や琉球諸島における、その抗争の歴史についても触れられている。すでに「沖縄」なるものは存在しないという認識の一歩手前までたどり着いていたように思われる。日琉同祖論にもとづく伊波普猷の沖縄語保存運動に触れて、それが困難な理由を、「沖縄語にはまだ統一の基準が完成していなかつた。統一の基準と為るべき首里那覇の語に活力は有るが、それが有り過ぎて却つて盛に変化してゐる」（『全集』3、二九二頁）からである。「沖縄」なるものの同一性が疑わしいとすれば、どうして、それが「日本」だと言えるのか。そして、『海上の道』では、天皇とコメに象徴される「日本」なるものも、相当に揺らいではいる。にもかかわらず、柳田にとって「沖縄」は存在し、「日本」も存在しなければならず、「沖縄」は「日本」でなければならなかった。それは政治的な主張である。

「稲の産屋」が発表された翌年の一九五四年の春、「柳田先生の琉球調査のお仕事に参加を命ぜられた」金関丈夫は、他の研究者とともに沖縄八重山を訪れ、主に波照間諸島の調査に従事した。その報告で柳田のもとを訪れた金関らから二〇〇枚近いカラースライドを見せられた柳田は、「貧困と忍苦のあとが深くきざまれながらも、日に焼けた天使、とでもいえそうな顔をした婦女子の、労働の姿」を熱心に見、「ときどきあらわな感動の様子を示された」。そして、柳田は「これは陛下にお目にかけなければ」と言い、同年の一〇月、宮中で、金関らによる上映会が開かれるのである。この異例の発案に金関は驚いているが、そこに「天皇を教育するのは自分の責任だ、というような意気ごみ」を見ているのは正しいだろう（金関丈夫「天皇と柳田先生」一九六二年）。それは、「不死の身体」として存在すべき「日本」の領土のリミットを、その可視的身体である王＝天皇に知らしめることだからである。もっとも、昭和天皇は「柳田先生が見せたほどの感動は示されなかった」という。昭和天皇は、すでに一九四七年に、米軍の長期にわたる沖縄占領を希望する旨のメッセージをマッカーサーに送っていることが、今日では知られている（いわゆる「沖縄メッセージ」一九四七年九月。進藤榮一「分割された領土――沖縄、千島、そして安保」一九七九年、参照）。サンフランシスコ条約の締結で、沖縄の日本「主権」は確認されるが、昭和天皇において、沖縄という身体は、なかば棄却されていたのである。

III

法・民主主義・固有信仰

第一章
『山の人生』をめぐって

「事実」あるいは「真理」

大学卒業後、一九〇〇年に農商務省農務局勤務を始めた柳田国男は、一九〇二年に法制局参事官に任ぜられた。法制局は内閣に設置されており、栄転であったようだ。農商務省には高等文官試験合格者の柳田にふさわしい高等官（奏任官）のポストがなかったため、属官（判任官）として勤務していたのであった。柳田は法務局への移動後も、精力的に農政を講じ、系統農会や協同組合の啓蒙・普及等につとめ、あるいは文学者としてもしばらく活動していたことは、すでに見てきた。一九〇四年（あるいは一九〇五年）には、全国農事会（後の帝国農会）の嘱託幹事となっている。柳田の法制局時代は、一九一三年に兼任法制局参事官を免ぜられるまでの、あしかけ一二年に及ぶ（以上、おおむね『柳田国男伝』年譜に従う）。

柳田の法制局時代の仕事としては、村井紀前掲『新版　南島イデオロギーの発生』以来、日韓併合にかんする法の作成整備に止目されることが多い。だが、柳田がそれにどのようにかかわったかを知らしめる資料は少ない。憶測が混じらざるをえない理由である。しかし、それ以上に多くの柳田の読者に記憶されている法制局参事官時代にかかわる仕事としては、『山の人生』（一九二六年）の冒頭「一　山に埋もれたる人生のあること」に記された、短いが有名な物語があろう。これを書いた時、柳田はすでに官を辞し、国際連盟委任統治委員の仕事も終えていたが、法制局時代には犯罪者の特赦にかんする事務にたずさわり、予審調書など膨大な裁判関係資料を読みふけったという（『故郷七十年』）。『山の人生』冒頭は、この仕事から生まれたものである。

『山の人生』は、刊行前年に雑誌「アサヒグラフ」に連載されたものをもとに、大幅な増補改訂をへて刊行された。この書物は多くの柳田論において参照されることの多いものだが、そのなかでも、この物語は「国民文学」と言ってよいほど抜群に人口に膾炙しており、論じられることが多い。あたかも、漱石の『心』や鷗外の『舞姫』あるいは芥川の「鼻」（そして、その他）のごとくである。柳田が「国民的」知識人と見なされるのは、『遠野物語』の流布もあるにしろ、この短い物語の存在によるところが大きいのではないかと思われるほどだ。『遠野物語』は近代文学へのカウンターとして評価されているが、『山の人生』冒頭は、近代文学のなかに位置し、なおかつそれへの根本的な批判を内包した「文学」と見なされているようである。後論のためにも、あえて引用しておこう。

今では記憶して居る者が、私の外には一人もあるまい。三十年あまり前、世間のひどく不景気であつた年に、西美濃の山の中で炭を焼く五十ばかりの男が、子供を二人まで、鉞で斫り殺したことがあつた。

女房はとくに死んで、あとには十三になる男の子が一人あつた。そこへどうした事情であつたか、同じ歳くらゐの小娘を貰つて来て、山の炭焼小屋で一緒に育てゝ居た。其子たちの名前はもう私も忘れてしまつた。何としても炭は売れず、何度里へ降りても、いつも一合の米も手に入らなかつた。最後の日にも空手で戻つて来て、飢ゑきつて居る小さい者の顔を見るのがつらさに、すつと小屋の奥へ入つて昼寝をしてしまつた。

眼がさめて見ると、小屋の口一ぱいに夕日がさして居た。秋の末の事であつたと謂ふ。二人の子供がその日当りの処にしやがんで、頻りに何かして居るので、傍へ行つて見たら、一生懸命に仕事に使ふ大きな斧を磨いで居た。阿爺、此でわしたちを殺して呉れと謂つたさうである。さうして入口の材木を枕にして、二人ながら仰向けに寝たさうである。それを見るとくら〳〵として、前後の考も無く二人の首を打落してしまつた。それで自分は死ぬことが出来なくて、やがて捕へられて牢に入れられた。

此親爺がもう六十近くなつてから、特赦を受けて世中へ出て来たのである。さうして其からどうなつたか、すぐに又分らなくなつてしまつた。私は仔細あつて只一度、此一件書類を読んで見たことがあるが、今は既にあの偉大なる人間苦の記録も、どこかの長持の底で蝕ばみ朽ちつゝあるであらう。（『全集』3、四八七頁）

いわゆる親子心中（未遂）の話である。これに続く、もう一つの冒頭の話も親子心中未遂である。この二つの話は、『故郷七十年』によれば、もともと田山花袋に小説の種として提供されようとしたものだったが、花袋は小説にするには「あまりに奇抜すぎる」と断ったという。花袋が柳田から提供された親子心中の話を小説化したものとしては、掌編と言うべき「ネギ一束」（一九〇七年）がある。

法制局参事官時代のみならず、柳田が親子心中の問題に拘泥するところがあったことは知られている。柳田のこの種の問題への拘泥には、デュルケーム（一八五八―一九一七年）の『自殺論』（原著一八九七年）からの「影響」も想定できるが、未詳である。元号を用いれば大正期から昭和期になるに従って、親子心中が激増し社会問題化していた。しかし、それが、柳田の言う「親が子を殺してから自殺するといふ悪風」（「幼児の災害」〔朝日新聞論説・無署名〕一九二七年、『全集』27、三九九頁）だとして、『山の人生』冒頭（第一）の物語は、「悪風」の範疇には入るまい。きわめて特異なものである。また、この物語は「晦渋」と評されてもいたしかたのない多くの柳田の文章のなかで、例外的にリーダブルで、これ自体で完結した短文である。教科書をはじめ、膨大な書物に引用あるいは紹介されている。「国民的」と評されるわりには、実際はそれほど読まれていると思えない柳田の諸著作ではあるが、『遠野物語』や「常民」、「ハレ」と「ケ」といった言葉とともに、この話だけは人口に膾炙しているのである。しかし、そうなったのはそれほど古いことではないようだ。

その時期は定かに確定できない。大室幹雄前掲『ふくろうと蝸牛』に徴せば、一九五九年から一九六一年にかけて平凡社から全五巻で、谷川健一と宮本常一らの企画編集により刊行されて大ヒットしたシリーズ『日本残酷物語』第一冊『貧しき人々のむれ』の「序」におけるツギハギの杜撰な紹介によるものではなかったかと疑われる。そのツギハギのあられもなさや、それに対する岡本太郎の仰々しい反応（『忘れられた日本』一九六一年）など、詳しくは大室の記述を参照してもらいたいが、若干のコメントを記しておく。

岡本のこの著書は「沖縄文化論」と副題されているように、沖縄に「日本」なるものの既成概念をこえるエネルギーを見出したものだが、『日本残酷物語』の「序」を読んだ（だけの）岡本は、『山の人生』冒頭の物語に、近代ヒューマニズムをこえる「残酷である美しさ、強さ、そして無邪気さ」を見出すことで、同書を始めている。そして、当時、岡本太郎と同志的関係にあった花田清輝は、「文学と民俗学」（一九六一年）というエッセイのなかで、岡本の『忘れられた日本』の冒頭を引用しながら、「それは、まったくそのとおりだ」と承け、柳田の「実存主義的なセンス」を称揚することで、自説の――総じて「アヴァンギャルド芸術論」と呼ばれた――文学論の一端を開陳している。花田が柳田農政学に着目することで柳田再評価の先陣を切ったこと、そして、それが当時のマルクス主義の限界を刻印されていたことについては、第I部第二章で述べておいた。ここでも同様のことを指摘しなければならない。どのような著述にも時代的な限界は刻印されているが、後発者がそれを指摘することも不可避だろう。もちろん、後発者が時代的な限界をまぬがれているわけではないし、後発であるがゆえに正しいというわけでないにしても、である。そのことは、おいおい明らかになる。しかし、柳田の再評価におけるその「実存主義的センス」の問題――それは、別途幾らでも言い換えられうるにしても――は、おそらく、岡本―花田のラインで開始されたのである。

なお、花田のエッセイは、『日本残酷物語』と同じ版元の平凡社から刊行されていた『世界教養全集』21の「月報」に、同書の解説的文章の一つとして挟み込まれたものである。同書には、『山の人生』とともに『海南小記』が収められており、岡本太郎的文脈が反映されているのではないかとも想像される。同巻には他に、金田一京助（一八八二―一九七一年）の『北の人』、佐々木喜善（一八八六―一九三三年）の『東奥異聞』、早川孝太郎（一八八九―一九五六年）の『猪・鹿・狸』が収められており、民俗学論集の趣きがある。すべて、柳田とゆかりのあるひとびとである。

また、同月報には、「ヤポネシアの根っこ」と題された島尾敏雄（一九一七―八六年）のエッセイも収録されていることが注目される。「ヤポネシア」とは島尾が一九五〇年代に案出した概念だが、「琉球弧」という概念と対になって受容されることになった。ヤポネシアの「根っこ」とは、当時、島尾が住んでいた奄美大島（あるいは、先島、沖縄を含む）のこと。「奄美には日本が持っているもうひとつの顔をさぐる手がかりがあるのではないか」と言うところに、柳田らと

――あるいは、岡本太郎と――共振する思考がうかがえる。それは六〇年代末から沖縄を論ずることになる吉本隆明にも受容され、今日のポストコロニアル研究にも受け入れられているようだ。それが「日本」なるものを相対化するかに見えると同時に、エキゾティシズム（！）を感じさせるからであろう。ちなみに触れておけば、『世界教養全集』は全三四巻別巻四巻で、古今東西の自然科学、人文科学、哲学の「教養書」（解説書を含む）を集めたものだが、今日では（あるいは、当時でも？）、その編集方針を推し量ることは難しい。ただ、柳田などの民俗学が、一般的な「教養」の一部として認知されつつあったことを示しているとは言えようか。

「新四郎さ」の発見と言語論的転回

最近では畑中章宏の『『日本残酷物語』を読む』（二〇一五年）という本まで刊行されているように、「『日本残酷物語』シリーズは高度成長の坂道を登りつつあった昭和三十年代半ば、（中略）名もなき民衆の営みを「物語」として記録した」（同書Google Booksの惹句より）ものとして、「その後の民衆史、生活史のみならず、記録文学などにも大きな影響を与えた」（同）とされる。「柳田ブーム」にいたる流れを作った一つであろう。つまり、高度成長に対する反動としての「日本」なるものの再評価、スターリン批判以後の思想状況におけるナショナルなものの再評価、あるいは似たようなことだが、近代ヒューマニズムに対するそれをこえた人間的真実の発見、といった文脈において、『山の人生』の冒頭のこの物語は受容されたのである。それは、ある意味では「教養」という概念とは対抗的であったとも言えるわけだが——。
　先の『山の人生』冒頭の引用部分に続いて、柳田はもう一つのエピソードを記した後、「我々が空想で描いて見る世界よりも、隠れた現実の方が遥かに物深い。又我々をして考へしめる」と、念を押す。確かに柳田はきびしく「事実」（ここでは「隠れた現実」）を探求したひとと思われているのだから、これは信じないではいられない。『山の人生』のこの部分について、多くの解釈と論が書かれているのも、故なしとしないだろう。そこには先の岡本太郎や花田清輝をはじめ高名な人々も多数含まれている。それらはおおむね、杜撰かつ大げさな紹介たる『日本残酷物語』の流布以後のものである。ここでは、そのなかで小林秀雄の講演録「信ずることと知ること」（一九七六年）を引いておこう。

　さて、炭焼きの話だが、柳田さんが深く心を動かされたのは、子供等の行為に違ひあるまいが、この行為は、一体何を語つてゐるのだらう。こんなにひもじいなら、いつその事死んでしまへといふやうな簡単な事ではあるまい。彼等は、父親の苦労を日頃痛感してゐた筈である。自分達が死ねば、阿爺（おとう）もきつと楽になるだらう。それにしても、さういふ烈しい感情が、どうして何の無理もなく、全く平静で慎重に、斧を磨ぐといふ行為となつて現れたのか。しかし、さういふ事をいくら言つてみても仕方がないのである。何故かといふと、ここには、仔細らしい心理的説明などを、一切拒絶してゐる何かがあるからです。柳田さんは、それをよく感じてゐる。

「仔細らしい心理的説明などを、一切拒絶してゐる何か」が、時として「事実」とか「現実」と呼ばれることは、繰り返すまでもない。それが、柳田の探求したものだった、というわけである。柳田自身が、そう言っていたわけだ。ともかく、小林のこの記述には、その他多くの『山の人生』冒頭を論ずる者にも共通する大枠が示されている。それは、決して岡本や花田と大きな相違があるわけではなく、小林の創見と言う必要もないものではあるが――。

ところが、一九七四年にいたって、谷川健一が「聞き書「新四郎さ」――『山の人生』をめぐる新資料」というエッセイを発表する。これは、『山の人生』冒頭のエピソードが、当地の民間説話採集家・金子貞二の『奥美濃よもやま話　三』に収められている「新四郎さ」の物語（「新四郎さ　その一――金子信一さんのお話」、「新四郎さ　その二――金子信一さんのお話」）と酷似していることを紹介し、しかも両者の間には重大な相違があることを指摘したものであった。舞台は『山の人生』にある「西美濃」ではなく、「奥美濃」であった。また、季節も晩秋ではなく初春であった。金子貞二は奥美濃の村に中学校長として赴任した折、テープレコーダー持参で地方の「よもやま話」を収集していた。そこで彼は、旧家の金子家（貞二とは血縁等の関係なし）を訪れた折、同家が「新四郎さ」を作男に使っていたこと、そして彼が当時の当主・金子信一に『山の人生』冒頭に似た、しかし決定的に違う話を語っていたことを知った。柳田の書いた「事実」には捏造の疑いさえ生じてきたのである。

『日本残酷物語』の編者のひとりとして、『山の人生』冒頭のスキャンダラスな神話化に貢献したはずの谷川が、何らかのモティベーションのもとに「新四郎さ」の物語を発掘したのかどうか、あるいは偶然なのか、ここでは詮索しない。また、両者の間の相違が、どのようなものかという点についても、詳しく紹介するには及ばないだろう。簡単に言えば、「新四郎さ」の家は貧しくはあるが、殺人事件は貧困が底流にあるわけではなく、「娘」(「新四郎さ」では実子である)が「大きな斧を磨いて居た」といった不気味な印象を残す所作も、男のものである。「娘」には死んでしまいたいある理由があった、云々。それらについては、谷川が二〇〇一年に刊行した『柳田国男の民俗学』で、その後の調査も含めて詳しく記述されているから、参照されたい。簡単に言えば、「新四郎さ」にあっては、「心理的説明などを、一切拒絶してゐる」かに見える『山の人生』冒頭が、いとも簡単に説明しうるような物語であることが明かされているわけである。

谷川の一九七四年の発見は研究者界隈で衝撃を与えたはずだが、当初は、その効果がそれほど及ばなかったであろうことは、小林秀雄のエッセイ(講演記録)が一九七六年発表であることからも知られる。その後も小林流の論は幾つも書かれている。しかし、「新四郎さ」問題がある程度は一般に流布している現在では、さすがにナイーヴに、柳田が小林流の「事実」を記述したなどとする主張は影を潜めている。色川大吉は、「新四郎さ」の物語を知りながら、「二つは別の事件ではないか」と言って柳田の語りの「凄み」に未練を隠さず、「法制局の原史料を見ること」

が重要だ、と言う（「一国民俗学という否定的評価」二〇〇二年、『全集』29、月報）。内田隆三は、谷川健一の指摘からさらに執拗な調査を重ね、それを、説話論を駆使して論じた『柳田国男と事件の記録』（一九九五年）を著した。また、二〇〇四年に刊行された大室前掲『ふくろうと蝸牛』も、同様に「説話術（ナラティヴ）」の問題として論じている。大室に谷川健一の「新四郎さ」を参照した形跡はなく、また、内田の著書への参照指示もないが、色川のナイーヴな実証主義は措いて、時代は、事実についての語りをそのまま事実として受け入れることができない、いわゆる「言語論的転回」を経た時代に立ち至ってきたということなのであろう。

『山の人生』冒頭の物語を、ナラトロジー的あるいはフォルマリズム的視点から読むことで小林秀雄流の解釈を批判したものとして、渡部直己の、客気にあふれるデビュー作「《現実》という名の回路」（一九八一年）をもって嚆矢とすべきかと思われる。この論を書いた時点で、渡部が、すでにおおやけになっていた谷川健一の「新四郎さ」紹介を知っていた形跡はない。そのことは怠慢として非難されてもいたしかたないが、逆に言えば、渡部の論は、谷川の発見を知る必要がない水準で書かれているということである。小林秀雄ではなく、柄谷行人の柳田への同種の言及（「人間的なもの」、『意味という病』一九七五年）を引き合いに出しながら、渡部は、柄谷が言うところの、柳田や漱石が「現実をあるがままに見ている」と思わせている「「それ」流の言葉もまた「手法」である」ことを、爽快に宣言する。渡部のこの論のタイトルが示唆しているように、「現実」とか「事実」と呼ばれるのは、レトリックの効果にほかならない、と。

これが今読み返しても爽快なのは、ナラトロジーやロシア・フォルマリズムがすでに日本にも「定着」していたと言いうる時点で書かれた内田や大室の著作が、逆に、小林流の読解に回帰しているとさえ思えるからである。色川には「言語論的転回」に対する反感が見られるが、内田にしても、ついに、『山の人生』冒頭の「この表現の役割は、事物のありのままではなく、その本質的な位相を表出することである。本質的な位相とは、事実の自然な外形でも、人間的な内面でもなく、行為の「零平面」に浮かびあがり、くり抜かれる事実のことであり、言語表現はそれを「像」として表出する」と言う。「事実」は「本質」に言い換えられただけである。これは、小林秀雄とどう違うのか。また、小林秀雄に同調するはずもあるまい大室でさえ、「レトリックの域をかるく跳び出てしまって、人間が生きてあることの物語における現実にぐんと近く肉迫している」と言ってしまうのである。

谷川健一の「新四郎さ」論が知られた時点で、『山の人生』冒頭の物語がもたらす「感動」がレトリックの問題であることに気づくことは容易である。二つの物語が比較されれば、そこには幾つかの疑問がわきあがってくるほかないが、それはつまるところ、柳田が読んだ資料には何が書かれていたのか、そして、柳田はその資料をどのように——レトリカルに——再話したのかということに還元される。調書が発見されれば、それが「新四郎さ」の事件であるかどうかも、測定できるだろう。調書が発見できない現在でも、それが多分「新四郎さ」の事件であったと想定し、その「事実」を、谷川健一や内田隆三のように実証調査することは十分に可能である。谷川健一は、新四郎を取り調べた警官が、「飢餓に迫られた殺人とするほうが、罪が軽くなるから、そのように答えるように諭されたのではないか」という金子貞二の説を紹介し、肯っている。つまり、基本的に「柳田の記憶は調書通りのもの」と見なしている。

しかし、両者のあいだの決定的な齟齬があきらかになったとしても、あるいは、調書が事実を改竄していたとしても、柳田の語りのレトリカルな効果は否定されえない（そもそも、調書はレトリカルではないのか？）。谷川も含めて、柳田が小林秀雄流に改めて肯定されるのは、「事実」をこえた「真実」が、そこで柳田によって語られていると再確認してみたくなるからである。若い日の渡部の論の爽快さは、そこで見出された「真実」こそ、レトリックの効果にほかならないと言っていることだろう。

渡部の論は、現在では大学生でも駆使しうる程度の説話論的読解である。手みじかに言ってしまえば、資料を読んだ後、それを書き換えている柳田は、その書き換えという事態を隠しているわけではないにしろ、「あくまで直叙仕立て」の語りを採用することによって、何やら事件の「本質」が現前しているかのごとき効果を狙っているということにほかならない。渡部が挙げている一例を多少パラフレーズして記しておく。父親は「くら〳〵として、前後の考も無く二人の首を打落してしまつた。それで自分は死ぬことが出来なくて、やがて捕へられて牢に入れられた」（傍点引用者）とある。これは、まさに「直叙仕立て」（つまり、「告白」という真実！）である。『山の人生』冒頭で「今では記憶して居る者が、私の外には一人もあるまい」と記されているとおり、この物語の話者は「私」すなわち柳田自身であるのは明らかだが、ここでは、「自分は死ぬことが出来なくて、やがて捕へられて牢に入れられた」（傍点引用者）と、あたかも父親自身が語っているかのように語られているわけである。しかも、「前後の考も無く二人の首を打落してしまつた。それで自分は死ぬことが出来なくて」（傍点引用者）とある「それで」は、論理的には「しかし」とあるべきところにほかならない。それを「それで」とすることによって、柳田のレトリックは、論理をこえたミスティックな「真実」が、そこにあることを示唆しようとしているわけである。

渡部のこの「《現実》という名の回路」が、柳田研究のなかで一顧だにされた形跡がないのは、惜しむべきことだろう。「言語論的転回」＝ポストコロニアル研究をもとに書かれた村井前掲『南島イデオロギーの発生』や子安宣邦前掲『日本近代思想批判』の柳田批判も、これを踏まえていれば、より豊かなものになったに相違ない。渡部がこれを書いた一九八一年当時、ロシア・フォルマリズムやフランス構造主義の手法がいまだ十分に翻訳・紹介をされておらず、それを有効に駆使しうる者も、日本にほとんどいなかった。花田清輝にはロシア・フォルマリズムとの同時代性があるという指摘があり、「レトリシャン」とも評されるが、その花田にして、柳田のレトリックに鈍感だったことは、すでに見たとおりだ。その意味でも、渡部のこれは先駆的である。カルチュラルスタディーズやポストコロニアル研究の「流行」を背景に、「ナラティヴ」という言葉を、研究者たちが無暗に多用するようになった一九九〇年代以降においても、渡部のこの文章に匹敵する強度を持った研究成果は、どれだけあるのだろうか。

ただ、本書は渡部の成果を踏まえながら、その先に進みたい。いったい渡部のフォルマリズムには、内容を規定（決定）する形式が、その操作主体が所有している恣意的技術いかんであるかのごとき前提がある。先の例に即せば、「しかし」とあるべきところを「それで」と操作する技術である。渡部にあっては、その技術を称揚するか否定するかということ以上を問うことができない。「しかし」であるべきだと言えば、柳田の欺瞞性が告発され、「それで」のレトリカルな使用を称揚すれば、小林流の読解をよしとすることになる。大室や内田の読解は、後者に属するわけであり、そのことの優劣は、渡部のフォルマリズムからは出てこない。むしろ、「事実」をこえた存在の「真理」を「技術」が押し開くという、俗流ハイデガー風の技術論に道を開くことにさえなりかねない。

問題は、むしろ、小林秀雄流の読解が、『山の人生』冒頭に即して、端的に誤っているというところにある。われわれがここで参照してみたいのは、ソフォクレスの『アンティゴネー』であり、それを論じたヘーゲルの『精神現象学』と『法の哲学』である。これまでに指摘があったかどうかは不明だが、『山の人生』冒頭の物語は、『アンティゴネー』と比較されるべきではないだろうか。

周知のことだろうが、『アンティゴネー』の簡単な梗概を記しておく。出生の秘密を知り、目を潰したオイディプスは、クレオーンに追放され諸国をさまよう（『コロノスのオイディプス』）。

アンティゴネーは妹クレオーンとともに、父につき従っていたが、父の死後、テーバイに戻った。ところが、兄の一人、ポリネイケースは援軍を得て、テーバイの王位を奪還すべく、テーバイを攻めた（『テーバイ攻めの七将』）。これが『アンティゴネー』の前史である。だが、ポリネイケースの目論見は失敗し、戦死する。クレオーンは反逆者であるポリネイケースの屍の埋葬をポリスの法に従って禁ずるが、妹のアンティゴネーは兄を葬る行為を遂行する。そのため、彼女はクレオーンによって死刑を宣告され、牢で自害する。アンティゴネーの婚約者であったクレオーンの息子ハイモーンも、また自害する、云々。

『アンティゴネー』が西欧文学や哲学のなかでさまざまに論じられていることは知られている。しかし、『山の人生』冒頭の物語との関係で示唆的なのは、それが元法制局参事官の言説だという意味で、家族の（あるいは、女性の）法と国法（あるいは男性の法）との関係を論じたヘーゲルを参照すべきだということを措いてない。実際、『山の人生』冒頭で、柳田は明確に、元法制局参事官という「主体」として語っているのではあるまいか。『精神現象学』と『法の哲学』が『アンティゴネー』を例にしながら論じている箇所を引いて、論じよう。

男性は対外関係においてたくましく活躍するもの、女性は受動的で主観的なものである。だから夫は、おのれの現実的な実体的生活を、国家や学問などにおいて、またそのほか、外界やおのれ自身との労苦に満ちたかかわり合いや戦いにおいていとなみ、その結果、もっぱらおのれを二つに割ることからだけおのれとの独立的な合一を闘いとるのであって、この合一の安らかな直観と感情的な主観的倫理とを、彼は家族においてもつのである。ところが妻は家族においてこそ実体的本分をもち、こうした恭順のうちにおのれの倫理的心術をもつのである。(『法の哲学』藤野渉、赤澤正敏訳、傍点原文)

これに続いてヘーゲルは、この「恭順」の「もっとも崇高な描写」である『アンティゴネー』を挙げた自著『精神現象学』を引用する。それは、「感情的な主観的実体というまだ完全な実現には達していない内面性の掟」として、「古き神々の掟」として、「冥府(よみ)の掟」として、「どこから現れ出たか何人(なんびと)もしらない永遠の掟として」、「したがって公然と明示された掟である国家の掟に対立するものとして」存在している、と。このことはまた、「女性一般において共同体は内面の敵を、獅子身中の虫を生み出す」ということである。つまり、「女性というもの——これは共同体永遠のイロニーである——は企みによって統治の普遍的な目的を私的な目的に変え、統治の普遍的な活動を「この」特定の個人の仕事に転じ」(『精神の現象学』下、金子武蔵訳)云々、というわけである。ヘーゲルは、『アンティゴネー』のなかに、国家の法(クレオーン)の家族の法(アンティゴネー)に対する勝利を見出していると言えよう。

現代の『アンティゴネー』論が、デリダの『弔鐘』のヘーゲル論やジュディス・バトラーの『アンティゴネーの主張』に典型的なように、クレオーンではなくアンティゴネーに寄り添うことで、ヘーゲル的な「家父長主義的」読解に批判が向けられていることを知らぬわけではない。しかし、ここでは『山の人生』冒頭の問題を論じる上で、ヘーゲルこそが重要であるという立場を堅持しよう。小林秀雄をはじめとする『山の人生』に感銘する多くの者が、国法に対立する家族法に寄り添っているかに見えることに抗して、である。

花田清輝から小林秀雄にいたる（あるいは、それ以後の『山の人生』冒頭の読解にあっても）、彼らがすべて、もらってきた「小娘」と「男の子」の、「大きな斧を磨」いだり「阿爺、此でわしたちを殺して呉れ」といった言葉に反応していることは明らかである。この不可解な行為と言葉が、ヘーゲル的に言えば「どこから現れ出たか何人もしらない」、「イロニー」的な家族の掟だということだけは確かである。しかも、この行為と言葉が「男の子」一人のものであってもさしつかえないはずなのに、柳田は念入りにも（あるいは、「新四郎さ」に逆らって？）、出自もさだかでない「小娘」をアンティゴネー役として登場させている。「新四郎さ」の物語にあっては、この「小娘」は実子であり、一家心中へと使嗾するに合理的な役割を演じていることはすでに述べたが、柳田の物語にあっては、「男の子」をともなって、どこから来たのかもわからない、よりミスティックな存在となっている。つまり、「イロニー」なのだ。『山の人生』冒頭を称揚する者たちは、このイロニーに感染しているわけである。

あるいは、『山の人生』冒頭の物語の男女二人の子供たちは、柳田民俗学における古代的な巫女とその兄弟を投影しているのかも知れない。「「イタカ」及び「サンカ」」や「巫女考」を書いた初期柳田は、この時すでに『海南小記』の旅を終え、沖縄における「ノロ」や「オナリ信仰」を知っており、それが日本の政治的・宗教的体制の古型であるという認識を持っていた。「祭祀祈禱の宗教上の行為は、もと肝要なる部分が悉く婦人の管轄であつた。巫は此民族に在つては原則として女性であつた」(「妹の力」『妹の力』、『全集』11、二五三―四頁)。柳田にあっては、その巫女の託宣を聞き伝えるのが、多くは男の兄弟である。柳田が言うところの「玉依彦・玉依姫」であり、「ヒメ・ヒコ」制である。そうであるとして、それは柳田が考えたように、日本固有のものであるわけではない。さらには、その古代的と柳田に見なされる姉弟の掟は、アンティゴネーの場合と同じく、国法に背くものなのである。しかしそれは、国法の前で無化されなければならない。

柳田の物語において、炭焼きの父親もまた、この不可解な家族あるいは姉弟の掟、すなわちイロニーに感染して、殺人にまでいたった。あたかもアンティゴネーに従って自害したクレオーンのように、である。そのことは、「しかし」と言うべきところを「それで自分は死ぬことが出来なくて」(傍点引用者)云々、と語られていることで明らかであろう。論理ではなくイロニー。ここで柳田は、できうるかぎりイロニーを強調している。この「家族」に論理はないに等しいのだ。この家族に論理を求めようとする者は、「貧困」とか「飢餓」にそれを求めようとするが、それは果たして妥当なことなのかどうか。柳田はもっともらしくそのこともほのめかしているが、とうてい説得的ではありえまい。小林秀雄をはじめ、多くの論者が、それをこえた「何か」があると言う理由である。

もう一つ、きわめてイロニー的な場面を挙げておこう。誰もが注目する「眼がさめて見ると、小屋の口一ぱいに夕日がさして居た」という、確かに印象的な場面である。炭焼きの家は「山の中」のはずだが、それでも日がいっぱいに射す時があるという事態には、多少、驚いておきたいが、しばらくは措く。で、炭も売れず飢えきって昼寝してしまった男が目を覚まし、そこから斧を磨ぐ二人の子供を目撃する。ここは次のセンテンスにはある「と謂ふ」が省略されており、炭焼きからの伝聞であるにもかかわらず、「直叙仕立て」である。この奇妙に明るい場面は、両義的な解釈を許すだろう。男が眠りからいまだ十分にさめていない夢のような光景なのか。それとも、世界全体をあまねく照らす国法が、この小さな小屋にまでに及んでいることを示唆しているのか。もちろん、どちらでもよいのである。それも、柳田のイロニー的な語りなのだ。

「しかし」（と、まず言うべきだろう）、重要なことは、男は死ぬことができずに法に服したのである。ここでは『アンティゴネー』と同様に、国法は勝利している。そのことを、明治国家の元法制局参事官・柳田は前提としながら、この話を語っている。そのことは揺るがない。国法の勝利は、刑に服した男が、一〇年ほどをへて、「特赦」で世間に出てきたと告げるところにも宣言されている。イロニーに感動してしまう者――それは、つまり「文学者」ということだが――は、国法の勝利という前提を括弧に入れて読んでいると言ってよい。あるいは、国法の勝利を寿ぎながらも、イロニーを楽しんでいると言うべきか。

柳田が『アンティゴネー』を意識して、この物語を語ったかどうかは不明である。ヘーゲルを読んでいたかどうかも分からない。しかし、『山の人生』冒頭を記した時の柳田が、ほとんど自身がソフォクレスであるかのごとき自負を持っていただろうことは、それを「偉大な人間苦の記録」と自称していることによっても、明らかかと思われる。

言うまでもないが、どのような社会でも犯罪は起こる。そして、犯罪者がさまざまな動機を持つように、犯罪にはそれぞれ論理的な整合性があるとされる。泥棒には物を盗む理由があり、殺人者にはひとを殺す論理がある（いわゆる「狂気」や、動機なき犯罪については、ここでは措く。ヘーゲルも柳田も、そのことは問わない）。だが、個別的な犯罪の論理は、国法において無化されねばならない、近代の刑罰制度にあって、その無化は入れ墨といった刻印や、鞭刑・復讐といった因果応報の論理ではなく、労働＝懲役によってなされる。ヘーゲルがそう考え、フーコーが詳細に論じたように（『監視と処罰』）、労働＝懲役による規律訓練こそが、犯罪の個別性を無化すると見なされる。ヘーゲルが言うように、処罰は犯罪者の権利なのだ。ヘーゲルはそれを正当と思い、フーコーはいかがわしいと考えたという相違はあるが――。

アンティゴネーの家族の論理は、国法の前で、死刑をもって物質的に無化されなければならなかったが、いかようにも「無化」できないイロニーは残っている。家族の法は、国法の下でイロニーとして存在し続ける。『山の人生』においても、それは同様だろう。国法は、それを許すことはなく、父親を労働＝懲役に赴かせ、その無化を試みるが、一方では、「特赦」というかたちで、イロニーを認めるのである。国法の普遍性なるものは「すべて―ではない」（ラカン）がゆえに犯罪は必ず起こり、イロニーは不断に回帰する。「女」は存在しない（「男」の論理がすべてである）が、「女」はものである。あたかも、ヘーゲル国法論が「男」の論理であり、「女」が永遠のイロニーであるかのように、である。

柳田民俗学は、これまで、「性」について不問にしてきたというかどで、しばしば批判され、それに対する南方熊楠や折口信夫が称揚されることもあった。しかし、『山の人生』は、柳田民俗学・史学における巫女問題の文脈をはらみながら、「女」のセクシュアリティについて柳田が提示した文章であるとは言えるだろう。もちろん、それは「すべて」である法的主体＝男からのものである。『山の人生』冒頭の物語は、文学者としてでもなければ民俗学者としてでもなく、あるいは農政官僚として語られたものでさえない。明治国家の法制局官僚として語られていることは、そう明記されているのだから当たり前のことだが、以上のことからして、強調してし過ぎることではないだろう。柳田がイロニーの立場に立っているわけではないことについては、すでに述べたとおりである。それを「文学的」に誤読した時、柳田の神話化がおこなわれる。

「社会」の不在

『山の人生』冒頭が、民俗学的でもなければ農政学的でもないという理由の一つは、その炭焼きの男の住む世界に、まったく相互扶助的な社会性が見出せないところにある。その男は「山民」

であり、そういう言い方をすれば非常民かも知れないが、「山人」ではない。おそらくは、「常民」であった者が、何らかの理由で炭焼きを生業とした者であり、炭を通じて里との交通もあった。谷川健一前掲『柳田国男の民俗学』を参照すれば、「新四郎さ」の物語を知る者が『山の人生』冒頭を読んで、当地では「飢えのために心中をはかることはない」と言う理由は、この程度の貧困であれば、地域社会の相互扶助の力が働くはずだ、ということである。「新四郎さ」では、事件の原因は貧困ではない。ところが、クロポトキン主義者であり、「社会主義の理想」という**illusion**を抱いている柳田が、知悉しているはずの伝統的な（？）相互扶助社会に、ここでは一顧だにしないのである。すでに第Ⅱ部第三章で論じたように、柳田の協同組合論は中農養成策と一体であった。貧しい小農小作は、相互扶助的に集まって信用組合を作る能力に欠けており、そのためには村の名望家などの援助が必要であると、リアルに認識されていた。これに対して、むしろ、小農小作ら貧民の相互扶助的伝統を強調したのが横井時敬であった。このような、貧民認識の相違が、『山の人生』冒頭にも働いているのかも知れない。

しかし、ここで柳田に生じているフィクションの造形への意志は、それ以上のものである。そこには、国家と家族はあるが「社会」は存在していない。たとえ、男が里に炭を売りに行き、米を購ってくるとはいっても、社会の「影」はまったく射していないのだ。そのことは、「小屋の口一ぱいに」さしている「夕日」が象徴している。「新四郎さ」の世界にあっては、「娘」が山と峠をへだてた村に奉公に出ており（そこでのトラブルが、彼女の死にたい理由なのだが）、社会的交通は維持されている。いや、『山の人生』冒頭の炭焼きが、すでに社会を喪失していることは、炭が売れず米を買えないという事態、つまり男の社会的労働が空回りしていることを暗示する記述において明らかだろう。「新四郎さ」と比較しても、『山の人生』の娘は労働などした形跡がなく、「男の子」についても同様である。このような、社会＝労働の不在というフィクショナルな設定において、柳田は柳田なりの『アンティゴネー』を書きえたと言える。もちろん、古代ギリシアの王族は、「労働」などしない。そして、労働を喪失していた炭焼きには懲役（労働）を科すのが国法である。

家族を労働組織と見なす柳田民俗学にとって、この状況設定は異例のものだろう。現代のフェミニストさえしばしば称揚する柳田民俗学は、女もまた労働する主体として描くからである。それは、いわゆる男女平等というパースペクティヴのもとでではない。農村における家という労働組織のなかで、女は「女手」として、「男手」と相補的・相互扶助的に必須の地位を占めており、むしろ重んじられている。『山の人生』冒頭や巫女問題で露呈したセクシュアリティーの問題は、ヴァナキュラーなジェンダー関係へと転換され、隠蔽されなければならなかったと言ってよい。女に対して「男と同じ学問を授けようとする」者に反対し、柳田は、「どうかして稍分業の途に出でしめようとする」方向を提唱する（『木綿以前の事』、『全集』9、六〇〇頁）。

このヴァナキュラーな家組織が、都市化と近代化のなかで徐々に解体していくことに、柳田はもちろん自覚的である。しかし「村で飲むべき日又は場所以外に、酒が茶の湯の様に飲めることになったのは、村々の店屋（てんや）が元」だが、それは「後家の生活方法の一つとして公認せられた職務」であり、「偶然にも飲食法則の解放」がもたらされたものなのであって、遊女さえ労働する女の末裔なのである（同、五六二頁）。そのような柳田において、労働をしない『山の人生』冒頭の「小娘」は、特異な「女」と見なさなければならない。

柳田は、また、古事記や和泉式部伝説、小野小町伝説などを伝承し、日本全国に物語を伝搬する、稗田阿礼や歌比丘尼など女の役割についても、しばしば書いているが（『女性と民間伝承』一九三二年『全集』6など）、それらの女が、やや巫女の相貌を残しているとしても、この「小娘」に似ているわけでもない。この「小娘」は移動もしなければ、物語を伝搬しもしない。柳田の著作のなかに、かろうじて類似している者を求めれば、「木地屋」の子供ということになろうか（木地屋自体は物語を伝搬するが）。木地屋とは轆轤（ろくろ）を用いて椀や柄杓などの木工品を作るひとびとである。

『山の人生』冒頭の物語を記した章が、「山に埋もれた人生ある事」と題されていたことを、改めて確認しておこう。ところで、これと同様のことを、柳田は『史料としての伝説』（一九四四年）が一九五七年に改版増補して再刊された際の「序」に記すのである。『山の人生』の刊行から、三〇年以上もたっている頃である。「もはや、資料の多く出る事を期待出来ない時期になつたが、平地に住む人々の外に、山の中で暮すもの、人生が曾てあつた事に、もう一度注意をよびさまさうといふのが、この問題を次の時代に残さうとする理由である」（『全集』14、二五六頁）、と。ここから、「平地人を戦慄せしめよ」と書いた『遠野物語』の高名な「序文」を想起してもよい。そして、ここで言う「この問題」とは、木地屋の問題だが、それは、「序」で次のように言われている。木地屋には「小椋」姓が多いことを念頭に置いて読まれたい。

つい最近気附いたことであるが、ヲグラと言ふ地名は、山の上の旅行をするのに、都合のいゝ条件を言ふのではないかと言ふことだ。ヲグラと言ふ地名は方々にあるが、小暗き所と言ふ意で、山の頂上まで木がつゞいてゐる禿げ山でない所を言ふのではないかと思ふ。日本には、さう言ふヲグラ山とよんでいゝ所が沢山あつて、それを横に歩いて、だん〳〵美濃・越前・加賀といふ風に、出来るかぎり里に下りないで、旅行してゐた人々があつた。さうした人々も、勿論、さう多くの源があるわけはないから、或ひは近江の小椋から出たのかも知れぬが、さうだと言ふ証拠もない。たゞ、彼等に、お前達の先祖は近江から出て、かくかくであつたと教へる者があれば、それについて行くことの出来る人々であつた。（『全集』14、二五五頁）

「ヲグラ」は「小暗」であり「小椋」だということである。まずここでは、木地屋のルートに「美濃」が上げられていることに止目しておこう。『山の人生』冒頭の家族は木地屋ではないが、確かに、木地屋のルート「奥美濃」に位置しているのである。ここで柳田は、「ヲグラ」の多義性に最近になって気づいたと言っている。だが、それは新体詩時代以来の柳田のオブセッションであった。

木地師のアンティゴネー

柳田が、生前に企画された最初の実質的な全集たる『定本柳田國男集』に、初期新体詩の収録を拒んだというエピソードはよく知られている。また、新体詩の主題である恋愛が、自身も学んだ桂園派の「題詠」のようなもので、「今の人には、当時の風潮ということを考えて、それだけの用意と理解とをもって読んでもらいたい」(『故郷七十年』『全集』21、一三六頁)と韜晦してみせたこともある。柳田家に養子に入る以前の恋愛が記されていることから、養家に対する遠慮があったとも言われ、また、柳田の新体詩は「題詠」的なフィクションであるとする見解さえあった。しかし、「誇張はしても、空想でなく、事実あったことを誇張したものであった」(同)と柳田自身が認めているのだから、その「事実」なるものへの詮索は避けられない。岡谷公二の『柳田国男の青春』や『殺された詩人』以来、そして、館林市教育委員会文化振興課編『田山花袋宛柳田国男書簡集』(一九九一年)の刊行以来、初期新体詩における恋愛の「事実」は白日のもとにさらされることになった。しかし、ここで言いたいのは、事実の詮索ではない。宮崎湖処子編の『抒情詩』に収められている松岡国男の「野邊のゆきゝ」と総題された連作一七作品のうちに、早くも「ヲグラ」が、冒頭第一作「夕ぐれに眠りのさめし時」と、最後の「はかなきわかれ」に刻印されていることなのである。引用しておこう。

うたて此世はをぐらきを
何しにわれはさめつらむ、
いざ今いち度かへらばや、
うつくしかりし夢の世に、

（「夕ぐれに眠のさめし時」全編『明治文学全集』60）

わが恋やむはいつならむ、
命をかけて我がにくむ
かたきよ君をいざなひて
あなたの国に行くを見て
今はと一人しづかにも
をぐらき淵に入らん時、

（「はかなきわかれ」五連中第四連『明治文学全集』60）

最初の詩「夕ぐれに眠りのさめし時」は、多くの柳田論で引用されるものだが、それは、「をぐらき」現世に対して、醒めた柳田の自意識を見出すものであった。そのような読解は、ある意味で正当であるだろう。しかし、「ヲグラ」の多義性を自覚してしまった時点から読み返したら、どうか。自身の近代的(?)でロマンティックな自意識を歌おうとした意図に反して、ここでは別のことも言われているのではないか。

第I部でも簡単に紹介しておいたが、木地屋（木地師）は初期柳田民俗学以来、奇妙に拘泥するところのある対象だった。一九一一年に「文章世界」に発表された「木地屋物語」では、「彼等が聞いた滝の音風の音の神秘は我々に取つては殆どゼネガムビヤの古伝説と同じ位に縁遠い」と、ロマンティックな憧憬を記す。その後も、柳田は随時木地屋に言及する。たとえば、木地屋が近江小椋の地を故郷とし、歌比丘尼や猿女君のような口碑の伝承者であったことは、『妹の力』(一九四〇年)でも説かれていた。木地屋は、柳田にとって、女性性を帯びた存在である。あるいは、「木地屋には学問が有つた。少なくも麓に居て旅をしたことの無い村民よりは識見が高かつた」(『一目小僧その他』一九三四年、『全集』7、五二二頁)とも言う。『故郷七十年』にも、木地屋についてのかなり長い言及がある。関心が持続していることは明らかである。しかも、『史料としての伝説』では木地屋が「民族」とされており、その移動は「民族移動」だというのだ。すでに「木地屋物語」の時点でも、それは異民族と言われていたが、戦後にいたってなお、柳田にとって木地屋は異民族なのである。

山人、山民、巫女、サンカ、被差別部落民、アイヌ、毛坊主などの非常民を主な研究対象とした初期柳田の民俗学が常民研究へと転じるとは、よく知られたことである。『山の人生』以降と言ってもよいだろう。歌比丘尼や座頭なども、常民出自として定位されている。しかし、そのなかで木地屋だけは奇妙な例外をなしているかに見える。何せ、それは「民族」だと言われるのだ。木地屋がはたして「民族」として定位しうるものなのかどうかは、きわめて疑わしい。木地屋たちが民族として「主体化」したという事実もない。しかし、柳田はあえて「民族」という言葉を使い、木地屋の移動を「民族移動」とまで言うのである。単なるレトリックをこえていると言うべきだろう。しかし他方、木地屋は「木地屋物語」以来指摘されているように、惟喬親王に起源する伝説を伝えており、それは実在の「惟喬親王（これたかのみこ）」ではなく、「巫女（みこ）」の訛化であろうと「木地屋物語」の柳田は言うのだが、それにしても、惟喬親王を「民族」として奉じているのは、木地屋が天皇制のヘゲモニーに服していることを意味している。柳田が多民族主義から単一民俗主義に転じたとは、小熊英二の『単一民族神話の起源』（一九九五年）以来流布され、支持者も多くいる。しかし、『資料としての伝説』の戦後版「序」は、それに対する物質的な反証であろう。これまでも本書で随時指摘しておいたように、柳田は一貫して相対的に一国主義者ではあるが、単一民族主義者であったことはなかった。一国内には「天孫人種」以外の民族も存在しているが、柳田のパースペクティヴでは、それは天皇制に服しているのである。

　柳田の木地屋への憧憬は、子供の頃の体験に根差している。柳田が郷里（播州辻川）にあった時、「山の中に住んでいる子供」を村の子が目にして、「鳥の雉子を頭に置いて、雉子と木地とを掛けて、「あの子どこの子」「お山のキジの子」とからかう」のだという（池田弥三郎らとの座談会での発言、『史料としての伝説』、『全集』14、三〇二頁）。この木地屋への蔑視の記憶が、女性性を帯びた「オグラ」きその「民族」への——ロマンティックとさえ言いうる——深い憧憬とアンビヴァレントな関係にあることは明らかであろう。

『抒情詩』に収められた松岡国男の詩には、海辺を舞台にしたものもあるが（「海の辺にゆきて」、「友なし千鳥」、「磯間の宿」など）、それ以上に山や野を背景にした詩が多く読まれる。しかも、それらの大方はヲグラき「月の夜」、「一夜」（以上、タイトル）である。そして、その詩の話者は「あはれわが身の我ならで／山賤ならばいかならん、」（「月の夜」）というように、「山人」（山民?）に自らを擬している。これに対して「海人」は「汝が名告げずや」（「海の辺にゆきて」）と、呼びかけの対象である。また、初期詩人文学者時代の柳田は多くの号や筆名を用いているが、それらは「十一峡樵夫」をはじめ「山」や「林」を含意するものが多い。「松男」とはしばしば初期柳田が愛用した署名だが、それが松岡国男の略であるにしても、である。しばしば論者が引くように、柳田は農商務省で農政にたずさわる以前は、「大学はせっかく法科へ入ったが、何をする気もなくなり、林学でもやって山に入ろうかなどとロマンチックなことを胸に描くようになった」（『故郷七十年』『全集』21、一八〇頁）という。この回想を信用すれば、それは新体詩人時代と、ほぼ重なるのである。『抒情詩』の刊行も、柳田が法科大学に入るのも、同じ一八九七年である。

このように見てくれば、作品「夕ぐれに眠のさめし時」で「うたて此世はをぐらきを／何しにわれはさめつらむ、」というのは、「ヲグラ」に対する否認の身振りであると思われる。「ヲグラ」は、若い日の個人的な恋愛をこえて、生涯の基底をなす重要な体験であったはずだ。作品「はかなきわかれ」の引用部分で、恋敵が「君」を「あなたの国」に連れ去るのを見て、「今はと一人しづかにも／をぐらき淵に入らん」とする身振りについても、同様である。「君」こそが「ヲグラ」なのであり、「我」はそこに積極的に行きたいのだが、そのことが否認されていると言える。そのことは、先に引用した次の最終連が、「我が恋やむはいつならん、」とあることによっても知られる。「我」が入る「をぐらき淵」とは、「わが墓」だと言われているのだが、そもそも「君」が住んでいて「我」が「訪ひ行」く場所は、作品「小百合の花」で言われているように、「はやしの奥」という、明らかに「ヲグラ」だったのではなかったか。そこでも、「我が恋成らずば我死なん」と言われているのであれば、「わが墓」＝「をぐらき淵」は「はやしの奥」＝「ヲグラ」を否認するためのレトリックなのである。この「ヲグラ」が、「黄泉国」という別世界ではなく、この地に存在する幽冥界のようなものとして想定されていると考えることは、可能だろう。この問題は第三章においても論じる。

『山の人生』冒頭の物語に返ろう。そこにいるのは炭焼きであって木地屋ではない。「小娘」は、流浪する木地屋からもらった存在と仮定されているのではないかと想定してみたいが、それもとりあえず強くは主張しない。しかし、その炭焼きの男は、柳田新体詩の「我」と同じく「山賤」であり、木地屋のルートにあたる奥美濃に住んでいて、しかも「夕ぐれ」に反応する存在である。

しかし、そこには柳田新体詩とまったく逆のシチュエーションがあらわれている。「ヲグラ」であるべき山の「夕ぐれ」の小屋に、「一ぱいに夕日がさして居」るのだ。そこにおいて、柳田新体詩における「君」＝「少女」のようなロマンティックな存在というよりは、アンティゴネーのごときロマン的イロニーが、男の子とともに「大きな斧を磨」く光景を映し出し、夢のような殺人が遂行される。木地屋（のごとき対象）へのロマン的な憧憬は、一挙にロマン的イロニーへと極限化しているわけである。そして、このような状況において、初めて国法が作動する。柳田が新体詩人から官僚へと変貌を遂げたのは、このようにしてでもあった。それは、クロポトキンを導入することによってなされたと同時に、木地屋的なもののイロニー化によっても遂行されたのである。もちろん、イロニーは何度も回帰してくる。だからこそ炭焼きや木地屋は、生涯にわたる柳田のオブセッションであった。国法が――つまり、天皇制が――もっとも危機に瀕したであろう日本の敗戦に前後する時期の日記に、『炭焼日記』と命名したのは、単なる韜晦ではなかったはずである。

第二章
民主主義の条件

自由への嫌悪

『アンティゴネー』的な物語は、国法と家族法との安定した関係を打ち立てたかに見える。しかし、その国法の根幹が決定的に揺らぐことは、しばしばある。日本では、たとえば一九四五年の敗戦と、それに続く占領がそうであった。柳田にとって敗戦が強烈なインパクトをもっていたことは、本書でも随時触れてきたが、本章と次章では、そのことを主題的に扱う。そのために、まず家族法の問題を前章で論じたわけである。占領軍によってさまざまな「改革」がおこなわれた。柳田も深くかかわるそれらについてはこれから幾つかのポイントで論じていくが、柳田がもっとも腐心した戦後天皇制の護持にまで論及するに先立って、家族法が天皇制と深く関係していることは明らかなので、触れておく。

丸山真男や大塚久雄と並んで戦後民主主義をリードした社会法学者の川島武宜（たけよし）（一九〇九―一九九二年）と柳田との対談「婚姻と家の問題」（一九四九年、『柳田國男対談集』）では、敗戦後に動揺する家族観をめぐって、二人の対立が浮き彫りになっている。この対談がおこなわれた時期には、すでにマッカーサーの五大改革指令が発せられ（一九四五年）、「参政権の付与による日本婦人の解放」も盛られていた。戦後憲法の施行（一九四七年）にともなって民法の応急措置がおこなわれており、旧家制度は廃止されていた。戦前の柳田が教育勅語の国権主義に批判的だったことは、柳田自身がしばしば回想するところであり（前掲「村の信仰」など）、柳田のリベラリズムを称揚する者の参照先のひとつである。しかし、その柳田の家族観が、いわゆる戦後民主主義と適合的であったわけではない。「爾臣民父母ニ孝ニ兄弟ニ友ニ夫婦相和シ朋友相信シ恭儉己レヲ持シ博愛衆ニ及ホシ學ヲ修メ業ヲ習ヒ以テ智能ヲ啓發シ德器ヲ成就シ進テ公益ヲ廣メ世務ヲ開キ常ニ國憲ヲ重シ國法ニ遵ヒ一旦緩急アレハ義勇公ニ奉シ以テ天壤無窮ノ皇運ヲ扶翼スヘシ」（教育勅語）、云々。この制定（一八九〇年）にも山県が深くかかわっており、それは家族的国家観と言いうるが、祖先崇拝＝固有信仰に常民と天皇家の一致を見る柳田の基本的な国家観もまた、家族的国家観の範疇にあることは自明である。家制度が旧民法に盛られたのは一八九八年であり、一九四七年には戦後憲法のもと、家制度が廃された。しかし、日本の戸籍法は旧憲法から戦後憲法をへても家単位であり、その矛盾は継続している。川島との対談から、一部分を紹介しておこう。二人の対話では、農村の家制度が念頭にある。

　まず川島の問いかけ。「明治時代には生まれると同時に結婚の相手が決まっている。しかも大抵いとこ結婚で」あって「長男の息子と次男の娘とをめあわせる」が、川島が戦時中に調査に行った南伊豆の人に「それで愛情が湧きますか」と聞くと、「愛情というような事は考えない。結婚はこういうものだと思っているから不平もなかった」と答えたことを話す。これに次いで柳田は川島に、「私らは結婚後の恋愛をしきりに説いているんです」と言う。川島が近代的な恋愛や結婚観を前提として話しているのに対して、柳田はその著作でしばしば言及する若衆宿や婿入り婚などの結婚制度の民俗学的研究を踏まえて（『昔話と文学』一九三八年『全集』9、など）、「伝統的」な文脈から発言しているのは明らかである。ただし、新体詩詩人時代の「松岡」国男が、川島に似た――当時としては「先端的」な――恋愛観・結婚観を持っていただろうことも、すでに明らかである。柳田家に婿養子に入った彼は、そのことを否認する必要があったのかもしれない。そのことが柳田をして民俗学におもむかせたと強調する必要もないが――。

続いて柳田は、戦後民法で家督相続が廃止されたことを、子供の養育や老人の扶養の問題から批判する（戦後民法が厳密にこれら旧「家制度」を廃したわけではないが、そのことは措く）。これに対して川島は、「家督相続で助かる人は日本全体からいえばきわめて少な」い、と応じる。しかし、柳田は「最小限度の生産力をもっている家を結婚の準備にしなければならぬ」と譲らない。ここにも柳田の生産力主義があり、家を労働組織とするヴァナキュラーなジェンダー観がうかがえる。これに対して川島は、そうであるなら「現在の客観的条件の下においては多くの人は結婚はできないということになる」と応じている。

日本の家制度の評価については、戦後も幾多の議論がなされてきた。著名なところでは、村上泰亮（一九三一―九三年）、公文俊平、佐藤誠三郎（一九三二―九九年）による『文明としてのイエ社会』（一九七九年）がある。それは、日本のイエ社会をフロンティア・スピリットにも似た資本主義の精神と見なし、そこに戦後日本の経済発展のエートスを見ようとするものであった。村上らによれば、日本は、平安末期から戦国時代のあいだに、「ウジ社会」と「イエ社会」の二つのサイクルが重複しながらも、徐々に「イエ社会」としての体制を整えていったという。この論は、オイルショックを乗り切って、「ジャパン・アズ・ナンバーワン」と呼ばれるようになる日本資本主義を合理化するものであった。これに対して、関曠野（ひろの）が『野蛮としてのイエ社会』を対置した。村上らが日本の家制度に肯定的な資本主義の精神を見たところに。関は資本主義の膨張主義的・侵略主義的エートスを指摘したわけである。

この議論に、ここで立ち入る余裕はない。ただ指摘しておけば、日本の家制度を「半封建的」と規定する戦前講座派的な視点が、戦後日本資本主義の圧倒的な高度化に際してリアリティーを失ってしまった時、家を労働組織と見なす柳田的な発想が、思いもかけず回帰してきたことである。しかし、敗戦直後の柳田には、高度資本主義社会において家制度が有効であるとする発想はなかった。むしろ、それを「半封建的」と見なす川島に対して、農村の家制度を、その「半封建的」と言いうる側面――もちろん、柳田はそれを封建的と思っていない――において擁護する姿勢を見せていると言うべきだろう。そして、そのことこそが、現在むしろリアリティーをもって考察すべきことであるように思われる。「文明」か「野蛮」かを問わず、現代ではもはや家制度はリミットに来ており、しかも家制度なくして近代は維持しがたいからである。

戦後の家族観は、おおむね川島が言うような方向で進んだと、とりあえずは言える。資本主義の進捗のなかで、農村モデルの家制度は維持しがたかったのである。農地改革は、柳田農政学が目指した中農・自作農を可能にしたかに見えた（しかし同時に、それは兼業農家化でもあった）。家督を継がなかった（継げなかった）農家の次男三男あるいは女たちは都会に出て、あたかも開拓民の家族のようにして、資本主義を生きたかもしれない。しかし、彼ら／彼女らの子供たちは、柳田の言う「最低限の家督」など持たず、基本、再びゼロから出発する資本主義の開拓民であるほかはない。第三世界や金融市場等、資本主義のフロンティアはさまざまに見出され、あるいは捏造されるが、それは果たして誰もが享受しうるものなのか、どうか。柳田が川島との対談で問題にしていることが、現在では少子化や老人介護の問題として回帰していることは誰もが知っているが、柳田モデルの家制度が復活しうるわけではない。ここでの問題は、柳田が希求しているような民法は、敗戦と米軍占領の「民主化」によって不可能になっているという一点である。

若い日の柳田も希求した「恋愛」なるものは、ヴァナキュラーなジェンダーとしての男女ではなく、「もの」としての女、つまりイロニーとしての女に関係する。しかし、ここで柳田が「結婚後の恋愛」という言い方で、その「もの」性を恐れ、隠蔽しようとしていることは明らかである。家の分業において、男は生産を担い女は分配を担う（『木綿以前の事』、『全集』9、六二四頁）という体制下で、女の「もの」性は隠蔽されなければならないのだ。なぜか。そこには、柳田の民主主義に対する根深い不信が表現されているように思われる。そして、それは確かに民主主義なるものの根本的な難問に触れてはいる。

普通選挙をめぐって

柳田は、いわゆる大正期から昭和期にかけて、普選(普通選挙)運動を支持していた。柳田が勤めていた朝日新聞も、普選運動の先頭に立った。しかし、柳田にとって普選は時代の趨勢なのであり、女性参政権を積極的に肯定したことは一度もない。国際連盟委任統治委員の仕事を終え、朝日新聞に正式に入社した柳田は、朝日ら当時のジャーナリズムの意向に沿って、普選のプロパガンダに駆り出され、同じく朝日新聞の論説委員となっていた「大正デモクラシー」の代表的な論客の一人・吉野作造(一八七八―一九三三年)とともに、講演や社説の執筆をおこなっている。

制限選挙は「最早や欧州先進国には見られぬ」(「新しき政治は民衆化」一九二四年『全集』26、一一六頁)ものであり、「我が日本国民は立憲国民である」にもかかわらず「立憲の存在は或特定の階級に限られて、一般国民は決して立憲的権能を有して居らぬ、即ち政治上に完全なる権利を有つて居らぬ」(同)からである。ちなみに言っておけば、柳田は普選が植民地に及ばぬことにも注意を促している。「日本の領土内には、尚多数の民族が住んで居て、今迄は不完全な代議制の議院に於て、各自の死活問題までも討議せられて居た」(「普通選挙の準備作業」一九二四年『全集』26、一一一頁)、と。つまり多民族国家論である。ここに、国際連盟委任統治委員の体験が生きているに見なすべきだろうか。それとも韓国併合関係法作成への反省を見出すべきだろうか。もちろん、柳田は植民地放棄を主張しているわけではない。

普選運動の啓蒙をプロパガンダしているのと同じ頃、柳田は「女子高等教育の問題」（一九二六年）を書いて、「女性の学問に対する飢餓」を指摘するが、それは「学校で無ければ女子の学問は出来ぬ如く、女子の学校にも昇格が必要である如く、世人を誤解せしめぬやうに注意」（『全集』27、三二一頁）をうながし、「家庭」にその場を求めるのである。このような柳田にとって、女が「立憲国民」の「権能」を有しないことは、明らかであろう。これを、「明治」のひと柳田の世代的な限界とうっちゃっておいてはならない。すでに第Ⅱ部で論じておいたように、クロポトキン主義者・柳田は、むしろ「大正」のひとなのである。女性参政権運動は国会開設前からおこなわれている。国際的な知識人であった柳田が、女性参政が二〇世紀の世界の趨勢であったことを知らぬはずもない。いわゆる先進資本主義国でも遅れた国は幾つかあるが、一九一七年には革命ロシアが、一九二〇年にはアメリカ合衆国が女性参政を実施している。そして、柳田の意に反して、敗戦と米軍の占領政策は、一挙に女性参政を導入した。

戦後の晩年に近い頃だが、『故郷七十年』冒頭の「母の思ひ出にて―序にかへて―」には、柳田の子供のころの体験に起因する、「自由」に対する嫌悪の記憶が語られている。普選をプロパガンダする前掲「新しき政治は民衆化」においては、普選が実現されなければ「自由正義と云ふも何処に自由と正義があるであらう」（『全集』26、一一六頁）と記していたことを念頭に、読まれたい。

曾て板垣さんが自由は死せずと呼号した時代に、私の旧宅の門前に於て、若い酔狂人が大の字になつて怒鳴つて動かうとしない。母は出て行つて門の戸を締め貫抜きを通し、私たちは陰に隠れて恐る恐る覗いて居ると、彼の友だちが傍にそつと近よつて、百方なだめすかして連れて行かうとするが、酔つぱらひは愈々強く踏みしめて、自由の権だいといふ文句を何遍か高く唱へた。是が私の此語を学び始めた日であつたが、それから今日まで此語はきらひである。（『全集』21、一九頁）

これが、「板垣さん」つまり板垣退助らの自由民権運動にかかわった回想であることは重要である。普選運動は自由民権運動のなかから登場した。そして、晩年の何の拘束もない場における回想であることから、柳田の基本的な感性であると信じてよいだろう。このような「酔狂人」の「自由」を嫌悪するのは、そこに相互扶助的な関係がないからである。

民主主義はさまざまなディレンマをかかえており、今なお議論の的である。その個々について、ここで議論する余裕はないし、その必要もない。柳田にかかわって、幾つか簡単に言及するにとどめるが、ひとつは、「普選」にいたるまでの、選挙人資格の問題である。周知のように、明治憲法下に開設された国会のための国政選挙における選挙人は、一定の財産を有する二五歳以上の男子であり、それは主に地主階級に属していた。これは、単に小作貧農や「無産」階級を排除するためであるというよりは、彼らに選挙人としての規律訓練あるいは教育が十分になされていないと見なされていたからである。選挙権を持たなかった小作人や貧農も、彼らのボスの被選挙人のために熱狂的な選挙運動を展開し、しばしば、それが小暴動のおもむきを呈したことは、知られるところである。しかし、学校制度の拡充と相まって、選挙人の財産資格のボーダーは徐々に下げられていった。

結局それは普選に行きつかざるをえない。議会制と並行する近代資本主義社会は、「労働」と「市場」を原理とするからである。詳述ははぶくが、ヘーゲルが（そして、別途フーコーが）論じたように、規律訓練の装置たる労働は、それ自体で、教育であり啓蒙である。その労働によって生産されたのは、とりあえず個別的な「商品」でしかないので、個々の労働者の観念も、そこでは個別性をまぬがれない。資本主義において、個人は小商品生産者＝所有者と擬制的に表象される。しかし、その商品は市場で他の商品と交換されることで、労働者の観念も個別性を脱していくと見なされる。つまり、資本主義自体が、啓蒙のプロジェクトなのだ。柳田が労働を規律訓練＝教育と見ていたことは、すでに論じてきたところからも明らかであろう。市場の商品交換が、それ自体で教育的であることに、商人嫌悪の色濃い柳田が自覚的であったかは、留保すべきであるにしても、である。

しかし、どの程度に規律訓練されれば有資格者と見なされるかという点については、決定不可能である。規律訓練の途上にあると見なされる未成年者に選挙権が与えられないのは、この場合、当然とされる。教育の普及が、逆に、愚民化を生み出すであろうことも、主に保守主義の側から繰り返し警鐘が鳴らされてきた。いわゆる「大衆社会」の出現である。資本主義の進捗が、決して啓蒙のプロジェクトに沿うものでないことは、トクヴィルの『アメリカン・デモクラシー』以来、周知のことだろう。資本主義の限界は資本それ自体であるというマルクスのひそみにならえば、資本主義の「超自我」は資本それ自体である。超自我は単に優しい父親でもなければ道徳的な理性でもない。時に凶暴で荒ぶる相貌をもって現出する。

柳田は『明治大正史　世相篇』で、普選における衆愚化を批判し、「公民教育」の必要を説いていた。また、女性参政権を斥けてきた旧憲法下で、女性の教育が男性の教育システムに及ばぬ程度に抑えられてきたのも、先に触れたように、事実である。それは、柳田が目論んだように、ヴァナキュラーなジェンダーとして扱われてきたわけである。ちなみに、柳田が「社会主義の理想」と見なした椎葉村の「ユートピア」も、ヴァナキュラーなジェンダー関係のもとでの生産であり分配のシステムとして描かれていたのであった。

一九二〇年代の柳田の普選論は、一種のアリストクラシー（！）にもとづくそれまでの制限選挙の腐敗を突き、下層民衆の意志をくみ上げる制度導入の機が熟してきたという認識からくるものであった。それゆえ、下層に対する啓蒙が重視され、「思想上の漢字制限」つまり「一般民衆に政治を平易に徹底せしめ、平易に取扱はるべき程度に改造」（前掲「新しき政治は民衆化」、『全集』26、一一七頁）することが求められる。「思想上」だけでなく実際上の国語改革も柳田は主張しており（『国語史　新語篇』一九三六年、『国語の将来』一九三九年）、戦後にいたれば「現代かなづかい」を肯定している（座談会「当用漢字と現代かなづかい」一九四七年、前掲『民俗学について』）。戦後憲法は、作家・山本有三（一八八七―一九七四年）の主張を容れていわゆる言文一致体を採用した。それは明治憲法ならびに法律一般が、いわゆる漢文書き下し調で書かれていたことと対照をなし、重要である。前者は主権者を国民としているがゆえに、潜在的な話者もまた国民である。それゆえ、その法は国民に内面化され今ここに現前していると見なされなければならないのだ。言文一致体が採用されなければならないのは、そのためであり、それは、近代国民国家の文学が言文一致体を採用しなければならなかったのと同様の理由による。法においては、それがようやく戦後憲法にいたって可能になったわけである（明治憲法は、主権は天皇にあり、それゆえ、現前的ではなく上演的＝再現前的、つまり「上から」下される文体である）。

　柳田の世俗主義的な側面はクロポトキン主義としても理解できるだろう。民衆的（常民的）な、相互扶助的かつ自治的な伝統は、普選というシステムにおいても発揮されるべきである、ということだろう。柳田が、右派的な平野力三（一八九八―一九八一年）らの日本農民党に期待し、朝日新聞論説（無署名）で、その結成をことほいだという事実（「日本農民党の誕生」一九二六年）は、そのことを表現している。もちろん、柳田にとって、常民の自治性は――官僚によるか、ジャーナリズムによるかは問わず――上から啓蒙・育成されるべきものである。その場合、過激な無産政党、とりわけ天皇制に抵触するような無産政党は厳しく批判されることも、すでに述べてきたとおりである。

一九二〇年、高級官僚の職を辞していた柳田は東京朝日新聞に客員で入社した。官僚を辞した理由については諸説があるが、ここで詮索するほどの問題ではない。しかし、そのことと朝日への入社をもって柳田の反官僚的な在野性と見なすことには異議がある。柳田の朝日入社については、朝日がこうむった一九一八年の「白虹事件」（大阪朝日の「筆禍」事件、右翼や政府当局からの弾圧をまねいた）への事後対策として、高級官僚だった柳田を迎えたということが指摘されている。しかし、それだけではあるまい。一九二〇年代あたりから、日本の新聞ジャーナリズムは、新たな時代に即応すべく旧体制を刷新し、「企業化どころか官僚化」（尾原宏之『娯楽番組を創った男――丸山鐵雄と〈サラリーマン表現者〉の誕生』二〇一六年）しつつあったのである。たとえば、この頃から、高等教育機関の拡充にともなって、新聞社も帝国大学の新卒者を試験採用する制度が確立してきた。新聞社は国家官僚と並ぶ人気就職先となってきたのである（河崎吉紀『制度化される新聞記者』二〇〇六年）。柳田の朝日入社が、単なる下野とは見なせない理由にほかならない。

そもそも、柳田が「四民平等」にも懐疑的であったことは、『故郷七十年』で記されている。「考へて見なければならないのは、いはゆる四民平等といふことで、いかにも良い言葉ではあるが、実は四民がみな士族になることを理想だとする心持から、自ら農業者が自分の今日までの生活を軽蔑する傾向が存続してゐる」(『全集』21、三五一頁)、と。これを敷衍すれば、柳田にとって普選は決して望ましいものではない。もちろん、「四民平等」以前に戻ることはできないことも明らかである。普選における啓蒙は、農民が士族ではないということを教えることなのである。つまり、この引用の直前で言われているように、四民が「自由に附合へる」のは決してよいことではないと啓蒙することなのである。ここにも、「自由」に対する嫌悪がある。

ルソー的問題

明治憲法下では、「自由」にもとづく選挙民の責任は、ある意味で、免除されていた。主権は国民になく、天皇にあったからである。柳田的な民主主義において、このような制度こそ望ましい。選挙民大衆は、国家主権であるという責任を免除されることによって、自治的・相互扶助的な伝統の保持者であり、民主主義的でありうる。そこでこそ、官僚の(あるいは、ジャーナリズムの)啓蒙・指導も有効に機能するわけである。だが、そのような環境は、一九四五年の敗戦によって、とりあえずは破棄されてしまった。柳田が根本的に懐疑していた民主主義における「自由」の問題が浮上するのは、そこにおいてである。

国民が主権者ということであれば、国民全員による「自由な」投票こそが、その国家体制の正統性を保証する。一般に、選挙においては、その社会を構成するさまざまな階級や性差等が、それぞれの階級的利害等にもとづいて投票行動をおこなうと見なされる。しかし、無記名の「自由」投票は、逆に、個々人の階級規定等をいったん、すべて無化する。もちろん、個々人がそれまでほどこされてきた規律訓練も私的利害も括弧に入れられる。そのことこそが選挙の正統性を担保する。つまり、選挙において一旦は原始的な「自然状態」を擬制し、それら「全て」の「自然人」が自由な意思にもとづいて「社会契約」を結び、「一般意思」を形成する、と見なされるわけである。いわゆるルソーの問題である。

第I部第二章で最初に確認したように、柳田はエドマンド・バークに相似する保守主義者であった。そこでも引用しておいたように、バークはルソーの自由な意思にもとづく社会契約——フランス革命の思想的参照先——という考えを、伝統がつちかってきた知恵にもとづいて批判した。しかし、天皇が主権者でなくなり、国民が主権者だと——占領軍から！——突然言われた時、その主権の正統性は、どこから生じるのか。「自然状態」を擬制する以外にはない。もちろん、占領軍の意向に従って、であるが——。

『人間不平等起源論』のルソーは、自由な自然人を設定しながら、私的所有の出現によって社会と不平等が生じることを論じた。また、『社会契約論』では、各人が私的に所持する財産や権利をいったん共同体に全面譲渡することで、各人の合意（人民投票）にもとづく「一般意思」＝「国家」が出現すると主張した。このいったんの「譲渡」が、共同体の成員「全て」の無記名・秘密投票による「選挙」にあたる。この「譲渡」の際には、各人は個々に自然人に戻ると擬制されているわけである。これは「革命」を擬制することであり、ルソーの思想がフランス革命の参照先であったゆえんである。それは、ロールズが『正義論』で言う「無知のヴェール」にもとづく現代のリベラリズムより、はるかにラディカルな面を持っている。「無知のヴェール」をかけられた人間は、すでに啓蒙された存在であり、さすがに「革命」など考えている様子はない。自然状態から社会の形成にいたる長い歴史は、さまざまな不平等を生み出したが、いったん自然状態に戻ることを定期的な「選挙」として制度化することによって、いつでも社会を変えることができるという可能性を担保する。「革命」の制度化と言い換えてもよい。このルソー的自然人は、相互扶助的な関係さえ持たぬ「自由」を享受している。

このような選挙制度は、保守主義のイギリスにおいても採用されざるをえないものである。ただ、イギリス的保守主義は、多数決による一般意思の形成の弊害を防ぐために、ネゴシエーションと妥協によって伝統的な知恵を出し合うという方法を取る傾向があった。カール・シュミットはこれを「民主主義」に対する「自由主義」と呼んだ（『現代議会主義の精神史的状況』）。ただ、シュミットの言う「自由主義」は、われわれがここで言う「自由」とは直接的にはかかわらないので、措いておこう。もう一つ付言すれば、この「全て」の人民による自由選挙が、事前のいわゆる世論調査で代替できないことも明らかである。世論調査は「全て」を対象にすることはできないし、また、対象は自然人としてはあらわれない。それはむしろ、男女、世代、地域、階級等という規定を、調査の対象とする。世論調査がいかに正確であり、選挙の結果と同一であろうと、その代替が不可能な理由である。

柳田が「自然人」について思考したことはあった。有名な、南方熊楠との往復書簡における、山人（山男）の有無をめぐる論争である。柳田がそれを「稀々に存在する原始人種なるべし」と言うのに対して、熊楠が狒々だ態だと言うところからも知られるように（『柳田国男 南方熊楠 往復書簡集』）、熊楠は生物進化論の立場から、柳田はクロポトキン的社会進化論の立場から、自説を主張しているわけである。しかし、ルソーの自然人は、進化論とは関係ないし、狒々でも態でもない。もちろん、ルソーはどこかで「自然人」の実在を信じるところがあったし、『人間不平等起源論』から約一世紀をへたダーウィニズムの時代以降は、ルソー的「自然人」を科学的に立証できるという考えも出現した（もちろん、立証できないが）。しかし、それは社会契約論上のフィクションであって、実在する必要はないものである。ルソー的自然人の「自由」は、むしろ、クロポトキン流の相互扶助関係さえ持たぬ、孤立した存在なのであり、柳田の言う「原始人」ではないだろう。先述したように、柳田の「山人」は「社会」的性格が希薄だが、それでも常民との交通を通じて、すでに常民の社会に組み込まれてはいるのである。

考えてみれば明らかなことだが、普通選挙における第一の啓蒙のプロジェクトと、第二の自然人の擬制は、決して両立もしなければ、互いに独立して存在しうるものでもない。いったい、どのような立場の者が啓蒙を遂行するのかといった問題は措くとしても、擬制された自然人は純粋な自然人ではありえない。デリダが『グラマトロジーについて』で『言語起源論』を俎上にあげながら、ルソー的自然人の自然言語が、そこで想定されているような純粋なパロール（自然）ではありえず、常にすでにエクリチュール（文化）に汚染されていることを指摘したことは有名だが、自然人であるべき選挙人が、すでにさまざまな啓蒙や利害に汚染されていることは、それ以上に自明である。逆に、啓蒙され利害にもとづいて投票するはずの選挙人が、自然人を装って、自分の階級的利害とは異なった投票行動をおこなうこともあろう。いや、「自由」さえも汚染されている、というべきである。

柳田の「自由の権」への嫌悪は、ルソー的自然人への嫌悪である。そんなものは存在しないと、柳田は思っているのだろう。確かに、そうである。しかし逆に言えば、普選と民主主義を肯定するとは、幼い柳田が見たという「酔狂人」さえも肯定することでなければならない。この男を啓蒙することなど、多分、できはしない。ましてや、真の意味での普通選挙においては——ヘーゲルなら、より「自然」に近いと言うであろうところの——女の参政権は避けられないはずである。普選とは、「女」なるものは存在しない、と見なすことにほかならない。「全て」を自然人と擬制することが、普選の前提である。その投票行動が「酔狂」であることは、むしろ自由の証しである。確かに、どのような選挙においても、幼児、狂人、外国人などに対する排除は、必ず存在しているのではあるが——。

いわゆる「大東亜戦争」の総力戦・総動員体制が、敗戦後の女性参政権獲得の地ならしをしたことは、明らかだろう。知られているように、総力戦は「銃後」における女性の地位を向上させた。総力戦とは兵站の問題であったからである。女性のヴァナキュラーな役割は、相対的にではあるが、大きく棄損され、彼女たちは不足になった「男手」を、農業で、工場で、商業で、家で担った。戦場に「動員」された、いわゆる従軍慰安婦にしても、この範疇にあるという側面を否定できない。女性参政権の獲得を主要な目標に掲げていた戦前のフェミニストたちが、「銃後」運動を積極的に担ったことは知られている。彼女たちは、女なるものは存在しないという主張の正しさの証明の場を、総力戦体制に見出したわけである。

以上のような意味において、ヴァナキュラーなジェンダー関係を破壊する総力戦も、その帰趨としての戦後民主主義体制も、柳田にとって、決して愉快なものでありえなかったことは確かである。中村哲前掲『新版柳田国男の思想』が回想するように、戦時下の柳田が中村に語ったという大東亜戦への「批判」めいた感想も、一つにはこのようなところにあっただろう。そのことは理解できる。確かに、戦時下の柳田は、戦後民主主義の一翼を担うことになる戦時下の中村ほどには、戦争を翼賛しはしなかった。しかし、すでに第Ⅰ部第二章等で指摘しておいた平野義太郎との関係などを含めて、大東亜戦遂行イデオロギーへの加担の痕跡も確かに認められる。そのことを、どう考えるべきなのか。

また、先に紹介しておいた川島武宜との対談からも推測されるように、柳田は、戦後の女性参政権についても、それほど愉快ではなかったはずである。男女同権を旨とする戦後学制改革についても、然りだろう。だが、柳田がそれらに公然と反対した痕跡はない。一九二〇年代の普選運動に対してそうであったように、それは時代の趨勢だという判断であったのだろうか。そうであるかも知れない。

しかし、戦後の柳田にとって、より鋭く問われていたのは、ルソー的自然人と、天皇制に収斂する「先祖」との、どちらが「根源的」か、という問題であったはずだ。「先祖」のほうが根源的であるというフィクションを創作することができれば、問題のおおかたは許容できるはずだからである。それは、ルソーを念頭に置くか否かを問わず、浮上してこなければならなかった。これは、ダーウィン経由のクロポトキン流科学主義だけでは解けぬ、やや位相を異にした問題である。ルソー的自然人の本格的な登場が刻々と迫りつつある一九四五年の敗戦を意識しながら、『先祖の話』を書き継ぐということの衝迫は、おそらく、この問題にかかわっている。柳田にとって、それは敗戦後において天皇制をいかにして護持するか、ということと同義であった。柳田にとっての大東亜戦争が問われなければならないのは、この意味においてである。

第三章
天皇制とアジア主義

無条件降伏論争と八・一五革命説

一九四五年七月二六日に、アメリカ合衆国大統領（トルーマン）、イギリス首相（チャーチル）、中華民国主席（蔣介石）そして後にソ連共産党書記長（スターリン）の名も加わって発せられたポツダム宣言は、幾つかの曲折をへて、八月一四日に受諾が最終的に決定された。その間に、広島、長崎への原爆投下があったのをはじめ、日本がいやおうなく追いつめられていたことは論を俟たない。八月一五日の、いわゆる「玉音放送」によって「日本国内」に敗戦が伝えられたわけである。しかし、その後も満洲方面でのソ連邦との戦闘をはじめ、各地で戦争行為は継続されていた。同宣言が調印されたのは、九月二日である。

いわゆる「さきの戦争」（昭和天皇の用語）や敗戦後の諸問題については、膨大な言説が費やされており、今なお積み重ねられている。文書資料、映像、音声記録等々も精力的に発掘がおこなわれており、論文のみならず小説、映画、テレビ、マンガ等々による記述も多い。それらについて、その何百分の一でも、ここで論じることは不可能だろうし、われわれの能力に余る。ここで、柳田にかかわって想起しておきたいのは、ポツダム宣言の受諾が果たして「無条件降伏」であったか否かという問題であり、ひいては戦後憲法の正統性あるいは合法性の問題である。後述することからも明らかなように、柳田はポツダム宣言受諾にいたる敗戦という事態に深甚な関心を寄せており、戦後憲法の成立にも立ち会った。

毎日新聞の文芸時評で、江藤淳がポツダム宣言の受諾は無条件降伏ではないと書いて、戦後派文学者・本多秋五とのあいだで論争となったのは、一九七八年（一月、九月）のことである。無条件降伏でないことは、すでに研究者のなかで指摘があったし、江藤も、そのことを以前から別の著述で主張していたが、本多との論争によって広くクローズアップされることになった。なお、本多秋五の盟友である平野謙は、その『わが戦後文学史』（一九六九年）に徴せば、無条件降伏でない、という説があることをすでに知っており、本多が平野のこの記述を覚えていたなら、論争は多少違ったものになったかとも思われる。江藤説は、一般には、戦後憲法が占領軍の「押しつけ」であると主張するものと受け取られた。戦後民主主義批判を掲げた学生を中心とする「一九六八年の革命」以降、文壇でも戦後文学への批判が俎上に上っていた。江藤の占領史研究は、そのような文脈を「右側から」継承したものとも言える。

江藤は、宣言中にある無条件降伏の要求は、日本国軍隊に対してであり、それは条件つきということだと主張した。「我々は日本政府が全日本軍の即時無条件降伏を宣言し、またその行動について日本政府が十分に保障することを求める」という、ポツダム宣言一三項に基づいた指摘である。無条件降伏を求められた「全日本軍」の「統帥権」は、言うまでもなく天皇にあった。知られているように、ポツダム宣言を受諾するか否かについて、昭和天皇自身を筆頭に、日本側の最大の問題は、「国体」が、というよりは天皇制が護持されるか否かであった。敗戦と占領のプロセスにおいても、その問題が大きなウエイトを占めたことは、多くの論者が指摘するところである。「敗戦詔勅」においても、「朕ハ茲ニ國體ヲ護持シ得テ忠良ナル爾臣民ノ赤誠ニ信倚シ常ニ爾臣民ト共ニ在リ」等々とある。国体概念をいかに捉えるかについては多くの議論があるが、それが天皇制と密接不可分であると考えられていたこと自体は否定できないだろう。

江藤の立場は、無条件降伏でないゆえに国体は護持されたと主張するものである。江藤は戦後憲法の正統性を否定しているわけではない。本多との論争の後に書かれたものだが、「一九四六年憲法──その拘束」（一九八〇年）で言われているとおり、「私が提起しようとした問題は、ごく単純な問題である。私は、歴史的経緯からして憲法第九条二項が、〝主権制限条項〟であることを指摘したにすぎない」ということなのだ。江藤は、占領軍の「押しつけ」による「歴史的経緯」が生んだ、「陸海空軍その他の戦力は、これを保持しない。国の交戦権は、これを認めない」という九条二項の改訂を求めているだけなのである。九条の不戦条項自体は、第一次大戦後のパリ不戦条約を継承するものであり、問題はない（大東亜戦争はパリ不戦条約違反であるがゆえに有責、ということである）。より端的に江藤の立場を敷衍すれば、次のようになろう。ポツダム宣言の受諾によっても国体＝天皇制は護持されたが、そこには敗戦と占領による主権の制限があり、それが九条二項に表現されている。サンフランシスコ講和条約（一九五二年発効）によって日本の主権が回復されたからには、速やかにそれを改訂すべきである、と。九条二項については、憲法制定過程にある国会で、当時、日本政府憲法改正小委員会委員長だった芦田均が、いわゆる「芦田修正」――「国際紛争を解決する手段」としての戦争の放棄という九条に、二項で「前項の目的を達するため」という文言を付け加えた――をおこなうことによって、後の自衛隊等の戦力保持を可能にするロジックが成立しえたという説が流布されているが（この解釈については異論もある）、ここでは立ち入らない。

先にも引用しておいたように、ポツダム宣言は、「日本政府が全日本軍の即時無条件降伏を宣言」することを求めているわけだから、戦中戦後における日本国（国体？）の連続性は認めているわけである。しかし同時に、「日本国国民が自由に表明した意志による平和的傾向の責任ある政府の樹立を求める」（一二項）わけだから、この「自由に表明された意志」はいつ国民から表明された（される）のか。この条項に照らす限り、敗戦後における憲法制定権力は日本にはなく、実際は戦勝国アメリカにあったというルソー的「正論」（ルソー「戦争状態は社会状態から生まれるということ」）は意味をなさない。それゆえ、戦争を遂行してきた旧政府と国体および天皇は、どのような連続と断絶をこうむっているのかが問われなければならないだろう。それは旧憲法と新憲法のあいだの連続と断絶の問題に帰着する。江藤説を忖度するならば、戦後憲法の発布からサンフランシスコ講和条約の締結・発効によって、ある程度は「日本国国民が自由に表明した意志」が表明されたことは認められるが、九条二項があるかぎり、それはいまだ不十分だということになろう。しかし、九条二項はとりあえず括弧に入れるとして、戦後憲法は、いったい誰の「意志」によって発布されたのか。戦後憲法の「上諭」を引いておこう。旧憲法から戦後憲法が正当＝正統に制定されたことを述べたものである。なお、この「上諭」自体は憲法に含まれないと見なされる。

朕は、日本国民の総意に基いて、新日本建設の礎が、定まるに至つたことを、深くよろこび、枢密顧問の諮詢及び帝国憲法第七十三条による帝国議会の議決を経た帝国憲法の改正を裁可し、ここにこれを公布せしめる。

戦後憲法の合法性の問題を、江藤が問うことはない。しかし、明治憲法から戦後憲法に変更される過程が、果たして合法性を持ちうるか、という点については幾多の議論があった。旧憲法における天皇主権が戦後憲法では国民主権になっているのだから、新憲法は「上諭」で言われているような旧憲法の「改正」ではありえない。この難問を解決するために登場するのが、いわゆる「八・一五革命説」（あるいは「八月革命説」）である。

江藤が本多との論争で暗にターゲットにしているのは、戦後派文学である以上に、丸山真男や宮沢俊義（一八九九—一九七六年）らの八・一五革命説であることは疑いない。論争のなかで、江藤は宮沢俊義の憲法学説の転変ぶりを、「転向者」とあざけっている。また、事実として転向者にほかならない本多秋五らの戦後派文学者の多くが、敗戦を「第二の青春」（荒正人）として享受したことに、江藤は戦後派文学の淵源を見ている。戦後派文学もまた八・一五革命説の一ヴァージョンと見なされたのである。憲法改正限界説に立った八・一五革命説は、戦後憲法学を支える重要な拠り所であった（これに対して、戦後憲法は旧憲法の改正手続きに従った改正であるとする、憲法改正無限界説がある）。それは、戦前と戦後の「革命」による「断絶」を主張するものだったから、「連続」を見る江藤説とは相容れないと、ひとまずは言うことができる。

良く知られていることでもあり、ここでも歴史的経緯をめぐる多くの情報を省かざるをえないが、敗戦後の日本の憲法学者たちは、明治憲法の運用によって、占領軍の「民主化」要求に対応できると、当初は考えていた。かつて「大正デモクラシー」の拠りどころであった「天皇機関説」で東大を逐われた美濃部達吉（一八七三—一九四八年）にしてからがそうである。美濃部は戦後憲法の制定過程で、もっとも国民の期待を担い、多くの文章を発表していた存在だが、そのデモクラシー概念は、天皇主権のもとで（こそ）可能であるとするものであった。枢密顧問官であった美濃部（一九四六年一月二六日任命）はただ一人、明治憲法の改訂に反対意見を表明した。丸山や宮沢においても、以前は明治憲法の運用で可とする立場であった。しかし、治安維持法撤廃、財閥解体、女性参政権、農地改革、労働組合の容認などのＧＨＱによる改革はすでに開始され、「神道指令」（一九四五年一二月一五日）による国家神道の解体、それに続く天皇のいわゆる「人間宣言」（一九四六年一月一日）、戦犯、職業軍人、「超国家主義者」たちに対する公職追放（一九四六年一月四日）と続く、占領軍主導の「民主化」は、とうてい明治憲法の運用では対応できないものであった。そのことを決定的に理解せざるをえなくなったのが、一九四六年三月六日に連合国最高司令官総司令部の監督のもとに作成された「憲法改正草案要綱」の幣原喜重郎内閣による発表である（その後、四月一七日には「憲法改正草案」が発表され、天皇は枢密院に「諮詢」する）。「要綱」は枢密院の諮詢に付されたが、四月二二日の「帝国憲法改正案ヲ帝国議会ノ議ニ付スルノ件審査委員会」第一回委員会の席上で、美濃部が異議を唱えた。その後の第二回、第三回の委員会でも繰り返し反対した。また、六月八日の天皇臨席のもとにおこなわれた枢密院本会議でも、全員一致の慣例に逆らって、美濃部はただ一人反対した。理由は、憲法草案で廃止が決められている枢密院で憲法草案の議論がなされるのは理不尽であること、憲法草案の前文には、「この憲法は日本国民が確定する」とあるが、実際は天皇の勅命でなされており、「虚偽」であること、という理由である。一〇月二九日の「帝国議会において修正を加えた憲法改正審査委員会」の最終審議（枢密院本会議）で、美濃部は欠席して抗議の意志を示した。だが、反対者は美濃部一人であり、「要綱」において、戦後憲法の骨格は、ほぼ明らかにされていた。

宮沢や丸山の八・一五革命説が登場するのは、「要綱」公表以降の五月である。八・一五革命説は、戦後のこの時流に掉さすものであったと同時に、美濃部の批判への反批判という意味を持っていただろう。丸山は、「要綱」読後に書いたと推定される高名な論文「超国家主義の論理と心理」の末尾で、「日本軍国主義に終止符が打たれた八・一五の日はまた同時に、超国家主義の全体系の基盤たる国体がその絶対性を喪失し今や始めて自由なる主体となつた日本国民にその運命を委ねた日でもあつた」と記した。また、丸山の八・一五革命説を承けた宮沢も、同時期に、「八月革命と国民主権主義」を発表した。戦後憲法発布後の美濃部さえ――時流に掉さして、ということであろう――それを肯定し、実質的には八・一五革命説を容認する説へと転換することになる。端的に言えば、「戦争とは国家と国家との関係において、主権や社会契約に対す攻撃という形をとる」というルソー的「正論」を容認したわけだ。ただし、戦勝国アメリカは、その「正論」を隠蔽しており、主張さえしないから、八・一五革命説は必要なわけである。

美濃部が戦後憲法を八・一五革命説で肯定してみせた論拠は、「ポツダム宣言の受諾は我が国に対し憲法をも超越した絶対の拘束力を有」しており、それによって、「国民は無制限な憲法改正の権力を与へられた」、それは「憲法違反の革命的行為」である、というものである(『新憲法の基本原理』一九四七年)。欽定憲法から民定憲法への転換の非合法性を突いた美濃部にとっても、その国内法に照らしての非合法を肯定するには、国内法が国際法(ポツダム宣言など)に照らして無効であるという立場に立ち、八・一五革命説を採用するほかなかったと言える。しかし、その場合、戦後憲法が旧憲法にのっとって改訂されたことに対する評価は、どうなるのか。美濃部は、そのことの非正当性を突いていたのではなかったか。ちなみに、八・一五革命説に転換した以降の美濃部にあっても、新憲法の口語化に対しては否定的であった。口語化が国民主権を担保するとすれば、美濃部は天皇主権から国民主権への非合法な移行に、あくまで抵抗したのである。

以上の経緯と問題については、米谷匡史の「丸山真男と戦後日本――戦後民主主義の〈始まり〉をめぐって」（一九九七年）が端的かつ明晰に論じており、参照されたい。われわれの簡単な記述は、主に、そのおおまかな要約であり、美濃部問題についての追加をおこなったものに過ぎない。美濃部の戦後憲法をめぐる変転については、八木秀次「美濃部達吉の明治憲法改正消極論――戦後の美濃部達吉（一）」、同「美濃部達吉の〝八月革命説〟――戦後の美濃部達吉（二）」（一九九一年）を主に参照した。

八・一五革命説は明治憲法による改訂を「革命」によって合理化するフィクションである。しかも、その内実は主権の変更をともなう「革命」というよりは、国際法による国内法の超克という「押しつけ」論を出るものではなかった。そのことは、丸山においても当然のことながら自覚されていた。「大日本帝国の「実在」よりも戦後民主主義の「虚妄」の方に賭ける」（『増補版現代政治の思想と行動』「増補版への後記」一九六四年）という高名な言葉は、自身の八・一五革命説に向けられたものと解すべきであろう。しかし、当初の美濃部達吉が難じたように、「国体」の変更は占領軍によってはなされえない。ポツダム宣言は、「日本国国民が自由に表明した意志による平和的傾向の責任ある政府の樹立を求め」ているのだから、「国民」自身による旧体制の打倒がなければならないはずだ。丸山の言葉に倣えば、米軍に旧体制の打倒を委ねられて「自由なる主体となつた日本国民」は、いつ旧体制を打倒したのか。そのようなことは実際あったのか。八・一五革命説に誰もが見て取れる虚構性・虚偽性に対しては、尾高朝雄(ともお)（一八九九―一九五六年）と宮沢俊義とのあいだに論争があったが、ディテールにわたるので、割愛する。ともかく、八・一五革命説の虚構は、天皇制は護持されたのだから、「国体」も護持されたという逆の主張を容認する余地を残した。しかし、天皇主権から国民主権への転換には、やはり「国体」の変更を認めなければ整合性がない。だが、その時、戦後の象徴天皇制は戦前の天皇制と、どう断絶し、どう連続しているかという問題が回帰する。

江藤淳は、前掲論文「一九四六年憲法――その拘束」を中心にした同名の著作を編む際、二〇年前の旧稿「〝戦後〟知識人の破産」（一九六〇年）を再録した。これは、一九六〇年の安保闘争の際に丸山真男が発表した「復初の説」に対する批判である。そこで丸山は、「八月十五日にさかのぼれ」つまり「革命」の原点に返れと促しているが、占領史研究を発表しはじめる二〇年ほど前の江藤は、すでにと言うべきか、そこで八・一五革命説の虚構性を突いていたわけである。そのかつての丸山批判が、戦後憲法の成立過程を精査することで、さらに説得力を増すはずだというのが、この論文を再録した江藤の目論見であっただろう。

八・一五革命説が維持しがたいことは、江藤のような側面からだけではなく、別途、さまざまな視点からも指摘しうる。米谷前掲文や佐藤卓己の『八月十五日の神話』（二〇〇五年）も言うように、そもそも一九四五年八月一五日は、ポツダム宣言を受諾した日でもなければ、調印した日でもない。それを八・一五に特化することで、「戦後」という時代に対する認識にさまざまな欺瞞と歪曲が生じることは、米谷や佐藤が指摘するとおりである。おおむね、一国主義的な欺瞞と言ってよいだろう。なお、指摘しておかなければならないのは、すでに日本の「一九六八年の革命」の学生たちによって唱えられていた「戦後民主主義」＝「八・一五革命説」に対する先行的な批判は、丸山真男に代表される「戦後民主主義」の学生たちによって唱えられていた（津村喬『歴史の奪還』一九七二年、など）。いわゆる「全共闘」による丸山批判、戦後民主主義批判は、そのような文脈でも捉えられなければならない。

それはともかく、ここでは丸山と江藤のあいだには奇妙なねじれがあることを指摘しておこう。あるいは、ねじれというよりは共通の土俵と言うべきか。江藤は九条二項を占領による歪みとして告発してはいるが、戦後憲法の正統性自体は否定していない。繰り返すが、それはポツダム宣言受諾によっても天皇制＝国体が護持されていると見なすからだ。それゆえ、天皇主権ではなく国民主権を謳う戦後憲法は肯定されており、サンフランシスコ条約で主権が完全に回復されれば、国民国家として軍隊の保持が求められるわけだ。他方、丸山にあっては、戦後憲法の正統性は、「革命」によって旧体制が打倒され、「国民主権」が確立したからだ、とされる。だとすれば、その旧体制を打倒した主体が占領軍であるはずはない。八・一五があくまで「革命」であるとすれば、その主体は「国民」でなければならない。では、「国民」はいつどのようにして旧体制を打倒したのか。また、その時に天皇制はどういった変更をこうむったのか（あるいは、こうむらなかったのか）。

戦後天皇制の「顕教」と「密教」

この二人のあいだのねじれを「解消」するロジックは、おそらく柳田国男に求めることができる。繰り返し指摘してきたように、柳田は最後の枢密顧問官である。柳田が当時の総理大臣・吉田茂の要請を受けてそれに就任したのは、一九四六年七月一二日であった。この時すでに、吉田は六月二六日の国会で、憲法改訂によっても国体は変更されないという答弁をおこなっていた（八木前掲第二論文）。先述してきた憲法制定の経緯からも明らかなように、決定的な「憲法改正草案要綱」は提出されており、天皇は「憲法改正草案」を枢密院に「諮詢」していた。新憲法案は五月一六日の第九〇回帝国議会での審議を終えていた（この最後の帝国議会は女性も投票権を持った国政選挙による最初のものだが、国民主権下のもとでおこなわれたわけではないことに注意）。日本国憲法が公布されるのは一一月三日であり、施行は一九四七年五月三日である。柳田が枢密顧問官に就任した時期に、すでに戦後憲法の帰趨は決していた。先にも記したように、枢密本会議でも、「憲法改正草案」は六月八日に可決されていたのである。大藤時彦（一九〇二―一九九〇年）の『柳田國男入門』（一九七三年）が記すように、顧問官就任の要請があった時、「人を馬鹿にしたことだ」と言ったこともあったかも知れぬ。また、柳田が就任して以降の枢密院の議事録は公表されておらず、そこで柳田がどのような役割を演じたかについても、推測しがたい。「発言の機会はほとんどなかった」（前掲『柳田国男伝』）と推定されるのも故なしとしない。ただ、柳田が美濃部達吉のように、新憲法の正統性に疑義を持ち会議を退席するというようなことをしなかったことは確かである。

にもかかわらず、柳田は憲法問題に拘泥するがゆえに枢密顧問官の職を受諾した様子なのである。吉田茂の命を承けて使者となった和田博雄の遺稿をまとめた大竹啓介の詳細な『幻の花――和田博雄の生涯（上）』（一九八一年）には次のような和田の日記が紹介されている。大竹は、このエピソードを一九四六年の六月あるいは七月上旬のことと推定している。

久闊の雑談の後、顧問官の話を切り出した時、先生は『いま憲法の改正が問題になっているが、顧問官は憲法について枢密院が意見をたずねられた時、自分の意見を自由に述べていいのですか』と質問されたので、私は『勿論自由だと思います。どんどん意見を言って下さい』と答えたら、『顧問官を承けるか否かの即答は待ってくれ、二、三日考へた上で御返事するから総理によろしく』との事であった。二、三日後に承諾の返事を受取ったが、先生がどんな意見を憲法改正について述べられたかは、私は遂に知らずじまいだった。この書斎に於ける先生の風貌、国士風の賢者の印象は、私の眼底にいまも深く焼き付けられた如くに残っている。

和田は戦時下に「革新官僚左派」（大竹前掲書）として活躍していたが、企画院事件（一九三九

―一九四一年）で逮捕された経歴を持つ。企画院事件は、政府内に潜んだ左派グループが戦時統制経済を利用して、日本の社会主義化を目論んだという嫌疑をかけられた、官庁内人民戦線事件であった。冤罪事件であり、和田も無罪となって戦後には官界に復帰した。戦後吉田内閣は、戦争責任を問われることのない多くの左派リベラル系学者の援助を求めたが、和田は、彼らと吉田のあいだにあって奔走し、自身も閣僚（農林大臣）となって吉田に協力した。外務官僚出身の吉田茂は「外交の人」として知られるが、内政においては、天皇制の護持が一義的な問題であった。言うところの「臣茂」であり、「尊皇の政治家」（原彬久）である。日本の軍事防衛をアメリカに負担させ、日本の経済的繁栄と「自立」を追求したことで戦後政治を規定した、いわゆる「吉田ドクトリン」として表現される「自立」を担保するナショナリズムは、天皇制の護持が前提とならねばならないであろう。

戦前外交官時代の吉田は日本の帝国主義に反対だったわけではない。ただ、英米を敵に回す大東亜戦争には批判的で、日本の帝国主義的利権は英米帝国主義との協調の範囲でなされるべきだと考えていただけである。ここで詳述することはできないが、大東亜戦争末期のイデオロギー上のヘゲモニー闘争は錯綜をきわめていた（これについては、大竹前掲書に好便な図解がある）。その錯綜は、敗戦によって無に帰したわけではなく、さまざまに屈折して戦後を規定している。一九四五年四月、吉田は英米派の危険人物として陸軍憲兵隊によって逮捕された。これは、その後に近衛文麿、牧野伸顕ら天皇側近の重臣グループにまで及ぶべく、陸軍クーデター計画とも言いうるものの端緒であったが、それは同時に、天皇制の危機でもあった。終戦工作のなかで近衛が天皇に提出した「近衛上奏文」は、陸軍がソ連と結託して日本に「共産革命」を導こうとしているとの状勢認識をもとに国体の危機を訴えるものだが、吉田もこの危機感を共有していた。吉田は近衛から前もって同文を見せられており、それが吉田近辺にあったスパイに漏れて、吉田逮捕につながったのである。牧野の女婿である吉田も、重臣グループの一人であった（原彬久『吉田茂』参照）。なお、日本を「赤化」するとして最初に批判を受けたのは、「昭和研究会」を承けて成立した「新体制運動」の第二次近衛内閣であり、また、吉田ら英米派は、陸軍「赤化」攻撃に加担したこともある様子なのだから、事情は混沌としている（新谷卓『終戦と近衛上奏文』二〇一六年）

ともかく、その吉田が、占領後における天皇制と国体護持のイデオロギー的（思想的？）正統性を柳田に求めたことは、吉田が柳田の仕事をどこまで知悉していたのかは確かめようもないが、確かに慧眼であったと言える。柳田を吉田に紹介したのが誰だったか。牧野伸顕か石黒忠篤か、幾つか推定できるが不明である。かつて宮廷官僚でもあった柳田にも、吉田に似た「重臣」の自覚があったことは疑いえない。和田博雄は、柳田の親友・石黒忠篤直系の農政官僚であり、戦前から柳田と面識があって、畏敬していた。また、吉田の和田への信頼も篤いものがあり、それは和田が左派社会党の国会議員に転じて以降も変わらなかった（大竹啓介前掲書）。ともかく、以降、吉田と柳田は晩年まで親しい交流を続けるわけである（中村哲前掲書）。

柳田は、敗戦後における天皇制と国体存続問題に早くから考えをめぐらしていた様子である。

船木裕の『柳田国男外伝』に、柳田の民俗学の弟子・丸山久子の日記(「終戦のころ」、『定本柳田國男集』月報28)を引いた指摘がある。改めて、それを紹介しておこう。船木は一九四五年「八月十二日の木曜会後」のことと丸山に即して記しているが、柳田『炭焼日記』に第一回の「家の会」とあるもののことだろう。

席上、先生は、今日のニュースをお話しになった。ポツダム宣言受諾決定のこと、ただし国体と天皇主権だけは認めるという条件付き。スイスを通じて聯合国へ申込んだということ、表面の理由はもちろん、六日の広島、九日の長崎の原子爆弾の惨害とソ連の参戦とにあるけれども、国内はもう戦い疲れ消耗しはてたのだということ、この重大な発表は今夜、あるいは明日中に大詔をもって発表されることになるであろうということ、などを柳田先生は悲痛な面持で語られたのであった。

柳田の認識とは異なって、「国体」はともかく、「天皇主権」は認められなかったことに留意しておこう。このディレンマを解くことが、柳田の問題になるだろうからである。

敗戦が間近になるにいたって、柳田は近所に住む、当時貴族院勅撰議員であった長岡隆一郎(一八八四―一九六三年)を何度も訪ね、情報を得ている(『炭焼日記』)。丸山のこの記述からも、柳田の関心事が国体と天皇制にあったことがうかがえるだろう。この間の『炭焼日記』から、われわれが止目するところを抜粋する。もちろん、抜粋に恣意性はまぬがれないが、益田勝実前掲「『炭焼日記』存疑」とも概略重なり、誰にとっても気にかかる部分であろう。「桑木君返書。末にたのしみなしといふこと、個人主義の問題になり六つかしくなる。我としては希望まことに少なし、しかし国としては別なり」（七月二三日）、長岡から敗戦近しとの情報を最初にえたと思われる時は「いよ〳〵働かねばならぬ世になりぬ」（八月一一日）、「十二時大詔出づ、感激不止」（八月一五日）、「内閣の辞職は不賛成、阿南陸相の自殺は論外のこと也。士道頽廃といふべきか」（八月一六日）、「高木正順久々にて来る、家は五月二十五日の空襲にて焼け、家族は今信濃追分に在つて難儀するよし、いろ〳〵又宮中の御様子を承り了」（八月一七日）、等々（『全集』20）。

これらからうかがえるのも、戦後における国体と天皇制への配慮と、その危機に対する応接の決意である。ここで確認しておくべきは、柳田も江藤淳と同じく、ポツダム宣言受諾は条件つきの降伏であり、国体と天皇制は護持されたという立場に立っているということである。しかし、繰り返すが「天皇主権」は維持されないのである。

江藤がその占領史研究の過程で、柳田の『氏神と氏子』がGHQの検閲をこうむっていることを発見し、そのプロセスを公表するエッセイ「『氏神と氏子』の原型」（一九八一年、『落葉の掃き寄せ』）を発表したのは、その検閲ぶり如何という問題以上に、柳田の国体と天皇制に対する思考と江藤のそれとの同一性を確認したからではないだろうか。しかし、「顕教」と「密教」というレトリックを使えば、これは柳田の顕教的側面かと思われる（顕教、密教というレトリックは、あまり妥当とは言えないが、柳田神学の顕在的な部分と秘密の部分といった程度の意味で理解されたい）。

柳田は枢密顧問官に就任する以前から、占領軍と日本政府とのあいだの新憲法制定をめぐる攻防を、かなり深く知りうる立場にあったと推測される。幣原内閣の憲法担当国務大臣・松本烝治（一八七七―一九五四年）は、柳田とは農商務省同期入省の友人である。一九一三年末、柳田は南方熊楠を紀州田辺に訪ねたが、その時に同道したのは松本である。また、一九四五年四月一七日の『炭焼日記』には、「宮沢俊義氏夫妻夕方訪来る」とあり、後の八・一五革命説の提唱者とは家族ぐるみの（？）交流があったようだ。柳田と宮沢とは、戦前一九三〇年代末から創元社より刊行された『アジア問題講座』――水野成夫あたりが中心になっていたと推定される――の編集顧問として、ともに名を連ねている。

敗戦直後に幣原内閣が設置した「憲法問題調査委員会」の委員長が松本であり、宮沢はその右腕と呼ばれた。また、一九四六年二月に、東大総長・南原繁が大学内に設置した「憲法研究委員会」の委員長は宮沢が務めた。丸山真男は同会に属していた。八・一五革命説を記した「超国家主義の論理と心理」にすでに震撼させられて丸山の研究室に入ることになる神島二郎が、柳田のもとを訪れたのは、柳田が枢密顧問官に就任していた一九四七年のことのようである。柳田訪問のほうが丸山研究室入りより若干早いようだ（前掲後藤総一郎編『人と思想　柳田国男』所収の「討論　柳田国男の学問と思想」での神島の発言による）。

彼らから柳田が、どのような情報を得ていたかは定かではない。しかし、このような環境も、柳田が和田博雄に「憲法について枢密院が意見をたずねられた時、自分の意見を自由に述べていいのですか」と尋ねた背景をなしていることは、否定しがたいだろう。その間、柳田は戦時下から戦後にかけて『先祖の話』を書き終えたのに続き、『祭日考』、『山宮考』、そして『氏神と氏子』の「新国学」三部作を書き継いでいくのである。たとえ柳田が枢密院で戦後憲法における国体と天皇制について意見を述べることがなかったとしても、これらの著作は、それへの「解答」が込められていると見なすべきであろう。まず、「顕教」の面を見ておこう。そしてその後に、柳田の周辺にも浸透していたはずの八・一五革命説を、柳田が「密教」としていかに咀嚼しているかを明らかにする。

祖先崇拝の「顕教」

戦後において、継続する天皇制を理論化してみせた者としては、「人間宣言」の二日後、NHKラジオの報道番組で早速、「不執政こそ天皇の伝統」と戦後天皇制を擁護した和辻哲郎（和辻の天皇制論は後に『国民統合の象徴』一九四八年、にまとめられる）と、「建国の事情と万世一系の思想」（一九四六年）の津田左右吉が有名だが、彼らにも増して重要なイデオローグが柳田国男であったと思われる。島田裕巳は『戦後日本の宗教史』（二〇一五年）で、戦後のいわゆる「神道指令」で解体されたはずの国家神道を、「祖先崇拝」というかたちで、皇室祭祀と民間信仰とをつらぬく「神学」へと再定義してみせたのが、『先祖の話』をはじめとする「柳田神学」だったと言っている。傾聴すべき見解だと思う。国家神道が解体された後に設立されて、葦津珍彦（一九〇九―九二年）らに指導された神社本庁（一九四六年一月）は、戦後の柳田や折口の戦後の変貌を批判した。いわゆる「民俗学神道」批判である。神社本庁イデオロギーは、現在では、日本会議を直接に介して政府自民党のバックボーンになっているとして、話題である。そのことは、別途に論じられるべきである。しかし、戦後憲法体制に適合的な「国民的」合意のイデオロギーとしては、むしろ、柳田が論じられるべきであり、その相互補完的なカウンターとして折口が踏まえられるべきかと思われる。

皇室の祭祀と農民の村祭りが同型であるとは、柳田民俗学の主張である。すでに『日本の祭』（一九四二年）で整えられていた説である。それが、柳田においても、自覚的に「創られた伝統」であることはすでに指摘しておいた。ただ、そのフィクションの有効性だけが問題なのである。柳田にとっては、民俗学も神道史も「路が異なる」にしろ「同じ高根の月を見ようとして居る」二つの「路」と措定されていた（『神道と民俗学』、『全集』14、三〇頁）

かねてから柳田は、「国家神道」というありかたに疑義を抱いていた。「国家神道」問題は、幕末から明治維新をへて後も多様なイデオロギー闘争の場だった。一九〇〇年には内務省に神社局が設けられるが、一九一三年の法改訂によって、内務省神社局はそのままに、宗教局のみを文部省に移管した。つまり、神道各派（教派神道）はキリスト教（各派）や仏教（各派）などと並ぶ宗教の一派となりながら、一方では神道（神社神道）自体は事実上「国教」と見なされるという矛盾が顕在化するわけである。明治維新以降の欧米列強との交通は、信教の自由を承認しなければならなかった。不平等条約を解消する前提である。しかし他方、明治憲法によって確立された近代天皇制は、神道をある種の「国教」とすることによって、その正統性を担保した。この年に法制局書記官(兼任)に就任し、しかも、すでに民俗学者としての歩みも開始していた柳田にとって、このディレンマを解くことは、必須の課題であったはずである(「神道私見」一九一八年、『全集』25)。いわゆる祭政一致と政教分離のディレンマであり、国家神道(神社神道)と教派神道の分立である。神社神道はその国家神道化によって、宗教性を脱色することを余儀なくされ、単なるブルジョア道徳の象徴にまで拡散していった。近代天皇制も、そのブルジョワ化の傾向をまぬかれることはできなかった(島薗進『国家神道と日本人』二〇一〇年)。それが「資本の文明化作用」というものであり、「魔術からの解放」ではある。

開明的とも評される国家官僚として、柳田は、信教の自由は認めるほかない。にもかかわらず、祖先崇拝を核とする神道は、「国家神道」とは異なった形でであろうが、その宗教性を国民的国家的に共有されなければならないのである。それが、神道史研究とともに民俗学研究がなさねばならない理由にほかならない。柳田には——折口とは異なって——大本教や天理教のような女性教祖の新宗教に対する嫌悪も強かった(『女性と民間伝承』一九三二年、『全集』6、二二四頁)。柳田民俗学がアカデミズムから疎外されていたことをもって、柳田の「在野性」を称揚する傾向は今も後を絶たないが、柳田民俗学のモティベーションは、以上の意味において、きわめて官僚的・国家主義的なものである。

近代国家・日本における神道のディレンマは、柳田には早くから意識されていた。短歌の師であった神道家の国学者・松浦辰男（一八四三―一九〇九）は、同時に、柳田を民俗学へも誘った存在である。一九〇五年の「幽冥談」が松浦の幽冥の教えから着想されたことはすでに触れたが、その松浦への追悼文（談話）「萩坪翁追懐」（一九〇九年）のなかで柳田は、「（松浦は――引用者注）時として幽冥を談ぜられた事がある、然し意味の深い簡単な言葉であつたから、私には遂に了解し得られなかつた」（『全集』23、六六五頁）と言っている。ここには、松浦の――あるいは、柳田の実父・松岡操の――信奉した平田篤胤の国学への親和と疎隔が表明されている。前掲「神道私見」をはじめ戦前の幾つかの著作や文章で、柳田は平田国学を批判し、本居宣長の国学を称揚する傾向が強いが、後にも論じる戦後の『先祖の話』では、戦死者の霊が日本に帰還するという平田的「幽冥」論を、明確に強調しているのである。本居宣長においては、死者は黄泉の国に行く。それを批判するのが平田篤胤の幽冥論である（原武史『〈出雲〉という思想』一九九六年）。柳田の主張する祖先崇拝は、その意味では平田国学的なものだが、戦前においては、そのことが強く主張されることはなかった。

それはともかく、もはや空気のように自然なものとしては受容しえない神道を、上から強いて国教化することには無理がある。にもかかわらず、それを共有する作業をおこなわなければならないのだ。つまり、まず「信仰といふ古来の大事実を、確認する道」（『神道と民俗学』、『全集』14、二八頁）を歩むことである。それは、ＧＨＱおよび神道指令によって一九四六年一二月に国家神道が否定されても、まったく変わらない。江藤淳によって発見された『氏神と氏子』のＧＨＱによる検閲削除箇所には、「たとへば昨年十二月に発せられた、日本神社に対する進駐軍の指令の如きは、驚くべく大まかな、向う見ずと評してもよいものであつて、其為に田舎の村々の小さな社に神を祭る人々は、殆と前進の路を見失つたやうな姿があるが、自分などから見ると、是すらも亦一つの我々を賢こくする好機会であると思ふ」（『全集』16、三七〇頁）とある。この部分が削除されたのは、江藤が言うほどに深甚な意味があったとは思えない。ただ、占領政策が批判されているように思えたからに過ぎまい。それはともかく、ヘルダーリンから現代の俗流ポピュリスト政治家まで、今や誰もが言うごとく、ピンチはチャンスなのである。これは、神道を「日本人」の生の「条件」、あるいは「地平」として措定しなおすことを意味しているだろう。

では、「信仰といふ古来の大事実」つまり「祖先崇拝」あるいは「固有信仰」とは、どんなものか。戦後の著作ではなく、あえて一九一八年の「神道私見」から引いておこう。戦前天皇制下の多少のどぎついヴォキャブラリーが散りばめられているとはいえ、柳田のスタンスは、ある意味で戦後も一貫しているからである。ここにも、平田国学的な幽冥観はひそかに（?）表明されている。

我々が皆神の御末であると云ふことは至つて古くから信ぜられ来つた所で、今も尚多くの人の氏神を祭る心の中に伝はつて居ります。即ち其が所謂天孫人種の宗教であります。御承知の通り多くの異伝を集録した書記の神代巻を見ましても、数多き神々が常に日神を中心として血族関係を明かにしようとして居られるのがよく分ります。是やがて日本の社会組織の由来を暗示するものでありまして、帰化人の後で無い限は、皇別か神別か何れにもせよ始祖を神の御子とせぬ者は無く、其神が悉く中心の皇大神を囲繞補翼して居た如く、神々の御末は現世には正系の大御門の下に統一し、幽世には祖神を通して日神の御威徳に化せぬ者は無かつたこと丶思ひます。祖先崇拝と申すことも此意味でならば言ひ得られると思ひます。

(『全集』25、二六六頁)

まさに森喜朗元首相の言う「天皇を中心とした神の国」ということだが、このような意味での祖先崇拝が、戦後の『先祖の話』以降の新国学でも繰り返されて主張される。ただし、それらがこの引用のごとく異様な感じを与えないのは、農民や戦死者の霊の祀り方として、あるいは、都会に出た農民の次男三男たちの「祖先になる」仕方として、下方から語られているためである。戦前における柳田神学は、あからさまに「逆オリエンタリズム」の気配が漂っている。それは、明治憲法が、西欧先進国の「不平等条約」に象徴される日本への蔑視に対抗するために、「万世一系」という神道的フィクションを必要としていたことと相即する。日本の近代ナショナリズムは、欧米資本主義に主流の世俗的ナショナリズムに比して、宗教的ナショナリズムの相貌を色濃く持たざるをえなかった。しかし、敗戦という事態の前では、それはもはや許されない。宗教的ナショナリズムであるにしても、世俗化しながら一国主義的に閉じることが必要だった。柳田民俗学の相対的な一国主義は、戦後でもうまく機能していると言える。
『先祖の話』以下において、柳田は、敗戦後の「復興」を農民たちの祖先崇拝の伝統に求めた。両墓制をはじめ、そこで挙げられている民俗学的な事象が「事実」であるか否かについては、今ではおおいに疑わしいとされている。しかし、柳田のモティーフは、むしろ違ったところにあった。

敗戦後に縮小された「日本」なるものの版図のなかで、多大な戦禍をこうむったのは広島、長崎、あるいは東京などの都市部であり、農村はおおむねそれをまぬがれている。確かに、農家からも多くのさまざまな戦争犠牲者を出した。概して下級兵士として大陸や南方におもむいた。大陸や南方においてもすさまじい戦禍があり、日本人以上に、現地住民の被害は甚大であった。もちろん、戦争相手国の戦争被害者も多い。しかし、日本の農村それ自体は、戦争被害をこうむることが相対的に少なかったのは事実である。それは、大陸や南方、あるいは硫黄島や沖縄の戦禍とは比較にならぬほど平穏であった。今なお語られることのある、戦中疎開時や戦後食糧難の時代における農民の倨傲は、そのことをあらわしている。敗戦は、朝鮮、台湾、満州など食料供給基地たる植民地を失ったことに加え、一九四五年秋の台風被害による大凶作、一五〇万人に及ぶ海外からの引揚者による消費人口の増大などによって、深刻な食糧危機を招来した。しかし、それらの危機は、主要には都市における危機として表現されたのである。一九四六年のいわゆる「食料メーデー」で掲げられたプラカード「ヒロヒト 詔書 曰ク 国体はゴジされたぞ 朕はタラフク食ってるぞ ナンジ人民 飢えて死ね ギョメイギョジ」は、今やコメが天皇と国民をつなぐフェティシズム的な「もの」でなくなっていることを表現している。それはあくまで都市部の問題だが、米や土地と切り離された祖先崇拝が問題となってきたことの端緒とは言える。なお、吉田茂はこの食糧危機に対して、アメリカからの援助を引き出すことで乗り切った。

柳田は、戦後の「復興」基盤を、相対的に被害が少なかった農村あるいは農業に求めた。その上で、その「伝統」としての祖先崇拝が改めて召喚され、語りなおされたと見なすべきである。戦死者の霊が家や土地に帰るという幽冥論の強調は、敗戦によって積極的に召還されたものである。それは、「王の不死の身体」を確認することでもあった。祖霊は本居的な「黄泉の国」に行ってはならず、王の身体たる祖国の幽冥界に帰らねばならないのだ。

そうでなかったとしたら、柳田は沖縄について（も）、積極的に書くべきであったろう。海の彼方の「ニライカナイ」について、である。「ニライカナイ」は幽冥ではあるまい。すでに『海南小記』以来、沖縄が天皇制の古層を保存しているという主張は繰り返されてきていた。報道管制がなされていたとはいえ、沖縄戦の状況や米軍による占領統治について、柳田が知らなかったはずはない。『炭焼日記』によれば、比嘉春潮をはじめとする沖縄出身者が柳田邸を訪れ、沖縄戦の様子を報告している。しかし、祖先崇拝の伝統に即して天皇制の護持を訴える『先祖の話』

や新国学三部作において、沖縄の影はほとんど言ってよいほど射していない。わずかに、『山宮考』（一九四七年）「一四　霊山信仰の統一」の章と『氏神と氏子』（同年）「二五　鎮守神の起り」の章に、ひっそりと、沖縄神道と本土のそれとの共通性が記されているのみである。

確かに、柳田は敗戦後も沖縄を「日本」の身体の一部と考えようとしていたが、そのことを積極的に主張することは、差し控えたのである。戦死者の霊は「本土」の家に帰還するかのようである。「古く蝦夷地と接近して居たばかりに、東北の風習はとかく特殊視せられ勝ちであつたが、それを証明するやうな事実はまだあまり現はれて居ない」（『全集』15、八九頁）と、『先祖の話』では北海道もひそかに排除されている。『先祖の話』のなかで、明らかに戦後になって書かれたと思われる部分を引用しておこう。

> 日本は神国也。斯ういふ言葉を口にして居た人が、昔は今よりも更に多かつた。私は実はその真意を捉へるのに苦しんだ者だが、少なくともこの一つの点、即ち三百年来の宗旨制度によつて、うはべは仏教一色に塗り潰されてから後までも、今に至つてなほ是に同化し得ない部分が、この肝要なる死後信仰の上に、可なり鮮明に残つて居るといふことに、心付いたのは嬉しかつた。素よりこの争はれない一国の特質を容認しても、なほ布教を進めて行く道は有るのであらうが、ともかくも末派の人たちはそれを試みず、今までは極力その固有のものを抑へ退け萎（なや）し薄（うす）めようとして居たのである。それにも拘らず、現在もほゞ古い形のまゝ

で、霊はこの国土の中に相隣して止住し、徐々としてこの国の神とならうとして居ることを信ずる者が、たしかに民間には有るのである。さうして今や此事実を、単なる風説としてゞ無く、もつと明瞭に意識しなければならぬ時代が来て居るのである。信ずると信じないとは人々の自由であるが、この事実を知るといふまでは我々の役目である。(『全集』15、一四〇頁)

ここにおいて、いまだに「王の不死の身体」としての「国土」が幽冥界とともに信じられている。そのことによって、天皇制は安泰だと見なされているのであり、祖先崇拝という信仰も担保されている。しかし、沖縄は米軍の占領統治下にあり、しばらく後には昭和天皇もマッカーサーに沖縄軍事占領継続を願い出る(いわゆる「沖縄メッセージ」)。戦後当初の柳田は、きわめて意図的に、「本土」の農村を選択し、沖縄を括弧に入れた(北海道さえも)。その棄損された身体としての沖縄について、それを回復すべく、柳田は『海上の道』(一九六一年)で再び主題化せざるをえないのだが、その時、天皇制という近代において「創られた伝統」の虚構性を、はしなくも口にしてしまうのは、第Ⅱ部第三章で見ておいたとおりである。

戦後における天皇制護持のための農村の共同体基盤は、当初から大きな変革の嵐にさらされていた。言うまでもなく農地改革である。それは、柳田にとって、固有信仰が維持されがたくなるかもしれぬという危機感さえもたらしただろう(前掲川島武宜との対談)。しかし、GHQ指令による農地改革が、小作料金納、中農養成、協同組合主義を主張する柳田農政のモティベーションと近似するところが多かったことは、すでに述べておいたとおりである。石黒忠篤、和田博雄、東畑四郎（一九〇七—八〇年）ら戦前戦後の農政官僚主流は柳田農政の信奉者であり、すでに一九二〇年代から自作農維持政策や小作料金納化に向けた試行がおこなわれ、戦時統制経済下ではある程度の実現を見ていた。また、戦中戦後の農政に大きな影響力を持った東畑精一が、むしろ自由主義経済の立場から柳田農政学を評価していたことも、すでに紹介しておいた。柳田農政学は、統制経済派と自由主義派とをともに引きつける両面を持っており、この両価性こそが資本主義における農業政策として機能するところなのである。しかし、天皇制にとっての難問は、かかる戦後の「近代化」が、祖先崇拝として表現される農村の「伝統」を破壊しないかどうか、ということであった。先に引用しておいた川島武宜との対談で、柳田が農業における長子相続に拘泥しているのも、そのあらわれである。柳田の危惧は杞憂であるかのように、戦後においても、農業の長子相続はおおむね維持された。しかし、農村の解体は別のところからやってくるのである。

農村から都会に出てきた農家の次男三男はどうだったか。『先祖の話』で、柳田は散歩の途中で出会った、新潟の高田から出てきた同年代の老人の話を紹介している。その老人は大工として出てきた。その後、請負や材木取引に転じて財をなし、六人の子供をもうけた成功者であったが、「御先祖になる」こと、つまり、それぞれに家を持った子供たちから先祖として祀られることを誇らしげに語っている。このようにして、祖先崇拝は維持されるから、天皇制も安泰だということとであろう（そこには、もはや米という「もの」は介在していない）。しかし、このようなレベルでよしとすることは、柳田においては、すでに後退である。柳田は初期農政学時代から、日本は農業だけではやっていけないことを知っていたが、農村共同体のエートスは「田園都市」の構想において維持されるべきものだった（『都市と農村』一九二九年、など）。つまり、まだコメや土地が介在していたのである。それが、一九四六年の『先祖の話』では、大都市で「御先祖になる」ことまでに後退している。

「御先祖になる」とは、つまり屋号を新たに作るということであった（『地名の話その他』一九三三年）し、その願望も、所詮は富裕層のものに過ぎない。日本農業の不変三大定数とまで言われた統計数値である、農家戸数六百万、農地面積六百万町歩、農業就業人口千四百万人は、一九六〇年以降、歯止めのない下落局面へと突入する。戦後の日本は、農地改革によって農業国家の途を歩むのではなく、むしろ工業化へと舵を切る。旧労農派系マルクス主義者・有沢広巳（一八九六―一九八八）の考案になるという傾斜生産方式が吉田内閣で閣議決定（一九四六年一二月）され、農林大臣から経済安定本部総務長官に転じた和田博雄（片山内閣）の下で推し進められていく。一九五〇年に勃発した朝鮮戦争による「特需」は、一九五六年の経済白書をして「もはや戦後ではない」と言わしめた。このようななかで、日本農業は崩落を開始していくのである。

それとほぼ相即するように、祖先崇拝など歯牙にもかけぬがごとき都市アンダーミドルが勃興してくる。「明治は寧ろ次三男の躍進時代」（『明治大正史　世相篇』、『全集』5、五六〇頁）という認識が、柳田にはあった。しかし、戦後のそれは柳田の想定をはるかにこえていただろう。彼／彼女らは、やはり農村から出て都市に就労・定着する子女であり、突出した層としては、創価学会という新宗教の信者たちである。島田裕巳前掲書は、柳田の『先祖の話』が紹介する成功者に対比して、「創価学会の会員になった人間たちは、そこまでの成功を収めることが難しいこともあり、ご先祖様に祀り上げられるという願望を抱かなかった」と記している。創価学会の日蓮正宗は、天皇に対してさえ日蓮の優位を主張する場面があった。

だが、その後はどうなのか。創価学会の創設者・牧口常三郎は、その出発において地理学と民俗学を志向し、柳田とともに日本民俗学の創生期に活動した。そうしたキャリアをへて、創価学会を創設した牧口に対して、柳田は決して好意的ではなかったようだが、牧口が柳田邸を訪ねることもあったようである（『故郷七十年』）。鶴見太郎の『ある邂逅――柳田国男と牧口常三郎』という著作が創価学会系の潮出版社から刊行されているという一事から推測しても、現在の創価学会は、牧口が柳田と連なることをむしろ奇貨としている。それは、とどのつまり祖先崇拝という神学を受け入れるということだろう。創価学会問題だけに限らない。島田が他のポピュラーな書籍で言うように、「お墓」や「葬式」、「戒名」などをめぐるさまざまな難問が、現在、噴出していることは周知のことである。それを、祖先崇拝の衰退と見るか、それとも、今なお払拭できない祖先崇拝と捉えるべきかについては、大いに議論がありうる。

島田の歴史記述は戦後を柳田神学＝天皇制の失効過程として描き、オウム真理教や靖国神社参拝問題などにも及んで啓発的である。島田によれば、敗戦後における皇族の大量皇籍離脱、大正天皇以来の側室制度廃止、皇室男子の希少化などの理由によって、今後、天皇制は維持しがたいと予測されている。この問題について、本書は論じることを留保しておく。われわれにとって問題なのは、天皇制＝祖先崇拝の支持基盤たる農村が今のごとく見る影もなく崩壊し（にもかかわらず、農業政策は資本主義にとって重要な問題たることを失わないのだが）、創価学会が勃興したとしても、なぜ戦後天皇制が今なお疑われることなく存続しているのか、ということである。昨今の憲法論議においても、九条（二項）問題は盛んに俎上に上るが、一条から八条の天皇条項を否定する議論は、まったくといってよいほど聞かれない。「国民」の八割以上が天皇制存続を支持していることは、各種世論調査が伝えるとおりであり、それは現天皇の「生前退位」を希望する「お言葉」への国民的応接においてピークに達した感がある。憲法九条擁護を唱える者たちのあいだでは、九条の「象徴」が現天皇夫妻であると見なすかのような者も少なくない。このような今日的問題を解くためにも、柳田神学の「密教」的側面を解明する必要がある。

「密教」としての祖先崇拝

島田裕巳前掲書は、戦後における柳田神学の普及は、柳田民俗学が構築してきたインフォーマントや読者の全国的なネットワークと、柳田を戦後の思想的リーダーとした筑摩書房（臼井吉見ら）、そして、やはり柳田が執筆に腐心した——ＧＨＱ占領政策とも呼応する——日本人の神観念を述べた『先祖の話』をとおしてだと言う。柳田は戦後の社会科教科書を監修してもいた。そういう側面もあるかと思うが、それだけではないだろう。祖先崇拝の農村基盤がほぼ解体されつくしたとしても、祖先崇拝がそれ自体としては、制度的というべきか風俗的というべきかは問わず存続していると捉えることに、それほど無理はない。佐藤卓己前掲書が言うように、幸か不幸か八月一五日を「終戦記念日」とするフィクションは、今なお薄く定着している「お盆休み」＝帰省という制度や、戦死した高校球児に黙禱を捧げる「夏の全国高校野球」という国民的行事などをともなって存続している。その他、政府主催による「全国戦没者追悼式」も、サンフランシスコ講和条約発効後の一九五二年から始まっている。一九六三年以降は八月一五日におこなわれるようになり、そこには天皇皇后夫妻も臨席する。八月一五日の周辺は政府からマスコミが、こぞって祖先崇拝を演じているような趣きがあることは否定できない。では、その時に「八月十五日にさかのぼれ」（丸山真男）とは、つまり、八・一五革命説とは何を意味しているのか。それは、祖先崇拝と、どう関係しているのか。

柳田が天皇をそれ自体で「神」と見なしていたかどうか。ともかく、それは「現神（あきつかみ）」（『妹の力』）であり、「至尊」であり、「皇大神」以来の「正系の大御門」（前掲「神道私見」）、あるいは「総代の祭主」、「国民の総代表者」（「将来の農政」一九一五年、『全集』24）と捉えられていた。「我々が皆神の御末である」（「神道私見」）とも言っていたのだから、やはり「神」なのであるとも言えるし、おおむね「神」の近傍にある概念――その「神」は、かなり近代化された概念とも思えるが——と言ってよいだろう。ダーウィニズムの洗礼を受けている柳田が、「国家神道」的神学を否定する科学主義を懐胎していたとしても、天皇を中心とした「天孫人種」たることは、日本人が日本人であることの否定しえない「地平」なのである。それが敗北することは、あってはならず、敗れることは天皇が「皇大神」(の御子)であることの否定である。柳田が大東亜戦争の戦局に対して時として懐疑的でありながらも、それを否定するアジア主義的言辞さえ漏らすのは、そのためであろう。

知られているように、折口信夫は敗戦に接して「神こゝに 敗れたまひぬ—。」(「神 やぶれたまふ」、『折口信夫全集』26)と歌った。折口が「神」の敗北という事態に接して、どう対処したか、ここでは深く問うことはできない。安藤礼二前掲書も強調するように、「さすらひたまふ」神というう、古代的あるいは異教的イメージに頼ったことを知れば足りる。それは、スサノヲやディオニュソスという、折口学に底流する「まれびと」の強い反復でもあっただろう。スサノヲもディオニュソスもまれびとにほかならない。戦後の折口信夫は「宗教の神を、われ〳〵人間の祖先であるといふ風に考へるのは、神道教を誤謬に導くものです」(「神道の新しい方向」一九四九年、『折口信夫全集』20)と言って、暗に柳田神学を批判した。一方、柳田は、生涯、折口のまれびと概念を認めなかった。折口は、戦前は「天子即神」論をとなえたが、敗戦後には「天子非則神論」(一九四七年、『折口信夫全集』20)に転じ、神道の宗教化と天皇制からの切断を求めた。戦時下に翼賛的な詩歌を盛んに発表していた折口の、敗北するはずのない天皇＝神が敗北したことへの応接と見なしてよいだろう。それは、天照大神を奉じる国家神道（伊勢神道）に対して、スサノヲ（オホクニヌシ）を奉じる出雲神道的なものへの、あるいは、さらに遡って「タカムスヒ」的なものへの、改めての接近であった。幽冥への重心の移動である（原武史前掲書、安藤礼二前掲書）。ともかく、「伊勢神宮と天皇の下に全国の諸神社は統合される」というような「神道信仰のあり方は明治維新以降に形成された国家神道的な神道を標榜するもの」（島薗進前掲書）だが、そのような呪縛が、敗戦によって解けたのである。

ここは、戦後の折口が天皇の人間宣言をむしろ奇貨とし、神道の宗教化（「人類教」化）を説いた「民族教より人類教へ」（一九四七年、『折口信夫全集』20）などを検討する場ではないが、戦時下の折口は、たとえば大東亜戦争をイロニーとして把握した保田與重郎ほどにも、日本の「敗北」を希求したかどうかは、折口の戦後を容認する場合に問われるべきであろう（『反折口信夫論』二〇〇四年、の村井紀は折口の戦争責任を厳しく指弾している）。柳田は敗戦という神の死に接して、折口同様、平田篤胤的・幽冥論的な傾向に積極的に傾斜したが、「天皇の下に全国の神社は統合される」という近代的な祖先崇拝の構えだけは崩さなかった。あるいは、タカムスヒ的な祖形へはもはや遡れないという近代的な構えを崩すことはなかった（前掲座談会「日本人の神と霊魂の観念そのほか」）。別の座談会で言うように、柳田は古いものを保存しようとなど唱えたことなどない（「進歩・保守・反動」一九五〇年、前掲『柳田國男対談集』）。端的に言えば、敗戦という神の死以降における、天皇に収斂される神学を考えたと言える。それに対して、祖先崇拝を否定した折口が、祖先以前をも問おうとすべく、神道の普遍宗教化に向かおうとするのは、必然であった。

すぐ後に論じるように、柳田の「密教」は、天皇制以前の異教性を密輸入しながらも、それを天皇制とつなぐことで、祖先崇拝のありかたを可能にした。それゆえ、折口のように天皇以前にさかのぼる古代的・異教的イメージに頼ることはしなかった。折口のイメージも、近代的国家神道の呪縛が解かれたことによって積極的に可能になったもので、それ自体として異教的・古代的であるとは言えない。国家神道の確立以前は「天皇の下に全国の神社は統合される」という事態はなかったからである。しかし、柳田的「密教」が戦後に現実的に成立してしまったとすれば、折口的な異教（あるいは、人類教）は、それに対する相対的なカウンターにとどまり、「天皇の下」のハイアラーキーに従うほかないのである。

本書の問題は、祖先崇拝なる一国的な「固有の」神学を、神の敗北という、あってはならない状況に適合させる場合の、柳田のロジックである。実際、「神道指令」からいわゆる「人間宣言」にいたる過程は、「神」の敗北を天皇自身が認めるという以上に、「神」であることとの自己否定を強いられることだったと、一般には見なされている。にもかかわらず、GHQは戦後における天皇制の護持を支持した。GHQは、ある意味では「八・一五革命」を推進することで戦後憲法の制定過程を領導しながらも、そこに、天皇を国家の「象徴」であり国民の総意による「象徴」として嵌め込んだのである。

ここで想起すべきなのは、フロイトの『トーテムとタブー』だろう。柳田民俗学（神学）が、デュルケームの「影響」下にあるという指摘はなされてきた（川田稔前掲書など）。確かに「ハレ」と「ケ」の概念をもとにコメのトーテミズムを主張する柳田のそれは、聖俗概念をもとにトーテミズムを論じたデュルケームに似ている。しかし、デュルケームが「トーテミスムの根源にあるのは、結局のところ、恐怖や抑圧の感情であるよりも、喜ばしき信頼 **Joyeuse confiance** の感情である」（『宗教生活の基本形態（上）』山﨑亮訳）と言う時、その宗教社会学は平時の柳田神学には妥当しても、日本の敗戦に接して以降の柳田神学を考えるためには採用しがたい。あくまで、フロイトでなければならない理由である。

『トーテムとタブー』のフロイトは、フレイザーの著作などに拠りながら、トーテミズムと呼ばれる祖先崇拝の起源を、子供たち兄弟による全員一致の「父殺し」あるいは「王殺し」に求めている。女を独占していた父の殺害によって、女の公平な分配がおこなわれ、インセストタブーの法が設立され、平和が訪れたという、このあまりにも知られた「ほら話」を紹介するのもためらわれるが、フロイトが簡明に言う部分を、いちおう引いておこう。フロイトのこの論考は、ルソー的な「自然人」の神話とは異なるものながら、やはり、人間が——というよりは、「男」がだが——「平等な」社会契約を結ぶ際の、歴史的事実ではなく、現在においても反復されているフィクションとして、今なお有効な神話たりえているだろう。

ある日のこと、追放されていた兄弟たちが共謀して、父を殴り殺し食べ尽くし、そうしてこの父の群族に終焉をもたらした。彼らは一致団結して、個々人には不可能であったことを成し遂げたのである（おそらく、新しい武器の使用といった文化の進展が、彼らに優越感を与えていたのであろう）。殺された者を食べ尽くすことは、食人的未開人には自明である。暴力的な原父は、兄弟のそれぞれにとって羨望されるとともに畏怖される模範像であった。そこで彼らは食べ尽くすという行動によって父との同一化を成し遂げ、それぞれが父の強さの一部を自分のものにしたのであった。おそらく人類最初の祝祭であるトーテム饗宴は、この記念すべき犯罪行為の反復であり、追想式典なのであろうし、それとともに、社会編成、習俗的諸制限そして宗教などのあらゆるものが始まったのであろう。（須藤訓伊訳）

フロイトを参照しなくとも、八・一五革命説は、そこで「父殺し」（あるいは「王殺し」）があったと想定しなければ成り立たない。それがフランス革命をモデルとしていることは明らかだからである。近代天皇制における「不死の身体」たる一系の天皇は、どう考えても、「父」あるいは「王」としては、何を考えているかわからないがゆえに「超自我」であった（その意味で、「資本」という「超自我」に似ているわけである）。慈愛に満ちた英明な啓蒙君主であるかと思えば、精神状態を疑われ、戦争や飢餓に「国民」を追いやりもした。婚姻も華族制度の枠内でなされ、インセストタブーは破られていると見なされていた。臣民からは理解不能であるがゆえに、それは全知の他者であり、国家神道がそうであったように、「祖神」たるアマテラスは荒ぶるスサノヲをも統括していたのである。折口民俗学は柳田以上にトーテミズムという主題に拘泥しているが、折口が敗戦に際して柳田的「祖先崇拝」を明確に否定した時、そこにフロイト的発想が成立する余地はなかった。その祖先崇拝否定は、折口民俗学がマレビトやホカヒビトといった非常民に焦点化するものであるかぎり、すでにそこに懐胎されていた。言うまでもなく、非常民に祖先崇拝は希薄である。

このような「父」＝「王」に対して、フランス革命に倣って、国民が全員一致で「王殺し」を遂行したと見なすのが、八・一五革命説でなければならない。そこにおいて、はじめて全知で理解不可能な父の荒ぶる支配に代わる「平和」が訪れるはずだからである。「日本国民」はいつそれを遂行したのか。これまた言うまでもなく、国民がはじめて敗北を知ったと見なされている八月一五日でなければならない。

では、どのようにして、それを遂行したのか。ここでは、発想を転換しなければならないだろう。敗戦とは負けるはずのない「神」あるいは「父」が敗北したということだから、それを敗戦に追い込んだのは、実際に総力戦を戦っていた「天皇の軍隊」をはじめとする「全て」の国民なのだ。そこでは、原爆をはじめとする「新しい武器の使用といった文化の進展が、彼らに優越感を与え」たという事態が、戦後のアメリカ崇拝という形で現出しもしただろう。「父を殴り殺し食べ尽し」たとは、同様に、「王の身体」たる領土を——アメリカ軍が——空襲し占領し、あるいは植民地を放棄させたことである。そのことによって、主権が国民に帰した。もちろん、その勝利は、「敗北を抱きしめ」る（ジョン・ダワー）ことと同義である。総力戦体制において総動員された「国民」は、敗北することによって「王殺し」を遂行したのである。この「王殺し」によって国民主権が誕生し、天皇と国体はトーテムとして保存される。八・一五革命説は、このように考えてのみ整合性を持つ。

　では、その「王殺し」は敗戦においてどのように表現されてきただろうか。一九四五年八月一七日、「戦後」（と、とりあえず言っておく）最初の内閣総理大臣に天皇から任じられた東久邇宮稔彦は、記者団を前に、いわゆる「一億総懺悔」を唱えた。これは、戦争指導者の政治責任を拡散し、事実上免責する言説として、今なおきわめて評判の悪いものだが、「王殺し」を遂行した「息子の罪意識」（フロイト）を――これまたフロイト的な意味で――言い間違えたものと捉えれば、得心がいく。東久邇はそこで、敗戦の理由を、政府の政策が悪いことはもちろんだが、「国民の道義がすたれた」ことにも求め、「神の御前に」立って総懺悔することを主張したのであった。懺悔とは「王殺し」への懺悔である。

　敗戦の「詔勅」を聞いた時の「日本国民」の反応は、さまざまであった。そのことは、多くの記録や伝承において確かめることができる。敗戦を解放と捉えた者もいれば、敗北と捉え、暗澹と虚脱状態におちいった者もいる。ひそかに、アメリカに対する復讐を誓った者もいるだろう。明朗会や大東塾による集団自決もあった。しかし、それらの多様な受け取り方は「王殺し」の後の「平和」に対する反応と見れば、合理性を持つ。ただ、その「平和」を前にして、王を殺したと言うことだけはできず、言い間違えるしかなかったのである。

「父殺し」あるいは「王殺し」をもっとも敏感に触知したのが、昭和天皇自身であったことは当然と言えば当然のことだが、きわめて興味深い事実である。戦後憲法は平和主義を謳っている。しかし、戦後憲法の制定過程では、占領軍側も日本側も平和主義を掲げることはしばらくはなかったのである。つまり、戦争放棄は即、平和を意味する概念ではなかった。そのなかで、最初にいち早く「平和国家」の確立を主張したのが、一九四五年九月四日の帝国議会における「勅語」であった。その後、しばらくして社会党など野党に横領され、憲法における平和主義が提起されることになる（古関彰一『平和憲法の深層』）。このことは、戦後憲法が「押しつけ」ではないことの証明になるというよりも、「王殺し」とそれ以降の「平和」という事態について、天皇自身が最も敏感であったということであろう。

言い間違いは、丸山真男の「悔恨共同体」なる発想についても指摘できる。丸山は、戦後知識人の心性を、戦争を阻止できなかったことへの悔恨に求めた（「近代日本の知識人」一九七七年）。それが戦後の反戦意識を形成しているというのである。ここで、戦時から反戦意識を持っていた知識人が、はたしてどれだけいたのかということは問うまい。戦時下の丸山の反戦思想についてさえ、疑う者もいる（中野敏男『大塚久雄と丸山眞男』）。それはともかく、もし戦争を阻止できていたとしたら、そこには「暴力的な原父」（フロイト）がいまだ君臨しており、明治憲法の運用で事足りているわけだから、八・一五革命はありえなかったはずである。

丸山の言う「悔恨」とは、単に知識人のみのものではない。あの悲惨な戦禍を招いたことへの悔恨として、国民的にも共有されているかに見える。柄谷行人は、そのような「国民的」悔恨から戦後憲法の平和主義が誕生したと主張している（『憲法の無意識』二〇一六年）。戦後の平和主義の成立にフロイトを参照し、一条と九条の相補性にも言及する柄谷説は慧眼だが、痛い目にあったというだけでは、既存の荒ぶる「超自我」を打倒できず、「平和」は訪れない。その場合、むしろ、復讐を誓うことが常套だろうし、その平和主義は「自我理想」と言うべきだろう。どのようにして荒ぶる「父」が殺されたのか、というロジックが立てられるべきである。丸山説も、八・一五革命における「王殺し」への悔恨の言い間違いなのだ。

以上のように捉えることで、戦後の「平和」も把握できる。それは、「羨望されるとともに畏怖される模範像」としてあり、時には慈愛にも満ちた超自我たる王＝父を殺害した後に訪れる共同体内の、つまりは一国的な平和である。しかし、王を殺害したことの悔恨は、それをトーテム＝象徴として祀ることになる。戦後憲法の一条以下の天皇条項と九条とは、このようにしてリンクしている。日本国憲法第一条は、「天皇は日本国の象徴であり、日本国民統合の象徴である」と、「象徴」という言葉を二度用いている。このことは意義深い。前者の象徴は死せるトーテムであり、後者の象徴はトーテムを祀る「人間」の祭主と捉えるべきだろう。このような戦後憲法体制の合意は、その後のアメリカによる改憲要求をも拒否しうるがごとく、強固なものである。

柳田の言う祖先崇拝は憲法によって担保された「地平」であり、それが柳田神学の「密教」と言える。「信仰はたゞ個人の感得するものでは無くて、寧ろ多数の共同の事実だつたといふことを、今度の戦ほど痛切に証明したことは曾て無かつた」と柳田は言う。(『先祖の話』、『全集』15、一一九頁)。その「共同の事実」としての「信仰」とは、「今度といふ今度は十分に確実な、又しても反動の犠牲となつてしまはぬやうな、民族の自然と最もよく調和した、新たな社会組織が考へ出されなければならぬ」(『先祖の話』、『全集』15、九頁)という時に目指されていた、新たな天皇制である。

王殺しの否認

第Ⅰ部第三章で論じたように、戦後リベラルの思想家たちが、柳田に対しておおむね敬意を前提としていたのは、この密教的な「地平」を共有していたからである。丸山をはじめ彼らの多くは、天皇制を批判的に分析しようとしていたが、柳田が公然と天皇制を擁護しているにもかかわらず、それを批判することが少なかった。いや、称賛さえした。『柳田国男の思想史的研究』(一九八五年)以来、柳田を講座派的な「反封建」思想として研究してきた川田稔は、柳田神学について、「近代天皇制の一つの支柱を解体させようとした」(「柳田国男と丸山真男」、『全集』31、月報)とまで評している。それは、第Ⅱ部で論じたように、柳田におけるクロポトキン主義、つまり帝国主義国家官僚として受容されたアナキズムが、戦後リベラルの意識されざる「条件」であったこととも深くかかわっているだろう。戦後リベラルたちにとって、柳田がいかなる意味においてかは問わず、クロポトキン主義者であるということなど、まったく眼中になかったのだが――。

何度か俎上に上げてきたように、柳田は戦後すぐに当時共産党幹部だった中野重治と対談した。この対談がおこなわれた一九四六年一一月一四日、柳田は枢密院の皇室関係法案委員会に出席、対談は柳田宅でおこなわれた。一一月三日には、すでに憲法は発布されていた。中野とは旧知の仲ということもあろうが、この対談で、柳田は中野や共産党に、かなり寛容であるように見える。そのような発言内容を含め、柳田が共産党員の中野と公的に対談をおこなったことについて、柳田のリベラリズムを評価する者からは、今なお称賛の言葉がある。だが、そう単純なことでもあるまい。

柳田が中野と対談するに当たって、二人のあいだにいろいろと政治的な配慮があったことは想像に難くないが、ここでは問わない。中野が、「村の家」で主人公(中野自身?)をヤマトタケルに擬したごとく、天皇制に対して秘かな親近感のようなものを持っていたことも、ここでは問わない(この点については絓『1968年』、また戦後の中野の短編「五酌の酒」については江藤淳『昭和の文人』参照)。ただ、対談で発せられている、「野坂君なんか、帰ってきて、愛せられる党でなければならないというい い言葉を吐いたけれども、それっきりでしょう。やっぱり闘争意識が前に出過ぎてるんだ。平和革命といいながら、実は撲滅をしなければならないというような気持もまだおさまらないのだね」という言葉からも察せられるとおり、柳田が期待しているのは、戦後、野坂参三が亡命先の延安から米軍機に乗って帰還し、唐突に発した、「愛される共産党」路線である。その路線は、天皇制さえ容認するといった種類のものであった。当時の共産党は、民主主義革命を目指し、明確に「共和国」の樹立を目標に掲げていた。基本、共和制に天皇制はありえない。

一九四六年一月に帰国した野坂は、国際共産主義運動と占領軍の権威をバックに、当時の指導部であった徳田球一（一八九四―一九五三年）―志賀義雄の「府中グループ」へゲモニー（徳田、志賀らは戦時下、府中刑務所に収監）に割り込み、最高指導者の一人となった。中野は、そのトロイカ体制とは異なる宮本顕治や袴田里見（一九〇四―一九九〇年）のグループだったと思われる。転向マルクス主義者ゆえに戦後の再入党に逡巡していた中野を説得したのは、宮本顕治・百合子夫妻であった。占領軍を「解放軍」と規定し、そのもとでの民主主義革命の実現をめざす当時の共産党の総路線は、柳田も言うように、一方で過激な闘争を遂行しつつ、「愛される共産党」というイメージも必要としていた。戦後に合法化された共産党は、その少数幹部の「非転向」と戦時下抵抗神話をともなって、大きな勢力として登場していた。占領軍の「民主化」政策は、総じて講座派マルクス主義の「封建的」という近代日本認識を踏襲していた。共産党主導の政権誕生さえ現実化するのではないか、という雰囲気さえあった。

クロポトキン主義者としての柳田が「社会主義の理想」の実現という**illusion**を抱いていたことは、すでに述べた。しかしそれが、天皇制の下での社会主義、共産主義でなければならなかったのも、すでに繰り返してきたとおりである。柳田と中野との対話は、このような仮定の上でのものであるに過ぎない。柳田の戦後第一の目論見は天皇制の護持である。それさえ可能なら、保守主義にも共産主義は許容される。つまり、アナトール・フランスにも似た、トーテミズム下の**illusion**にほかならない。

柳田が「密教」的部分について具体的に語ることは、もちろん少なかった。しかし、枢密顧問官として戦後憲法問題に意欲を示し、にもかかわらず、その成立に反対することがなかったという事実から、その「密教」を以上のように推測することは許されるであろう。先に触れておいた一九四七年の座談会「当用漢字と現代かなづかい」で、戦後憲法の言文一致体採用（天皇主権から国民主権化への担保である）に貢献し主導した出席者の山本有三を励ますかのような口ぶりからも、その「密教」を透かして見ることができる。柳田がフロイトを読んでいたということは立証できない。しかし、「トーテムとタブー」で主要に参照されているフレイザーを、柳田が南方熊楠に導かれて早くから熟読し、その発想を民俗学に取り入れていたことは知られている（それは、柳田に教えられてフレイザーを導入した折口においても同様であった）。とりわけ、その「王殺し」問題については、拘泥するところが大きかった様子がある（川田前掲文は柳田のフレイザー受容は、デュルケーム受容によって切断されているとするが、本書はその説を採らない）。

柳田は、意図的には、「王殺し」の——より広義にはスケープゴートの——主題から遠ざかろうとする傾向がある。つまり、日本における「王殺し」を否認する。先に触れておいたように、木地屋の祀る「惟喬親王」流謫の伝説を端的にしりぞけているのは、その一例であった。また、神と人とを媒介する「男女の一目であつたこと」を認めながらも、「自分は必ずしも祭に人を殺した旧慣が有つた」とはしないという場合の逡巡も、そうであろう（『一目小僧その他』、『全集』7、四一二頁）。「人柱」についても、ほぼ同様である（「松王健児の物語」、「人柱と松浦佐用媛」、『妹の力』）。岡正雄はフレイザーの『王権の呪術的起源』の翻訳を出そうとしたら、「君、それを出すんだったら、僕は反対するよ」と言われたという（「連載インタビュー柳田国男との出会い」一九七三年、「季刊柳田國男研究」一号）。五来重（一九〇八—九三年）が柳田に「俗聖沿革史」や「毛坊主考」など初期非常民研究をなぜ復刊しないのかと問うたら、それは「本願寺の成り立ちにふれているんで、それは皇室にもまた同時に関係があるから」だと答えたという（「討論　柳田国男の学問と思想」、後藤総一郎編『人と思想　柳田国男』）。これらのことは、柳田がその存在を知りながら、直接間接に「王殺し」を否認していることの証左と見なしうる。

先に、『炭焼日記』一九四五年八月一六日の、「内閣の辞職は不賛成、阿南陸相の自殺は論外」という記述を紹介しておいた。終戦内閣の辞職は、「神」あるいは「王」たる天皇を殺したという責任（悔恨＝懺悔）から逃れることだからである。阿南陸相の自殺はどうか。阿南は敗戦を肯んじない一部陸軍のクーデターに担がれようとした責任から自殺したという。阿南自身に、その意志があったかどうかは問わず、である。しかし、敗戦を肯んじないということは、「神殺し」あるいは「王殺し」を否定することであろう。ことここにいたって「王殺し」によるトーテム化以外に天皇制を存続させる方途がない時、そのような否定は「論外」なのだ。

このような、「王殺し」への否認は、折口民俗学や、それを継承している保田與重郎（『戴冠詩人の御一人者』）、三島由紀夫（『日本文学小史』）と対照をなすものである。それらは、「王殺し」を美学化して積極的に語る。ところが、『先祖の話』や新国学三部作には、その崇拝される先祖が「王殺し」を遂行された存在であるかのごとき痕跡さえない。しかしそのことは、否認されるべき「王殺し」が眼前で遂行されてしまっているからではないのか。戦後天皇制において、「王殺し」の後の天皇のありかたは、憲法に二重の「象徴」という表現で書きこまれているからである。

「王殺し」の後、「人間」であることを宣言した天皇は、日本国憲法一条に言う「日本国の象徴」としてのトーテムを祭る「神主」になった。同じく、そこに言う「日本国民統合の象徴」である。すでに戦前から天皇を「総代の祭主」と呼ぶこともあった柳田には、この二重の「象徴」という事態はまったく違和感のない出来事だったはずである。柳田にとって、「祭主」は太古の神の末裔であるか、その近傍の者であるかは問わず、とにかく「人間」である。天皇による「人間宣言」においても、「現御神」という概念は否定されたが、「神の裔」という概念は否定されぬような表現が選択されたのである（島薗進前掲書、木下道雄『側近日誌』一九九〇年）。

山下紘一郎前掲『神樹と巫女と天皇』は、柳田が熟読したフレイザーの「王殺し」問題なども参照しつつ、主に『神樹篇』（一九五三年）に収められた諸篇、とりわけ「勧請の木」（一九一四年）などの読解を通じて、柳田天皇制論を解明しようとした労作である。山下もまた、柳田における「王殺し」の主題回避を認めている。山下によれば、柳田は、世俗的権力として確立する古代天皇制の古層に、巫女王が存在した「ヒメ・ヒコ」体制を想定していたという。しばしば、卑弥呼や神功皇后などの名とともに想起される段階である。古代天皇制における伊勢神宮の分離も、「ヒメ・ヒコ」体制の遺制と考えられよう。『妹の力』から引用しておいたように、柳田は「常民」のヴァナキュラーなジェンダー関係のなかに、「ヒメ・ヒコ」体制の残存を認めていたことは、われわれも先に触れておいた。われわれは、すぐに次節で述べる理由によって、山下の言う──吉本隆明経由と言うべきか──「宗教としての天皇制」を柳田が解明しようとしたとは思わない（「宗教としての天皇制」について、柳田に導かれて拘泥したのは、むしろ、同書で山下も並行して論じている折口信夫であろう）。もしもそうだとして、そのことを積極的に顕揚する気にはなれない。ここで問題にしたいのは、『神樹篇』に収められている諸論考が、一九一〇年代に書かれていることだ。そこには、山下が言うように、大正天皇即位における、柳田の大嘗祭「奉仕」の経験が反映されているとともに、『海南小記』に結実した、それ以前の沖縄体験が組み込まれているだろう。折口民俗学における王権論が、やはり沖縄でのフィールドワークが基礎となっていることも周知のとおりである。

戦前天皇制は祭政一致として、世俗的権力と宗教的権力を併せ持つ天皇を擬制するものであった。しかし、戦後天皇制は、その世俗的な権力を失っただけでなく、宗教的な権力もほぼ否定したに等しかった。ただ、かろうじて残ったのが、国民の「象徴」としての天皇という「宗教的」側面である。その時、天皇は巫女からは相当に遠いが、少なくとも「象徴」＝トーテムを祀る祭主としては存在することができるのだ。柳田が、旧い『神樹篇』の諸篇を戦後にいたって書籍刊行した理由は、おそらく、このあたりにある。

付言すれば、荒ぶる王を殺害した後に訪れるところの、「平和」の証したるインセストタブーの掟の設立は、日本においては、一九五九年の皇太子（当時）と正田美智子との「ご成婚」において果たされた。すでに大正天皇時に後宮制度は廃されていたが、それはいまだ華族制度内での婚姻を前提にしていた。「皇太子ご成婚」において、ようやく「父殺し」が完成したのである。「ミッチー・ブーム」と呼ばれる熱狂は、その祝祭であったかもしれない。もとより、農村を中心とした地域では、先に引いた川島武宜の発言で言及されていたように、戦後でもイトコ同士の婚姻は根強く存続していた。それが廃れてくるのは、農村にも都市化の侵食が始まるこの頃と、ほぼ同時期である。

以上のような意味において、柳田神学における顕教と密教は、互いに対立しながらも、天皇制を蝶番にして相互補完的な関係にある。江藤淳と丸山真男がそうであったように、である。

いる。

アジア主義と一国主義

「トーテムとタブー」のなかでフロイトは、「歴史の発展により最終的に本来の祭司王制が霊的な権力と世俗権力に分割された」と言うフレイザーに拠りながら、日本の天皇制について触れている。

神聖性の重圧に押しひしがれた王たちは現実的な物事の支配を行使することができなくなり、この支配を自分より身分は低いが世事に長けた人物に委ねたのである。これらの人物は、最初から王位の栄誉は断念している人物であった。このような人物から世俗の支配者が出現する一方、以前からのタブーの王には、世事においては重要ではないが宗教的には至上の権威が確保されていたのである。昔の日本の歴史をひもとけば、この権力分布が確証されることが知られている。

フロイトが日本の古代史をどこまで知っていたかは不明だが、おおかた正しいだろう。別段、目新しい見解というわけでもない。ただ、このような身も蓋もない正しさが、天皇制の歴史を考える場合、重要なのだ。

フレイザー＝フロイト流の神人分離（祭政分離）説は、先にも触れたように、折口から保田、三島に、直接間接を問わず大きな影響を及ぼしており、それが近代日本のなかで一定のリアリティーを持ってきたのは、もはや「重要ではない」はずだった天皇の宗教的権力（権威）が、逆オリエンタリズムに規定された近代の宗教的ナショナリズムにおいて、国学や水戸学によって再び重要であるように再定義されてきたからである。折口から三島にいたる者たちは、近代に再登場した神人非分離の理想が十分に実現されえないという、当たり前の事態に苛立ったと言える。明治維新以前、ごく一部の支配層にしか知られることがなく、「宗教的には至上の権威」と見なされた天皇は、創設されつつあった「国民」の前に姿をあらわし、擬制的ではあれ、世俗権力の頂点に置かれることになった（多木浩二『天皇の肖像』一九八八年）。実際、明治維新から帝国憲法発布にいたる過程とは、国内的にも重要ではなかった天皇を重要な世俗権力に仕立て、そのことによって日本が、西欧に対して重要な国民国家として、逆オリエンタリズム的に（宗教ナショナリズム的に）対峙しようとしたことだったと言える。地政学的な要請である。もちろん、官僚・柳田にとっても、そのような地政学的配慮は意識されていたし、同様な意味で、一国民俗学も宗教ナショナリズムと無縁ではなかった。

当たり前のことながら、あえて言っておく。近代天皇制を論じる際に、世俗的には（宗教的にさえ）「重要ではない」宗教的なガラクタとしての古代的な天皇祭祀を、今なお「本質」として論じることが重要だと見なす傾向のことである。しかし、大嘗祭や三種の神器をはじめとする天皇祭祀は、近世まではほぼ中断されてきたのを、明治政府が復活させたものである。つまりは宗教的なガラクタを、あたかも重要なもののごとく持ち出してきたに過ぎない。そのような操作が後発資本主義国にとって必要だったことは否定できないにしても、である。だが、「重要ではない」宗教的権威を持ち出すことで、近代に創られた「伝統」が必要だった（あるいは、今なお必要である?）という意味では、それが「重要な」意味を帯びてくることはある。その最大の発現が、大東亜戦争を遂行するイデオロギーとしてあらわれたことは、今なお多くの者にとって忘れることができない事実だろう。

『「大東亜戦争」はなぜ起きたのか』（二〇一〇年）のなかで、政治学者の松浦正孝は、日本近代に登場した特殊なイデオロギーである「アジア主義」（大アジア主義、汎アジア主義）が、戦争遂行過程のなかで「国民的」な支持を獲得していった過程を精査しながら、その侵略の版図が、一九七〇年代以降に登場した網野善彦の描く「日本」なるものの版図と奇妙に一致することに着目し、論を始めている（この図は網野の『「日本」とは何か』二〇〇〇年、に収められている）。われわれは、松浦の浩瀚な著作が提起している論点を十全にフォローすることはできないが、その問題提起に沿うかたちで、柳田の一国主義とアジア主義の相関を、天皇制の問題として押さえておくことにしよう。そして、一九七〇年代以降に有力な柳田一国民俗学批判として登場した網野史学との関係を論じる。以下、しばらくは松浦の記述に沿っていく。

松浦は昭和天皇の大東亜戦争の「原因」についての発言を、寺崎英成とマリコ・テラサキ・ミラー編著『昭和天皇独白録　寺崎英成・御用係日記』（一九九一年）から、まず引用する。松浦が引用しているところの一部を再引用しておく。

この原因を尋ねれば、遠く第一次世界大戦后の平和条約の内容に伏在してゐる。日本の主張した人種平等案は列国の容認する処とならず、黄白の差別感は依然残存し加州移民拒否の如きは日本国民を憤慨させるに充分なものである。又青島還附を強いられたこと亦然りである。

かゝる国民的憤慨を背景として一度、軍が立ち上つた時に、之を抑へることは容易な業ではない。

この部分を含めて、松浦は、「昭和天皇自身は、「さきの戦争」を人種戦争として捉えていたことになる。白人による人種差別に反発する国民のナショナリズム（アジア主義）が、出先軍部の独走により一度起こった戦争を、瞬く間に拡大していったことが強調されていることからも、それは明らかである」と、まとめる。この『独白録』は、東京裁判対策として英語版が作成され米国側に提出されたが、「当然この箇所は削除された」。

ところで、昭和天皇の言う「白人による人種差別」とは、柳田が国際連盟委任統治委員時代に直面した「黄禍論」のことである。一九一九年二月、日本は第一次大戦後のパリ講和会議において人種差別撤廃の条項を盛り込むことを提案したが、否決された。日本政府が、そして柳田が、第一次大戦後に黄禍論批判を唱えたこと、しかし、パリ講和条約は、アジアにおける日本の権益を維持・強化することを目指してもいたものだから、朝鮮・中国においては、三・一独立運動(一九一九年三月)や五・四運動(同年五月)などの反日運動が勃発した。欧米的な普遍主義に依拠することでなされた日本側の黄禍論批判は、そのまま、中国や朝鮮の「反日」運動の担保となったのである。また、柳田の民俗学やクロポトキン主義的な「社会主義の理想」への憧憬が、アナトール・フランスの『白い石の上で』の日本礼賛(黄禍論批判)と深くかかわっていることも、第Ⅱ部第二章で論じておいた。アナトール・フランスのその作品は、アジアにおける日本の特権性を称揚して、日本のナショナリズム的心性をくすぐるものであった。

松浦が梗概を記す昭和天皇の大東亜戦争観は、つまり、アジアにおける日本の権益を、一方では黄禍論批判(ヨーロッパ的普遍主義の援用)というかたちで欧米を牽制しながら、他面、欧米と協調することによって維持・拡大しようとするものだったと言える。その場合、黄禍論批判を徹底することで成立する帝国主義批判とアジア主義はしりぞけられなければならない。欧米列強による「青島返還」の要求を、昭和天皇が「国民」とともに理不尽と主張しているところにも、それは表現されている。昭和天皇『独白録』の発言は戦後になって発せられたエクスキューズであって、リアルタイムでどう考えていたかということはまた別の問題だが、それは、英米帝国主義と協調しながら日本の利権を守ろうとした吉田茂ら「英米派」や重臣グループの、相対的に一国主義的な――高橋亀吉(一八九一―一九七七年)の言葉を用いて「プチ・帝国主義」と言うべきか――「重臣イデオロギー」と同様のものである。

それが吉田から枢密顧問官を任じられた柳田の考えとも一致することは、これまた繰り返すまでもないことだろう。柳田もまた、ひそかに重臣をもって任じていたはずである。帝国主義国家官僚たるもの、相対的に一国主義的であろうとも、アジア主義にコミットせざるをえないのは自明である。御厨貴が『入江相政日記（2）』（一九九〇年）を引用して言うように、大東亜戦争開戦時において、すでに宮中・重臣グループは「領土的には日清戦争以前への回帰による植民地の喪失」や「「軍部」の台頭がもたらした「帝国憲法」体制の一九三〇年代における変容の終焉」を見越していた形跡があり、同時に、敗戦後の天皇制護持を前提にした統治イメージさえ模索していた様子もある（御厨「「帝国」日本の解体と「民主」日本の形成」、中村政則他編『戦後日本　占領と戦後改革』2、一九九五年）。

柳田と右翼

後発帝国主義国として黄禍論を批判することは、アジアに対して矛盾とディレンマを懐胎する。そのことにより、アジア主義はさまざまなヴァリエーションを取る。そのような事態については、竹内好（一九一〇―七七年）の古典的な論文「日本のアジア主義」（一九六三年）以来、幾度となく論じられてきた。欧米的普遍主義にもとづいた黄禍論批判が、反欧米のアジア主義として表現される時に生起する、連帯と侵略のディレンマである。アジア主義者と見なされることの少ない柳田においても、アジア主義の影が見え隠れしていることについて、すでに若干は触れてきた。南方南洋問題であり、平野義太郎との関係などである。だがここでは、もう少し別の面を見ておこう。

柳田とアジア主義の関係については、従来から、貴族院書記官長時代の一九一七年四月、台湾、中国、朝鮮旅行のなかで、上海で孫文らと会ったことや、翌年、近衛文麿を担いで「日華クラブ」の設立に奔走したことなどが注目されてきた。一九一六年四月に亡命先の日本を発った孫文は六月に上海に到着、ただちに「倒袁宣言」を発し袁世凱（一八五九―一九一六年）打倒を宣言したが、袁は六月六日に急死する。柳田が孫文と会ったのは袁世凱死後の混乱した中国状勢のなかでであった。孫文は柳田と会った三ヶ月足らず後の七月六日に上海を軍艦で発ち、北京に対抗すべく広州へと向かうのであり、柳田と会ったのはきわめて多忙な時期である。日華クラブは、柳田が貴族院書記官長を辞した後の一九二〇年一月に発足しているが、近衛の事情などもあり短命であった。それが、どのような目論見のものであったかは判然としないが、当時の中国状勢に照らして、政治的な利害にかかわるものであったことは間違いないだろう。この時期に柳田が右翼アジア主義者と活動をともにしたことは、すでに論じられている（岡谷公二『貴族院書記官長柳田国男』）。だが、それはおおむね「一時期、中国問題に熱を燃やした」（同）という一エピソードとして語られるのみであった。

ここでは今少し別の面についても紹介しておこう。柳田とアジア主義者との接触は、少なくとも南方熊楠との交流までさかのぼりうる（続いて交流が始まる折口信夫も、広義にアジア主義者の範疇に入れることができよう）。従来、熊楠と柳田の関係は、神社合祀反対運動や、柳田民俗学の誕生にかかわる――重要ではあるが――一つのエピソードとして論じられてきた。そのこと自体、間違いではないだろう。しかしそこにおいては、いわゆる熊楠曼荼羅に象徴される熊楠のアジア主義に対して柳田の相対的な一国主義、という側面を無視することはできないと思われる。

柳田が、熊楠の英文論文を多数執筆していることなどへのやや夜郎自大に見える学問的自画自賛を、「神社問題などにつき真の愛国者たる態度を示しながら、この点ばかりはあまりコスモポリチックにて」（熊楠宛柳田書簡一九一一年一〇月一四日、『柳田国男 南方熊楠 往復書簡集』）云々と批判した。柳田は熊楠が日本の学問の後進性を非難するのに耐えられなかった。これに対して、熊楠は「小生ほど愛国心の厚き者はなからん」（柳田宛熊楠書簡一九一一年一〇月一七日、同）と応え、次のような有名なエピソードを記す――「孫逸仙と初めてダグラス氏の室であいしとき、一生の所期は、と問わる。小生答う、願わくはわれわれ東洋人は一度西洋人を挙げてことごとく国境外へ放逐したきことなり、と。逸仙失色せり」（同）云々。熊楠の柳田宛て書簡には、孫文が、これ以外にも何度か言及されている。もちろん、熊楠のアジア主義は「偏狭な」ものとは言えない。それは、中国やインドには西欧に劣らぬ知が存在するという主張を主眼とするものであった（松居竜五『南方熊楠 一切智の夢』一九九一年）。

熊楠は、一八九七年の英国ロンドンに滞在中に、大英博物館東洋書籍部長ダグラスの仲介で、やはり当時イギリスにあった孫文と面談した。その後も二人は交流を重ねることになる。一九〇一年に来日した孫文は、紀州和歌山に住む熊楠を訪ね、旧交を温めている。孫文のアジア主義が熊楠にインスパイアされたところがあることは想像可能だろう（中島岳志『アジア主義』二〇一四年）。熊楠と柳田の交流はその後の出来事であり、柳田が孫文と面会するのは、更に後のことである。

熊楠との手紙などによる交流において、柳田はすでに、後に確立するような一国民俗学的視点を保持していた。そのことは、すでに農政学に即して論じておいた。しかし、柳田が熊楠にコスモポリタニズムを見たのは、やはり間違いだったろう。熊楠が自解するように、それはアジア主義であった。柳田は、神社合祀問題に象徴される「愛国」（尊皇）を熊楠と共有しながらも、そのアジア主義に、やや辟易したのである。それを単に、柳田の国学的バックグラウンドと熊楠の大乗仏教的バックグラウンドとの相違にのみは還元できない。熊楠がしばしば、さまざまな民俗学的事象を性（セクシュアリティ）に還元することに対する、柳田の忌避においてもあらわれている。このことは、しばしば柳田の性現象（セクシュアリティ）に対する忌避感情として否定的に論じられ、熊楠の優位が指摘されるが、別途に考えられるべきである。

熊楠の――というか、熊楠に限らないが――「東洋」という概念は、「西洋」によって規定された概念であり、それは「女」、「性的放縦」、「混沌」等々といった否定的な刻印を押されているオリエンタリズムをまぬがれない。それは、後にサイードが指摘することになるとおりである。

そして、熊楠のアジア主義は、その西洋に規定された否定性を、肯定的なものに転倒しようとする指向性を内包している（これは、折口民俗学についても同様である）。これに対して、柳田の「愛国的」な相対的一国主義は、そのようなオリエンタリズムに警戒的であり、それゆえ、日本を先進資本主義国と同列に置こうとする。アジアの後発帝国主義国の国家官僚としては当然の構えであった。しかし繰り返して言えば、二人は尊皇という基軸を共有している。近代天皇制が逆オリエンタリズムとして成立してきたことは、繰り返し指摘してきたとおりである。以上のような意味で捉えてのみ、「柳田は、ヨーロッパ対日本の図式で見、南方は、ヨーロッパ対アジアの見取り図をもっていた」（鶴見和子『南方熊楠』一九七八年）と言うことが可能だろう。鶴見和子が（あるいは、鶴見が引く「『縛られた巨人』のまなざし」一九七二年、の谷川健一が）言うごとく、柳田は「日本人とは何か」を思考したが、熊楠は「人間とは何か」を思考した、なぜなら性は人間の本質である、といった評価は、先述した『山の人生』冒頭に即しても誤りである。

なお、熊楠の「蛇に関する民俗と伝説」（一九一七年、『十二支考』）には、クロポトキンの『相互扶助論』から引いて動物界（この場合、蟹）の相互扶助が論じられており、熊楠もまたクロポトキンを読んでいたことがわかる。ただし、熊楠はそこで、相互扶助と見えるものが、実は優勝劣敗的なものであると指摘し、クロポトキンを批判している。熊楠は、その著述で何度も援用しているように、むしろスペンサー主義者（あるいは、スペンサー的に解されたダーウィン主義者）である。しかし、熊楠のこの文章は、柳田と決別して以降のものであり、両人がクロポトキンやスペンサーを明確に前提にして文通をしていたかどうかは決定できない。熊楠のスペンサー受容については諸説がある。一般的には、ダーウィンの進化論についてはは生涯にわたって受容したが、スペンサーについては、ロンドン在住時の大乗仏教受容によって放擲されたという鶴見和子前掲書の説が有力である。しかし、熊楠のこのクロポトキン批判に触れると、そうとばかりは言えないかと思われる。繰り返せば、クロポトキンの相互扶助論の眼目は、スペンサーの優勝劣敗批判であった。柳田と熊楠の対立は、クロポトキン主義者たる帝国主義国家官僚・柳田と、それを肯んじえない熊楠との対立という側面があるかと思われる（なお、鶴見和子は、熊楠のクロポトキン批判を、欧米思想に無批判でないこととして称賛しているが、贔屓の引き倒しであろう）。

知られているように、日本において孫文の中国革命を援助したのは、宮崎滔天（一八七一―一九二二年）を筆頭に、主に滔天に連なる、頭山満（一八五五―一九四四年）や内田良平（一八七四―一九三七年）をはじめとする玄洋社系右翼や、彼らをとおした政府関係者たちであった。当初、孫文の中国革命論は、清朝による満州族支配から、中国を漢族のものに奪還しようとする単一民族主義的なナショナリズム（大中華主義）であり、漢族による政権が成立した際には、満州（あるいは蒙古なども）は日本に割譲してもよいといった方向さえ持っていた。それが、孫文を日本側が援助した理由である。

柳田が孫文に接触したり「日華クラブ」設立に動いたりしたのは、第一次大戦やロシア革命、あるいは五・四運動に接して孫文の思想に変化が見られる時期だが、日本をはじめ欧米の力を借りて中国革命を成就させようとする方向は維持されていた。孫文はある時は日本の援助に期待して欧米を非難し、あるいは逆に、日本の侵略主義を非難して欧米に援助を求めるというプラグマティックな対応を厭わなかった。しかし、一九二四年一一月に来日した折の孫文のアジア主義は、異なったものに転換していた。神戸でおこなった、有名な、いわゆる「大アジア主義」講演（深町英夫編訳『孫文革命文集』二〇一一年）である。

欧米の「覇道」に対してアジアの「王道」を宣言した「大アジア主義」講演は、孫文が一九一二年に中華民国初代大統領になった時に掲げられた「五族共和」の実質化であったとも言える（これに対し、後に日本が満洲国で掲げたのが、「五族協和」）。中華民国創設時に掲げられたそれに対し、孫文はさほど肯定的ではなかったが、ここでは日中ソ三国の同盟による反欧米帝国主義こそ、アジア主義の「王道」であるという立場を唱えたのである。そこで孫文は、革命ロシアが満州の利権を放棄したことを称賛し、暗に日本にも同様のことをうながした。すでに、一九二三年一月には、ソ連邦中国駐在特命全権代表ヨッフェ（一八八三―一九二七年）と孫文との共同宣言がなされ、「国共合作」を推進すべく、コミンテルン工作員ボロディン（一八八四―一九五一年）が国民党の最高顧問に就任していた。一九二四年一月に広州で開催されていた中国国民党第一回全国代表大会では、「連ソ・容共・扶助農工」が公然と打ち出されていた。日中ソ三国の同盟によるアジア主義の提言は、日本の支持者には伝えられていた（「犬養毅に列強の影響を脱し中国革命の成功を助けるよう求める書簡」一九二三年一一月、前掲『孫文革命文集』）。そして、来日講演「大アジア主義」を契機に、日本の右翼あるいは日本政府と孫文は決定的に決裂する。孫文は翌一九二五年に死去した。

ソ連共産党コミンテルンの世界革命戦略が孫文の方針転換に、どのように作用したのか等々、問題はいろいろある。しかしここは、孫文のアジア主義について論じる場ではないので簡単に触れておくにとどめる。孫文のアジア主義における日本帝国主義批判への転換は、きわめて難しい問題を含んでいる。確かにそれは、中国革命に乗じて満蒙の利権（あるいは割譲）を確保しようとする日本側の御都合主義を突いている。漢民族のみの一国主義（大中華主義）的中国から、少数民族の民族自決を承認する多民族国家としての「中華民国」への立場の移行（「中国国民党第一次全国代表大会宣言」一九二四年、前掲『孫文革命文集』）は、そこに熊楠的「曼荼羅」との近似が認められるか否か（中島岳志前掲書）は問わず、中華的「帝国」への回帰に帰結するほかない。実際、孫文の言う中国の「王道」は華夷秩序のことなのだ。平野義太郎前掲書が、孫文の大アジア主義を、一九四五年の時点においても思想的に横領しようとしていたゆえんである。それが、今日の「帝国」的であり、かつ帝国主義的である中国へと受け継がれているとも言えるのである。

それはともかく、柳田は、短命だった「日華クラブ」以降も——平野義太郎は除いても——意外に長くアジア主義にかかわっている。それは、孫文の「大アジア主義」講演の年から、さらに数年に及んでいる。以下に紹介する長谷川雄一、C・W・Aスピルマン、福家崇洋編『満川亀太郎日記』（二〇一一年）からの柳田にかかわる抜粋は、すでにブログ「神保町系オタオタ日記」に紹介があり、貴重な注記もあって参照されたいが、ここではブログの若干の誤記を正し、省略部分を補った。また、文中（ママ）は、同ブログの注記。ルビのママは同書の注記である。なお、満川亀太郎（一八八八―一九三六年）は大川周明（一八八六―一九五七年）や北一輝とともに活動した右翼アジア主義者として知られる。これ以前の満川と柳田の関係については、岡谷前掲書にも言及されている。

一九二四年五月四日　日曜
　引籠
　今井良平、郷間正平君来訪す
　郷間君に柳田国男氏を紹介す
　十月十五日
　朝柳田国男氏を訪ひ転じて荒木憲兵司令官を訪ひ、研究所に至り安岡兄と談ず
一九二五年六月二十七日　土曜
　松岡均平、寺島成信、松木幹一郎、柳田国男、小松緑、永田稠、石丸祐正、長瀬鳳輔、大川周明、井上準之助、佐藤茂長、永井柳太郎、野村吉三郎、荒木貞夫、小村俊三郎、永田秀次郎、東郷実、松岡洋右
一九二六年年三月七日　日曜

午后六時より帝国ホテルに於て行地社招待会
松岡洋右、松村介石、江木千之、関屋貞三郎、永田秀次郎、丸山鶴吉、柳田国男、喜
（ママ）鴻銘、上泉徳弥、石光真清、荒木貞夫、鶴見祐輔、杉本幹一郎、頭山満、堤
清六、桝本卯平外四十名

一九二八年五月三十一日　木曜
　柳田国男氏をキ多村喜多見に訪ふ
　　六月八日　金曜
　　国策研究会　六時
　（カフエーブラジル）
　永井、小林、信夫、柳田
　神田一つ橋　帝国教育会
　島中雄三

この頃の柳田は、おそらくは権藤成卿や橘孝三郎流の右翼農本主義者に対して、「詩人式速断」という批判の言葉を向けてもいる（『都市と農村』一九二九年、『全集』4、二二三頁）。満川は「詩人式速断」の人とは言えないだろう。

ブログ「神保町系オタオタ日記」の筆者も言うように、「行地社（こうちしゃ）」と柳田とのかかわりが示さ

れている資料の登場は、これが最初ではなかろうか。行地社は、満川を中心とした猶存社（一九二二年結成）の解散後、前身のサロン的な「行地会」をへて結成された。結成の時期については諸説があるが、満川が行地社に言及しているのは、一九二六年に集中している（前掲『満川亀太郎日記』のスピルマンによる解題参照）。北一輝の『日本改造法案大綱』（一九二三年、西田税編は二六年）を綱領的な文書とし、満川、大川周明、安岡正篤（一八九八―一九八三年）、西田税（一九〇一―三七年）ら旧猶存社グループを中心に結成された、日本主義的、アジア主義的な政治結社で、右翼農本主義とは距離がある。しかも、満川は行地社から遠ざかった後にも、柳田を成城（日記中、「キ多見」とある）の自宅に訪れたりしているのだ。確かに、行地社や満川は人種問題に対しては敏感であり、柳田と呼応するところはあった。また、「国策研究会」なるものについては、不明である。ともかく、柳田のアジア主義との直接のかかわりは、一九一七年の中国等への旅行（孫文との面会）に始まるとしても、決して短期数年のものではなく、満川の日記に徴しても、一〇年以上に及び、官僚時代と下野した時代とにまたがっている。さらには、しばしば引かれることのある『アジア問題講座』第一巻巻頭に置かれた短文「アジアに寄する言葉」（一九三九年三月、『全集』30）における、「五族協和の理想」や「東亜の新しい秩序の礎石」（一七五頁）への希求などを挙げてもよい。その他、傍証的なものは、これまでにも指摘しておいた。これらに加えるに、『偽史としての民俗学』（二〇〇七年）の大塚英志が着目する、『炭焼日記』における偽史運動家との交流まで勘定にいれれば、柳田とアジア主義とのかかわりはさらに長い。偽史運動はアジア主義の逆オリエンタリズムが、さらに奇形化したものと捉えることができる。もっとも、『炭焼日記』の柳田は、偽史の奇形性については懐疑的な様子ではあるが――。平野義太郎との敗戦前後までの交流は繰り返すまでもない。

柳田は、なぜ孫文にまで会ったのか（あるいは、会えたのか）。孫文との会談について、柳田は「その内容はよく憶えていない」（『故郷七十年』、『全集』21、一九二頁）と、そっけなく、あるいは韜晦気味に記すのみである。例の闕語法であろうか。その時、柳田は貴族院書記官長という要職にあった。当時の孫文をとりまく中国状勢にかんがみても、この会談が政治的な意味を帯びていなかったと考えるほうが難しい。孫文と熊楠との交流も、平野義太郎の孫文思想の横領も、柳田は知っていたのである。そこで参考になるのが、諜報官僚としての柳田の側面である。

船木裕は前掲書で、第一次大戦中に柳田が深く交わったイギリス人ジャーナリストのロバートソン・スコットが、イギリスの諜報員であり、スコットの著した「ドイツの不法行為、残虐行動を、いかにも実証風に、微にいり細にわたって、これでもかこれでもかと徹底して糾弾している」対独プロパガンダの書物『是でも武士か』を邦訳した柳田も、それに協力していただろうと推測している。そのひそみにならって、船木は私的な会話においてであるが、孫文と面会した柳田の役割を、諜報活動ではないかと示唆した。説得的な説かと思う。官僚時代と民間人時代とを問わず、柳田が諜報活動にかかわっていたことは、十分にありうるだろう。当時の政治家や軍人にとって、右翼や大陸浪人は民間の諜報機関の役割を担っていた。彼らに接する（元）官僚の柳田も、同様の諜報活動をおこなっていたと見なしておかしくはないだろう。

それはともかく、この時代を中心とした柳田のアジア主義とのかかわりは、どのように考えるべきだろうか。中国旅行で「シイ・ジプシイ（海の漂泊者）」と呼ばれる「蜑民の生活に触れた私は、この問題に大変興味をもちだして、本も読むし、また同じようなくらし方をしている日本の海女などと比較できるものかどうか、いろいろ知りたいと思うようになった」（『故郷七十年』、『全集』21、一九一頁、一九三頁）と言い、網野善彦にも似た非常民への関心を喚起してはいる。民俗学レベルでも、非常民をつうじてアジアへと視点がひろがっていたのである。この旅行以後、アジア主義者たちと接することになる柳田が、彼らに対して具体的にどう考えていたのかについてはほとんど不明であり、今後の研究課題だろうが、確かに、中国旅行はアジア主義に本格的に接する端緒であった。

「アジアは一つ」（岡倉天心）というアジア主義に対して、日本と中国は同じではないという論者は戦前からいた。松浦正孝前掲書が紹介しているような津田左右吉（『支那思想と日本』一九三八年）、あるいは、中国を抜きにして古代ギリシアと日本を通底させる和辻哲郎（『鎖国』の著書もある）など、つまり、戦後の一国主義的天皇制イデオロギーに担保を与えることになる者たちは、そうであった。第Ⅰ部第二章に先述した戒能通孝前掲書も、また別の視点からアジア主義の不可能性を主張していたと見なせる。しかし、柳田はやや異なるのではないか。第Ⅱ部で論じたように、柳田のクロポトキン主義は、どちらかと言えば左翼に対して寛容な傾向があり、事実、森近運平、比嘉泰潮、橋浦泰雄や、後の転向マルクス主義者たちが蝟集した。それに対して、テロリズムに帰結する右翼あるいは極左クロポトキン主義に対しては、官僚として批判的であった。にもかかわらず、アジア主義の右翼とは交際の跡が見られるわけである。もっとも、転向マルクス主義者のなかにも、アジア主義を標榜する者が輩出することは、柳田と親しかった平野義太郎や山田盛太郎の例によっても知られていることであるが――。

戦時下における官僚的統制経済下のアジア主義に対して、柳田は、容認すべき立場だったということだろうか。二・二六事件「皇道派」青年将校の思想的バックボーンとなった北一輝の「純正社会主義」の論理は、統制派官僚や陸軍軍人グループに簒奪され、戦時統制経済のイデオロギーとして、ひそかに復活していた。先に挙げた「近衛上奏文」は、このような傾向を危惧していたわけである。しかし、柳田の立場は、おおむね、「近衛上奏文」＝吉田茂に近かったとも推測される。このあたりは、明確にしがたい。そして、その曖昧さが、また柳田に独特なものであるということかも知れない。

網野史学と柳田民俗学

松浦正孝は前掲書で、網野善彦のいわゆる「裏日本史観」を引いて、アジア主義を次のように概説する。

近代日本のアジア主義を理解しようとする際、中世、あるいはそれ以前からの日本とアジアとの関わりや日本の国内秩序との連続性や比較を考えることは、その大きな助けとなるように思われる。網野善彦が日本列島を倒置した富山県作成の「環日本海諸国図」を用いて強調してきたように、日本海及び東シナ海は、日本列島、南西諸島とアジア大陸とに囲まれた「内海」であった。中世、そして近世初期まで、「倭寇」「倭人」は「日本人」と同一ではなかった。「倭人」は国家を越え国境に関わることなく、朝鮮半島・中国大陸・日本列島などにわたる海域を生活の場とした人間集団であり、アイヌはサハリンやアムール川（黒龍江）上流から北海道・東北地方北部にわたって活動した交易民であった。モンゴル帝国時代には、あるいは清の時代には、アムール河下流域・サハリン・北海道・東北地方北部という広域にわたって、アイヌ・和人・山靼・ウイルタ・ニヴフなどが混交して「北の倭寇」などとして毛皮貿易などを行った。こうした近年の研究成果は、近代以降のアジア主義の担い手達が持った「アジア」の原イメージや物語が、全く荒唐無稽のロマンチシズムではなかったことを示している。

ここで言われているアジア主義＝大東亜共栄圏の版図は、おおむね「北方」的であるが、それが「南方」へも拡大したことは知られている。大東亜戦の「北進」イデオロギーは陸軍に、「南進」イデオロギーが海軍に帰せられることがあるが、松浦の著作は、そう簡単には弁別できないとも指摘している。しかし、この問題は、ここでは詳述するには及ばないだろう。いわゆる「日本海」を内海と見なすか、太平洋を内海と見なすかは、視点の取り方でいかようにも可能である。

柳田の周辺にあった岡正雄、石田英一郎ら若い人類学者たちが戦時下に軍の下請けとしてアジア主義のイデオロギーに加担し、それが戦後GHQの占領政策に吸収されていったこと、また、そのようなアジア主義の戦後的な最初の登場が、岡、石田の協賛した江上波夫の「騎馬民族説」としてあったことは、大塚前掲書『偽史としての民俗学』が強調するところである。また、折口信夫も含めたそのアジア主義の意義を称揚する安藤礼二前掲書のような立場もある。柳田が一国主義的な立場から騎馬民族説に強く反発したことは、石田、折口、柳田による「日本人の神と霊魂の観念そのほか」（一九四九年）、「民俗学から民族学へ」（一九五〇年）の二つの座談会（前掲『民俗学について』）で読むことができる。等々。これまで論じてきたことからも明らかなように、戦後の柳田は、せいぜい沖縄を包摂した一国主義を含意する、祖先崇拝の立場を鮮明にしているのだから、アジア主義に対しては当然にも否定的たらざるをえない。あるいは、満川らアジア主義者との交通が、『満川亀太郎日記』にある一九二八年あたりをもって終わっていると仮定すれば、その前後の時期から柳田民俗学は一国主義に相対的に傾斜していくのだから、柳田と右翼アジア主義との関係は、おおむね否定的なものと見なすことができると言えるのかもしれない。

しかし、柳田の一国主義は、われわれが繰り返し注意してきたように、良し悪しは問わず、あくまで相対的なものと捉えることが重要である。それは、第Ⅰ部第三章で論じておいた、ポストコロニアル批評の登場のなかでなされた、子安宣邦との論争において、赤坂憲雄が「一国民俗学を越えて」、「さまざまな日本へ」といったキャチフレーズを用いたことからも分かる。言うまでもなく、赤坂のバックグラウンドにも、網野史学の登場があり、それを踏まえた上で柳田を再活性化すべく、常民の民俗学が棄却され、初期柳田の非常民研究が特権化されていくわけである。

網野史学が登場した歴史的文脈については、さまざまなことが語られてきたが、今その多くを論じる余裕を持たない。「日本」なるものの成立を七世紀に置き、常民（農民）に対して、海人、山民、被差別民、漂泊者、芸能者、職人、商人、悪党などの非常民にシフトすることで旧来の「日本」のイメージを動揺させるばかりでなく、「百姓」を「農民」と異なるものとして把握し、さらに農民が決して米作中心ではないことを主張するその史観は、柳田民俗学（史学）へのカウンターとして多大な影響を及ぼした。そのことについて、ここで検討する余裕はない。ただ一つ改めて言っておけば、柳田における常民（農民）や米の物神化は、きわめて意図的なフィクションであったということである。そのことについては、稗の問題や『海上の道』の記述に即してすでに述べておいた。柳田の言う「常民」なるものは、近代の農民像の理念型――それは、おおむね「国民」と同義である――を過去にまで投影して形成されたイメージである。それは官僚として必要な政治的作業であった。

しかし、ここで見ておきたいのは別のことである。網野の名を最初にポピュラーなものとした『無縁・公界・楽』（一九七八年）以来知られるようになった非常民の「アジール」についての論が、戦前の皇国史観として知られる平泉澄の史学からヒントを得ているらしい点に、まず注意しておこう（この点については、中沢新一『僕の叔父さん　網野善彦』に興味深い回想がある）。このことは、これまでも陰に陽に語られてきた。網野は石母田正（一九一二―八六年）直系の国民的歴史学運動（共産党所感派）の出身者らしく、石母田史学から脱却し独自の史学を主張するにいたっても、天皇制に対する批判を随時もらしている。しかし、その著作を読むに、その批判の理由がよく理解できない。それは、網野の著作を読む者にとって、常にわだかまる疑問のはずである。実際、網野にあっても、平泉史学と同じく、中世「アジール」の非常民は天皇家と結びつくことによって、そのユートピア的（?）な特権をえているのである（「アジール」とは、むしろゲットーでもあるという問題は、ここでは問われていない）。ところで、すでに触れてきたことだが、柳田においても、木地師や非差別部落民は言うに及ばず、中世の歌比丘尼や「金売り」などの非常民は、天皇の権威を背景に活動していることが、初期非常民研究の時代のみならず、民俗学時代にも一貫して主張されている。彼ら彼女らは、すでに「天皇の下に」統御されている。

松浦正孝前掲書が詳細に論じているように、大東亜戦争のアジア主義を圧倒的に支持した層は、農民から階級離脱した軍人層だけではなく、右翼「浪人」、商人、ヤクザ等々の非常民たちであり、そのアジア主義は天皇を奉じることによって正当化された。戦前の折口信夫が「天皇即神」論であった理由である。日本のアジア主義が天皇制と一体であったことは、まぎれもない事実である。

網野の著作のなかでもロマンティシズムが際立つ『異形の王権』(一九八六年)は、すでにガラクタと化していたはずの中世の天皇の宗教的権力が、非常民に対してはいまだ政治的・世俗的権力としても機能しており、楠正成らの悪党＝非常民の力を用いて後醍醐天皇の蜂起が可能になったということが言われていた。幕末維新においても、天皇の宗教的ガラクタが、世俗的権力として非常民層に支持されていたことはあっただろう。問題は、その宗教的ガラクタを、あたかも政治的・世俗的権力でもあるかのように再統合していった国学・水戸学や明治政府と、そのことによって後発帝国主義としてのアジア侵略をイデオロギー的に正当化した、日本の宗教的ナショナリズムの「近代性」にある。そのようにして近代に形成されたアジア主義こそ、「征韓論」以来の侵略を正当化し、ひいては、アジア主義の支持層として非常民を政治的に再組織してきたのではなかったか。端的に言って、非常民に常民的一国主義をこえる契機を見出そうとする試みは、近代において、つねに天皇制を軸に回転することで、失敗に終わる。

大衆文化レベルの話だが、一九六〇年代の「柳田ブーム」と隣接している問題なので言っておく。「一九六八年」において、新左翼学生を中心とした「ヤクザ映画」のブームがあった。ヤクザとは、つまり網野史学における「悪党」の近傍にあるものだろう。それは、折口の愛好する「ゴロツキ」である。しかし、ヤクザ映画のヤクザは、即自的に全てが非常民というわけではない。当時のヤクザ映画の物語は、おおむね非常民と常民の抗争に還元されるのである。この場合、非常民は悪であり、常民の側が善である。しかも、その両者の蝶番をなす軸には天皇制がある。

ヤクザ映画の代表作と言われる「博奕打ち　総長賭博」（山下耕作監督、笠原和夫脚本、一九六八年）を例に取ってみよう。

舞台は大東亜戦争への歩みを予感させる一九三五年の東京・江東に設定され、冒頭から、天皇制をあいだに一国主義とアジア主義の対立が示されている。日の丸をバックにして、政界の黒幕・河島（佐々木孝丸）を中心に、二人のヤクザ、天竜組初代組長・荒川（香川良介）と仙波組組長で天竜組兄弟会の重鎮の仙波（金子信雄）が話し合っている場面である。佐々木孝丸が持ちける麻薬の密輸などの大陸利権の話に金子信雄は積極的に乗るが、香川良介は土着ヤクザの本分を理由に拒否する。この対立が物語を展開させていくわけだ。香川が地域定住民たちから支持をえている常民的心性を代表し、金子が海外との交通を持ち味とする非常民的ヤクザを代表していることは論を俟たない。主人公の鶴田浩二は故あって大阪から流れてきたヤクザと設定されているが、土着的な天竜組に殉じることが、鶴田の悲劇を引き起こし、松浦正孝前掲書が言うような意味で、金子信雄はアジア主義を推進する軍と結託するのである。しかも、さらに重要なことは、常民的ヤクザにしろ非常民的ヤクザにしろ、常民対非常民の殺戮が展開されることで映画のクライマックスをなす襲名披露等の「盃事」では、そこの床の間に「天照大神」等の軸がかかっているということなのだ。このような枠組みは、戦間期というその時代設定も含めて、おおかたの一九六〇年代ヤクザ映画に踏襲されているものである。天照大神は、ここでは、すでに出雲神道的なもの（荒ぶるスサノヲからゴロツキまで）を包摂し、従えている。つまり、国家神道的な天皇制が、ここでも貫徹しているのだ。

一九六〇年代ヤクザ映画において、常民的ヤクザが善玉と、非常民的ヤクザが悪玉と設定されていたことには意味がある。それは、敗戦と戦後憲法の枠内での一国主義が、いまだ十分に機能していたことを表現しているだろう。松浦正孝前掲書でも明らかなように、戦後天皇制は、とりあえずアジア主義的な側面を切り捨てることで、戦勝国帝国主義に対して、一国主義的な平和主義を主張しえた。だとすれば、ヤクザの常民的心性に共感することであった一九六〇年代の「東映ヤクザ映画」ブームは、その主要な享受者であった「六八年革命」の学生も含めて、一国主義的な心性に囚われていたことを意味している。それは、同時代の「柳田ブーム」の担い手たちとても同様であった。

しかし、そのような一国主義は、「六八年」の運動のなかから破られていく。第Ⅰ部第三章でも触れたように、一九七〇年の七・七華青闘告発は、日本の新左翼の一国主義的革命戦略を批判して、運動面以上に、その後の思想的転換を決定した。そのようななかから、津村喬のようなアジア主義者が柳田を高く評価したことについても、すでに述べた。それが猪俣津南雄を先達とするものであったことからも知られるように、広義の意味で一九三〇年代の転向マルクス主義者たちが柳田に向かったことと、相即しているということも記しておいた。同様に、映画においても、「博奕打ち　総長賭博」のシナリオ作家・笠原和夫は、一九七三年に始まる「仁義なき戦い」シリーズにおいて、非常民的ヤクザへと重心を移し、「やくざの墓場　くちなしの花」（一九七六年）では、在日朝鮮人問題を描くことになるのである。

「六八年」当時、「ヤクザ映画ブーム」や「柳田ブーム」と並んで、「国家論ブーム」があった。吉本隆明の『共同幻想論』はそのなかの代表的な著作だが、それが『遠野物語』を参照先の一つとしていることからも知られるように、「柳田ブーム」と無縁のものではない。しかし、『共同幻想論』もふくめて、当時の「国家論」はヘーゲル亜流の一国主義的な議論であり、その後の日本のアジア的な広がりに対応できるものではなかった。

戦後におけるアジア主義の問題は、先に触れた竹内好以来、さまざまに論じられてきた。その背景に、毛沢東中国の——ある種の情報操作によるとも言いうる——めざましい成功があったことは疑いえない。つまり、戦前のアジア主義における侵略主義的な側面を払拭しつつ、アジアとの連帯の途を模索しようとする試みである。しかし、一九七二年の日中国交正常化や一九七一年のキッシンジャー訪中に始まる米中国交正常化（一九七九年）のなかで、戦前のアジア主義パラダイムは失効していったかに見える。少なくとも、侵略と連帯のディレンマは、ほとんど意識されることがなくなったと言ってよい。資本主義化（帝国主義化と言ってもいいだろう）した「帝国」中国は、今や、グローバル化した市場原理のなかで、欧米や日本とのあいだで、資本主義的・帝国主義的ゲームを演じているからである。そのようななかで、昭和天皇から皇位を継承した現天皇は、アジアの「平和」や「友好」において重要な政治的役割を演じつつ、もはやアジア主義の統合軸ではなくなっているかに見える。だが、「平和」と言い「友好」と言っても、それが資本主義的な市場ゲーム（侵略！）の円滑化に資する日本の「象徴」であることに変わりはあるまい。むしろ、現天皇の体制が、一国主義をこえていることに注目すべきであろう。

そもそも、華夷秩序の従属者たる「倭王」からの脱却の試みである古代「天皇制」自体が、「中華帝国を中心とする東アジア世界から自立しつつ、独自の帝国的秩序をささえる世界像を創出する試みであった」（米谷匡史「古代東アジア世界と天皇神話」、『古代天皇制を考える　日本の歴史08』二〇〇一年）。いわゆる神功皇后の神話などが、それを支えた。そして、古事記と日本書紀では幾分か異なるものの、それは網野の日本海を内海とする「裏日本史観」と、ほぼ版図を一にする。米谷が言うように、一国主義として戦後天皇制を合理化してみせた津田左右吉や和辻哲郎の説は「「日本国民」を単一民族として純化しなおし、その中心点として「天皇」の意味を再構築するものであった」。柳田民俗学や固有信仰論も同様のものと見なされてきた。しかし、古代帝国秩序としての「天皇制」は、すでに非常民たる者たちをも「統合」しつつ、その東アジア大の版図をイメージしていたわけである。もちろん、それは南方南洋へも拡大可能である。吉田茂的英米派あるいは「プチ・帝国主義」と言っても、それが帝国主義である限りは、アジア主義への傾斜を内包せざるをえないのである。それは、柳田においても同様であるだろう。

戦前のアジア主義が古代天皇制を参照することで成り立っていたのと同様に、網野中世史も「古代」天皇制を参照していることは明らかである。そこにおいて、非常民たちが天皇制に包摂されていないと夢想することには、あまり意味がない。網野史観においては、むしろ非常民は天皇と直結することによって、世俗的権力の支配から逃れている場合が多いのは既述のとおりであり、網野自身も認めている。

網野は松浦正孝も引用する前掲『「日本」とは何か』において、太平洋戦争（大東亜戦争）を批判して、それは「陸地支配のために大軍を派遣し」たのであり、それに対して「海そのものの特質を十二分に視界に入れた見方に立つ必要がある」としている。これは、常民の論理に対して非常民の論理を対置したものであろう。しかし、古代天皇制の帝国秩序が、すでに「海」の論理を、つまり非常民の論理を包摂していたのではなかったか。古代から近世まで、アイヌをはじめ「天皇制」の外にあった異民族や非常民も多くいただろう。いや、常民層においても天皇とは無縁な存在は多々いたに相違ない。しかし、古代からの天皇の宗教的権威を政治的権力のなかに再統合した近代天皇制は、「古代」を引用しつつ、そのような存在をも国民として——あるいは「土人」として——縫合した。アジア主義は近代天皇制の属性なのである。それは、天皇を象徴化＝トーテム化した戦後天皇制においても変わることがない。現在では天皇は、すでに、多文化主義の「象徴」となっているだろう。二〇一一年三・一一以降、二〇一七年の「お言葉」にいたる天皇制の焦点化は、さまざまな意味において、相互扶助論と祖先崇拝のリニューアルであり再活性化である。

第四章

祖先崇拝と祖先以前性——エピローグにかえて

転向と危機

一国主義的であると多文化主義的であるとを問わず、柳田がわれわれを惹きつける理由は、それが「日本とはなにか」を問うてきたということ以上に、「祖先」という問題設定にあったと思われる。もちろん、その「祖先」なる概念は、柳田においては、天皇制と巧妙に結びつけられており、「日本的」な議論であるかのように偽装されている。柳田が、「日本」なるものを問い、「日本」独自の思想家であるかのごとく見なされてきた理由である。柳田の思考が、独自日本的なものではなく、多くの西欧文献を参照することで成立してきたことについては、これまでも多くの指摘があった。われわれも、第Ⅱ部で、そのなかでもクロポトキンこそが、柳田の特権的な参照先であることを検証した。それは、「大逆」事件に象徴される一九一〇年前後という歴史性に規定されて、決定的なものである。にもかかわらず、「祖先」という柳田の問題設定は、「日本」なるものを思考した証しとして、柳田をリスペクトする者たちを規定していると言ってよい。

このような意味で、なぜ柳田を近代日本の偉大な思想家であるかを問うにあたっては、あえて唐突に言うが、マルクス主義と「転向」という、近代日本を規定している思想的な事件を介して論じることが、必須のこととなる。そのことを検討すればすぐに明らかになるが、それは単にマルクス主義というだけではなく、「近代」それ自体を決定している「地平」の問題であることに行きつくはずである。

これまでも随時指摘してきたように、民俗学を中心にした「柳田学」が思想として一般に着目される端緒は、一九三〇年代における「転向」という現象にあった。この頃、創元社を中心に、旧著をふくむ柳田の著作が多数刊行され、最初の「柳田ブーム」があった。それは、戦後にも引き継がれていく。それ以前においても、森近運平や橋浦泰雄といった初期社会主義者が柳田の農政学や民俗学に惹かれるということはあった。しかし、森近はともかく、橋浦の柳田民俗学への関心は、日本において原始共産制の現存を発見しようとする「好事家」の域を出るものではなく、「大正的」な思想の限界であることも、すでに述べておいた。一九三〇年代の「転向」を思想の危機として体験し、それを柳田によって克服しようとしたマルクス主義者こそ、柳田を「思想」として受容する磁場を作っていったのである。それは、同時代のいわゆる「日本回帰」と重なりながらも、別の側面から見なければならないのである。

このような意味で、まずここで検討されなければならないのが、一九三〇年代「転向」を論じて、今なお良くも悪くも古典的な文書たることを失っていない、吉本隆明の「転向論」(一九五八年）である。それが中野重治を有力なサンプルとして論じているという一事からして、「転向論」は柳田問題であることが誰の目にも明らかであった。吉本は水野成夫ら「解党派」の転向の先行性を無視しているが、佐野学・鍋山貞親の転向（一九三三年）の理由を「大衆的な動向からの孤立感」に求め、それは「日本的モデルニスムスに特有な、現実との接触なしに完閉する（マルクス主義とかんがえられた）論理的サイクル」からの——悪しき意味での？——脱出であると指摘した。宮本顕治や小林多喜二の非転向は、単に「日本的モデルニスムス」の自閉性に安住し、「現実との接触」を回避しているに過ぎないとして斥けられる。唯一人称揚されるのは、転向小説の白眉と評される「村の家」（一九三四年）の中野重治である。「村の家」で転向者の息子を迎える父親は「日本封建性の土壌と化して、現実認識の厳しかるべきこと」を教える。それに対して息子は、その現実認識に「屈服することによって対決すべきその真の敵を、たしかに眼の前に視ている」とされた。これが、柳田に接近していく転向文学者・中野と同型と見なしうることは、繰り返すまでもない。

なお、ここで吉本が「日本封建性の土壌」と言っていることからも知られるように、当時の吉本が講座派マルクス主義の影響下にあったことは疑いえない。「転向」を天皇制への屈服として把握する場合、当時は、講座派的な問題構成から出発するほかなかった。それは、丸山真男においても同様である。つまり、「日本的モデルニスムス」の典型たる講座派マルクス主義は、自らが見出した「日本的封建性」に屈服したという、ある意味ではトリッキーなロジックである。しかし、そのような循環論法は成り立つのだろうか。

戦後派文学が転向者の文学であるとは、吉本自身の言葉である（「戦後文学は何処へ行ったか」一九五七年）。そのひそみにならえば、戦後をリードしたリベラリズムは、転向者の思想だったと言ってよい。丸山真男があれだけ転向問題をこだわって論じた理由もそこにある。戦後リベラルたちは、おおむね、若い時代にマルクス主義の洗礼を受け、戦時下には何らかのかたちで「転向」を余儀なくされた。そのような者にとって、吉本の「転向論」は美しい合理化であった。それは戦後リベラルの非転向共産党員に対する劣等感も払拭してくれるものであった。吉本によれば、非転向共産主義者こそ、佐野・鍋山にも増して、「現実」を知らぬ最悪の転向者だということになるからである。また、「転向論」が発表された当時、共産党を批判して「新左翼」を名のることになる若い世代にとっても、「転向論」が同様の意味で福音であったことは論を俟たない。吉本を含めて新旧世代は、「日本的モデルニスムス」の負性を直視し克服すべく柳田へとおもむくことが正当化されるわけである。それは中野をはじめとする一九三〇年代の転向マルクス主義者がたどった道の反復にほかならない。志賀義雄のような「非転向」マルクス主義者にさえ、柳田に親炙する者はいた。

柳田への反感を隠さなかった文学者に、大岡昇平がいる（「柳田学への疑問」一九七五年、「熊楠びいき」一九七九年など）。大岡は、一九三〇年代を「転向」現象とは距離を置いて通過した。「柳田ぎらい」を自認し、「「常民」なんて日本中のどこにも棲んでいない人種を発明して天皇制に奉仕した」と批判する大岡の柳田批判は精密なものではなく、「反感」に近いものだが、おそらく大岡は、柳田を導入せざるをえない思想のありかたの問題性を直観していたのである。

なお、相馬庸郎は「大岡昇平の〈柳田ぎらい〉」(『全集』4、月報)で、「常民」を「人種」と表現する大岡に対し、「「常民」が〈人種〉などに当らないことは、自明のことである」と切り返して批判しているが、柳田自身が、「天孫人種」などというとんでもない言葉を用いているわけだ。「天孫族」と自称する民族がいたと仮定しても、それが「人種」でないことこそ自明である。「人種」という用語について言えば、大岡のものはレトリカルな使用であり、一応は妥当であろう。

ところで、われわれがまず問いたいのは、「転向」なる現象が特殊「日本的」なものかどうか、ということである。『日本の思想』の丸山でさえ、そう考えていた。しかし事実として、一九三〇年代に、マルクス主義からの転向者は世界中にゴマンといた。そして、それ以降、現在も転向者はゴマンといる。ただ、治安維持法下の日本における権力の弾圧が、特殊に苛烈に見えたということはあるだろう(もちろん、特殊とは言えないのだが)。誰でも暴力に屈して「転向」することはありうる。偽装であれ真正であれ、である。このことの善悪を問うことが重要なのではない。暴力を行使されることなく転向する者も多くいることは自明である。問題は、そうしたことによって生起する転向が引き起こす、思想上の「危機」である。

生活世界と客観的科学

はたして、吉本の言う「日本的モデルニスムス」なるものは、日本に特有のものかどうかが、また、マルクス主義という領域にのみ特有な性質なのかが、まず問われなければならないだろう。それはむしろ、「近代」ヨーロッパ世界において生じた「危機」であり、われわれにとっての「地平」なのではないか。日本において「転向」が席巻していた一九三〇年代に、フッサールは、マルクス主義問題とは無縁に、死後に『ヨーロッパ諸学の危機と超越論的現象学』にまとめられる論文を書いていた。そこでフッサールが問うたのは、ガリレイ革命以降の、「生活世界」と「客観科学」との乖離である。

しかしながら、客観的科学の明証的な基礎づけに対する生活世界の機能という一般的な問題に先だって、この生活世界が、その中で生きている人間に対してもっている固有の恒常的な存在意味を問うことは、明らかに意味のあることである。この人間は、必ずしもつねに、学的関心をもっているとはかぎらないし、研究者といえども、つねに学的研究に携わっているとはかぎらない。また歴史の教えるところによれば、この世界には、以前に建設された学的関心の中で習慣的に生きている人類がいつもいた、というわけでもない。それゆえ、生活世界は学に先だって、人類にとってつねにすでに存在していたし、それが学の時代になっても、その存在様式を継続してきたのである。したがって人は、世界の存在様式の問題を、それだけとして立てることができるし、すべての客観的科学の立場からする意見や認識を度外視して、全面的にこの端的に直観的な世界の基盤に立つことができる。そしてそのうえで、生活世界の固有の存在様式に関して、いかなる「学的」な課題、すなわち普遍妥当的に決定されるべき課題が生ずるかを、一般的に考察することができるのである。（細谷恒夫、木田元訳）

ここでフッサールの言っていることが、吉本が（あるいは丸山真男が）特殊日本的な現象として語った問題と同じだというのは見やすいことだろう。「生活世界」が、吉本の言う「現実」とほぼ同じ意味であることは明らかである。吉本が、この「現実」という概念を、後に「生活者」とか「大衆の原像」という言葉に置き換えていったことも知られている。フッサールの言う「客観的科学」は基本的にガリレイ以来の「科学」のことだが、それは、吉本の言う「日本的モデルニスムス」あるいはマルクス主義と近傍にある概念である。一九三〇年代のソヴィエト・マルクス主義も、「客観的科学」であることを僭称していた。「転向」において自覚されざるをえなかったのは、その両者のあいだの乖離であり齟齬であった。そしてフッサールによれば、その「客観的科学」と「生活世界」との乖離を「止揚」――フッサールは同書で「止揚」という言葉を使っている――するのが、「超越論的現象学」というわけである。柳田の主に民俗学は、同様の意味で、あたかも「超越論的」哲学であるかのごとく受容された。

フッサールのこのような問題提起が、哲学史上、どのような意義を持つかについて、ここで論じることは、われわれの任ではない。また、フッサールの言う「危機」が、第一次大戦後のヨーロッパ世界において、「西欧の没落」(シュペングラー)や「精神の危機」(ヴァレリー)とも表現されたこと、あるいは、日本においても「転向」現象をへて「近代の超克」として議論されたことなども、ここでは立ち入らない。ただ、ガリレイ革命――というよりは、ニュートンやコペルニクスなど近代科学革命――の衝撃が、フッサール以前から、カントの「超越論的」哲学を生み出したこと、あるいは、「客観的科学の立場からする意見や認識を度外視して、全面的にこの端的に直観的な世界の基盤に立つ」とフッサールが言う立場に近い試みとして、すでにハイデガーの『存在と時間』が書かれていたことなどを念頭に置けば、とりあえずは足りる。第一次大戦は、近代科学がなした「転回」を「危機」として現出させた。『存在と時間』をへて、ハイデガーが**Gestell**(「集立」あるいは「急き立て」などと訳される)という言葉で、西欧の基底にある科学技術主義を批判することになるのも、三・一一以降の日本では、しばしば想起されている。それらは、今日では『有限性の後で』(千葉雅也他訳)のメイヤスーによって、「相関主義」と一括されていることもまた、近年のトピックである。

メイヤスーの相関主義批判については、批判的なものもふくめて、今なおさまざまに議論がなされているが、その子細に言及することは避け、それが言う「祖先以前性」という概念に着目しつつ、柳田の祖先崇拝の問題を見ておこう。われわれの考えでは、「生活世界」と「客観的科学」との乖離を「止揚」するものとして、一九三〇年代の「危機」の時代にその相貌を顕在化しはじめた柳田の祖先崇拝神学は、一種の「超越論的」哲学として受容されたという意味で、相関主義と捉えることができるからである。まず、メイヤスーの言うところを、粗略ながら必要なところだけ概説しておく。

知られているように、カントは自らの超越論的哲学をコペルニクス的転回と言って自負した。近代初頭の科学革命以前においては、客観的対象についての「一次的性質」と「二次的性質」という議論があった。色、味覚、熱さなど感覚的なものは、対象それ自体ではなく、人間の主観によってしかとらえられない。これを、対象の二次的性質と言う。これに対して、高さや大きさなど数学的用語（フッサールの言う「客観的科学」）によってとらえられるものを、一次的性質と言う。フッサールの用語で言えば、二次的性質は「生活世界」に該当すると言って、大過ないだろう。この二つの対象把握のあいだに齟齬が生じはじめたのが、ガリレイ＝コペルニクス革命以降の出来事である。生活世界では、地球が太陽のまわりをまわっていることを感覚的にとらえることができない。しかし、客観的科学がそのことを証明した時、それは生活世界の感覚的な把握と齟齬を生じるわけである。そこで登場するのが、「主観性と客観性の領域をそれぞれ独立したものとして考える主張を無効にする」のみならず、「主体はつねにすでに対象との関係に置かれている」とするカントの「超越論的主観」の設立であった。それによって、カントは対象の一次性質と二次性質の把握における齟齬を「止揚」しうると考えた。いわゆるコペルニクス的転回である。その場合、主観と客観の「関係」の外である「物自体」が認識不可能とされるのは、言うまでもない。カントやそれ以降の現象学、分析哲学を、メイヤスーは一括して「相関主義」と呼ぶ。「主体‐客体の相関性を思考する者、ノエマ‐ノエシスの相関性を思考する者、言語‐指示対象の相関を思考する者」たちである。

先に論じておいた柳田の神道研究も、相関主義の定立への志向と捉えることができる。今や、神道を生活世界に沿う論理として受け入れることは困難である。明治以降、客観的科学が生活世界に浸透している。だから、それを国家神道として国教化することは論外である。しかし、今なお生活世界に祖先崇拝として感覚的に生きている神道と客観的科学とのあいだの齟齬を「止揚」しなければならない。それが民俗学という相関主義的な「社会科学」であるはずであった。民俗学においては、「主体はつねにすでに対象との関係に置かれてい」なければならないのである。『民間伝承論』や『郷土生活の研究法』で闡明された民俗学的フィールドワークの方法とは、そういうものである。たとえば、「一国民俗学の完成には先づ郷土研究が、郷土人の手で精密になされねばならぬ」（『民間伝承論』、『全集』8、六八頁）と言う一方で、「自分や自分に親しい者を一纏めにしたものに対しては、十分客観的態度をとることが不可能だ」（同、一七七頁）とも言う場合、そこには相関主義的な超越論的主観が予想されているのである。

柳田をカント主義者と捉えることは、元来は一笑に付されてきた。もしかしたら、現象学や分析哲学と柳田をアナロジーした論はあったかもしれないが、カントの倫理学と柳田を重ねているると見なしうる柄谷行人の『遊動論』も含めて、それは超越論的主観性をめぐる議論ではなかったはずである。中村哲は前掲座談会「柳田国男の百年を問う」において、いわゆる大正期以来のカント主義的あるいは新カント派的思想風土にあって、柳田は、それを拒否した思想家だと主張している。しばしば帰納法とか実証主義、あるいはプラグマティズムと評される柳田の思想と方法を目してのことであろう。あるいは、新国学を標榜し、「漢心」としての儒学や仏教さえ洗い流すことを目指した、その神道中心主義も、反カント主義の変奏であると考えられている。そのことをあえて否定しようとは思わない。しかし、中村も無縁ではなかった一九三〇年代の「転向」現象は、柳田の思想を相関主義として発見したのであり、そのことが柳田をして近代日本の生んだ――西欧の相関主義者にも比肩しうる――「偉大な」思想家としたのだ。

一九六〇年代「柳田ブーム」の嚆矢となった橋川文三前掲「柳田国男――その人間と思想」は『世界の知識人』（久野収、鶴見俊輔編）と題された論集に収録されたものであり、橋川もそのことを意識して書いている。『日本浪曼派批判序説』（一九六〇年）で出発した橋川が、一九三〇年代の「転向」問題に思想的出発点を置く政治思想史家であるのは論を俟たないし、また、竹内好に師事してアジア主義へも思考を進めたことも知られていよう（ただ奇妙なことに、橋川にはアジア主義と柳田という問いはなかった）。また、第I部第三章で触れたように、初期の柄谷行人や村井紀が、柳田をハイデガーと重ねて論じているのも、このような文脈を導入してのみ理解できる。

しかし、柳田へのこうした評価は正鵠を射たものだったろうか。第Ⅱ部第三章で論じたように、柳田農政学には、生産力主義という側面と相互扶助的伝統を称揚するという側面があった。クロポトキン主義自体が両価的だったのである。この二面性のどちらにウエイトを置くかは、各々の立場によって異なる。前者は資本主義（自由主義）と「客観的科学」に親和的であり、後者が「生活世界」に根差した、資本主義へのカウンターとして受け止められたことは言うまでもない。一九六〇年代以降の柳田再評価は、主に後者の側のものであった。もちろん、これは荒ぶる超自我としての資本に対する応接の二面性であり、使い分けられるべきものなのだ。

第Ⅱ部第三章でも触れたように、一九六〇年代の世界農業における「緑の革命」は、事実として、前者の問題を「解決」してしまっていた。あたかも、柳田がクロポトキンの『田園・工場・仕事場』を読んで瞠目した「園芸」による生産性の爆発的増大が、先進資本主義世界で実現したかのように、である。「緑の革命」は、社会主義圏と資本主義圏とのあいだの――飢餓を払拭し「豊かさ」を求める――食料問題をめぐる抗争のなかでなされ、資本主義の側からする科学技術上の「（反）革命」として成就された。それは、ハイデガーの言う**Gestell**を本質とする「技術」の、農業における達成である。しかし、同時に「緑の革命」は、公害問題や伝統的共同体の崩壊という諸矛盾を露呈させた。この時、後者の側面としての柳田が、再び召還されたわけである。ハイデガーがエコロジーの思想家として召喚されるように、である。

しかし、「緑の革命」によって解体させられた相互扶助的な共同体を、再建することは可能なのだろうか。ハイデガーの技術論は主に原子力が念頭に置かれており、原子力を引き出してしまった近代世界に対する、ほとんどペシミスティックと言いうるほどの諦念に染め上げられていた。同様に、「緑の革命」下の資本主義的「豊かさ」のなかで、「生活世界」の相互扶助性を希求することは、ほとんど絶望的である。

「緑の革命」と同時期に、理不尽にも勃発した世界的な「一九六八年の革命」は、「豊かさのなかの革命」と呼ばれた。その含意するところは、もはや「生活世界」に依拠したところから「革命」は出発しえないということだったのではないだろうか。フランス革命やロシア革命を否定する『革命について』のハンナ・アーレントが、「六八年」に際してもレーテやソヴィエト、あるいはアメリカ革命のタウンシップといった評議会運動を称揚することに逆らって、そう言わなければならない。では、それはどのように定義されるのかという問いは措くにしても、「六八年」も、評議会運動ではなかった、と。むしろ、それは今日まで続く、ヘゲモニー国家アメリカの没落に対する応接であった。ともかく、「六八年」の「地平」から柳田を再び召還することは、ほぼ無意味である。「客観科学」に依拠することも「生活世界」に依拠することも、ともに相関主義における、ウエイトの置き方の相対的な違いに過ぎないからである。

ところで、メイヤスーはカントのコペルニクス的転回は、真のそれではないと言う。科学革命が、人間以前の世界――メイヤスーは、それを「原化石」という比喩で語る――つまり「祖先以前性」へのアクセスを可能にしたことに応接しえないからだ。その時、それを脱却するために、超越論的観念論は、一種の神学の様相を呈する場合さえありうる。メイヤスーは、「相関性が乗り越え不可能なものとして提起される際には、超越論的な視点（そして／あるいは現象学的な視点）、または、思弁的な視点という二つの様態がありうる」という。柳田「神学」を問う場合、問題になるのは、後者の「視点」である。

それは、《自我》なり《精神》なりを永遠化し、それと、存在者の与えられ［donation］とを永続的に向き合わせるような形而上学になる。そのような見方では、祖先以前的言明は問題を引き起こさない——というのも、《永遠的相関者》を論じる形而上学者は、「祖先以前的な目撃者」であるところの、注意を欠かさない神の存在を主張して、地球の形成や、また宇宙の創造という出来事でさえも、あらゆる出来事を現象と化することができる、すなわち〈……への所与〉と化することができるだろうからである。

戦後の折口信夫は、先にも述べたように、祖先崇拝の柳田神学を批判し、祖先＝アマテラス以前的なもの（タカムスヒ？）へと向かおうとした。そのことを本書では詳述できないが、それは確かに「永続的相関者」の設立の目論見ではあったけれども、それと同時に、民俗学の持つ相関主義のメリットは消えるのである。柳田神学は単に祖先崇拝に収まるものだったろうか。柳田の思想は、一九三〇年代の「危機」の時代に、それを「止揚」する相関主義として受容された。そのことは、もはや疑いえないだろう。しかし同時に、それは相関主義の「乗り越え不可能」性としての思弁的神学としても受容された側面を見逃すわけにはいかない。柳田の言う「祖先」の最終審級が、ここで言われている「永遠的相関者」であるかどうかが問題となる。「祖先」であるなら、それは「祖先以前的な目撃者」であろうはずはないが、同時に、その祖先崇拝は天皇制と結びつくことで、「地球の形成や、また宇宙の創造という出来事でさえも」相関的な「所与と化する」かのごとき契機を隠していると言うべきである。柳田は、その相関主義の確立をひそかに宣言した『民間伝承論』で、「実はめい〳〵の家の五代七代前がもうわからない」、「村でいふならば百五十年か二百年位昔に、誰かがもう居たといふことを知るのみで、伝説一つ自分等に関係のあるものはないのである」(『全集』8、五〇頁)と言っている。その程度しか遡行できないにもかかわらず、あたかも「家永続」という観念が生じうるのは、天皇という「永続的相関者」の存在があるからだ、というのが柳田の相関主義であろう。では、トーテミズムとしての戦後天皇制は、そのような「永遠的相関者」としての天皇を自己否定したのだろうか。

柳田は、近代科学の徒として「祖先以前性」への感覚を当然にも持っていた。そうした感覚は、進化論の洗礼を受けた知識人にとって、当然のものである。既述したように、夏目漱石は、人間の先祖はミジンコだと言っていた。ところで、クロポトキンの『相互扶助論』は、人間だけではなく、人間以前の動植物の世界にも相互扶助性を見出している。つまり、祖先以前と祖先以後をつなぐ軸——語の正確な意味でトーテミズム——を提示しているわけである。それは、逆に言えば、「永遠的相関者」の神学の導入を容易にする。このような意味において、柳田神学はクロポトキン主義の影を、なお背負っていると言える。祖先崇拝の頂点たるアマテラスを「神道私見」では「日神」と記し、折口のようにアマテラス以前に遡ろうとしないのも、そこに「永続的相関者」を見て足りると考えているからであろう。

トーテミズムとは言うまでもなく祖先崇拝だが、同時に、そのトーテムは祖先以前的な動植物に重ね合わされる。『野草雑記』（一九四〇年）や『野鳥雑記』（同）などに即して、しばしば指摘され称揚される柳田のアニミズムは、その祖先崇拝の神学が、同時に、祖先以前性という問題についても、ひそかに応接している証左である。「日本では特に神霊が人に憑いて語るといふこと、木でも草でも何にでも依るといふこと、この二つが大衆の古い常識であつた。神道は寧ろ之によつて扶けられて居たのである」（『日本の祭』、『全集』13、四〇五頁）、と。偶然なのかどうか、昭和天皇は海洋生物や植物など祖先以前性を研究する科学者でもあった。一九二九年、昭和天皇が和歌山県田辺を訪れた際、やはり粘菌など生物学者でもあるアジア主義者・南方熊楠の講義を受けたことは、よく知られたエピソードである（熊楠自身は、相互扶助論には批判的であったことは先述した）。熊楠もまた、進化論から出発した。なお、現在の天皇も生物学者である。戦後天皇制は、やはり、トーテミズムとして完成したのである。

あとがき

本書は、われわれの共著だが、いわゆる分担執筆ではない。共同の思考によって可能になった。本書の成立事情の一端を記して「あとがき」に代える。

本書は、かつて木藤が院生として所属し、絓が教員を務めていた近畿大学文芸学部大学院での共同研究が基礎となっている。二〇一四年、一年間の就職先を辞して大学院に入学した木藤の当初のテーマは「農民文学」であった。しかし、研究が進捗するにつれて「近代（小説）」における「農」という主題の困難、さらには、それを越えて屹立する柳田国男という存在に突き当たることになった。現実の「農」の衰退をへて、なお言説上の闘争の場として機能している「国民的」知識人・柳田、という問題である。

研究の対象を柳田に定めてから、アナキズム、とりわけクロポトキンと柳田の理論的な「近さ」を触知するまでに、それほどの時間はかからなかった、木藤も学部生時代から参加していた絓の大学院ゼミでは、「大正アナキズム」の問題を、現代の「新しい社会運動」との関連において議論していた。そこから、柳田の「クロポトキンとツルゲーネフ」というテクストの「発見」までは、意外なほどあっけなく、しかし強烈なものであり、この衝撃が本書を書かしめた当初の大きな力となっている。奇跡的なエピソードを記しておけば、その「発見」の場――ゼミ後の鉄板焼き屋であったと記憶する――には、柳田が「社会主義の理想」を発見した椎葉村出身の、「山姥」のごとき学生も同席しており、皆で大騒ぎしたものだった。

大学院での共同研究は、まず木藤の修士論文として提出されるはずのものであった。絓が二〇一五年に大学を退職した後、担当の指導教員は中島一夫氏に交代し、研究は続けられた。中島氏のご厚意に、改めて深く感謝する。また、その後の絓と木藤は、遠距離ながらメールや電話、時として面談することで、不断の意見交換を続けた。しかし、ある事情から、結局、論文は修士論文としては提出しえず、雑誌「子午線」四号（二〇一六年）に「柳田國男論――柳田國男とクロポトキン（上）」として発表された。「子午線」の同人諸氏、とりわけ春日洋一郎氏、長濱一眞氏には、記して感謝申し上げる。

蛇足的なことを一つ。本書のサブタイトルをはじめ本文中も「柳田国男」の表記を用いている。柳田自身が戦後、「國男」か「国男」かと問われた時、後者で良いと言ったという。柳田的な開明性であり、われわれも、それで良いと考えている。しかし、柳田の死後のある時期から現在にかけて、「國男」を採用するケースが多いようだ。本書では、引用文中の「國男」表記もすべて「国男」に直すことを考えたが、諸々の理由で断念した。「国男」と「國男」が混在している理由である。そのことが正しいか否かは、読者の判断にゆだねたい。

以上、本書が成立する端緒を中心に記した。おおよそ本書第Ⅱ部の梗概の成立にあたる。

その他、本書が成立するにあたっては、多くの方々との討論や教示をえている。一々お名前を記す余裕がないが、改めて想起し、謝意を表したい。単行本化にあたっては、筑摩書房編集部の石島裕之氏からの、ひとかたならぬご配慮をえた。すべて、得がたい体験であった。

本書は、いわゆる柳田国男論の範疇をはるかにこえていると自負する。大方の読者の批判に耐えるものであることを願う。

二〇一七年三月二〇日

絓　秀実
木藤　亮太

主要参考文献

柳田国男からの引用は、筑摩書房より刊行中の現行版『柳田國男全集』（既刊三五冊、本文中に『全集』と表記し引用頁を記した）に拠り、随時、筑摩書房より既刊の『柳田国男集』（全三六冊）、『柳田国男全集』（文庫版全三二冊）に拠った。また、本文中、柳田論・論文の引用は、おおむね後藤総一郎編『柳田国男研究資料集成』（一九八六年〜一九八七年、全二二冊、日本図書センター）、神島二郎編『柳田国男研究』（一九七三年、筑摩書房）、後藤総一郎編『人と思想　柳田国男』（一九七二年　三一書房）、伊藤幹治編『現代のエスプリ57　柳田国男』（一九七二年、至文堂）などに収められている。また、対談座談は『柳田国男対談集』（一九六四年）、『民俗について　柳田国男対談集2』（一九六五年、ともに筑摩書房）から引用した。それ以外のものについては、おおよそ以下参考文献に上げた。参考文献中、複数の版がある書籍については、できるだけ入手しやすいものを挙げた。邦文のうち論文・書籍の初出年は、本文中にも記した。

柳田に直接に関連する書籍・論文

赤坂憲雄『山の精神史　柳田国男の発生』一九九一、小学館
――『漂泊の精神史　柳田国男の発生』一九九四、小学館
――『東西／南北考　いくつもの日本へ』二〇〇〇、岩波書店、新書
――『海の精神史　柳田国男の発生』二〇〇〇、小学館
――『一国民俗学を越えて』二〇〇二、五柳書院
井口時男『柳田国男と近代文学』一九九六、講談社
伊藤幹治『柳田国男と文化ナショナリズム』二〇〇二、岩波書店
岩本由輝『柳田国男　民俗学への模索』一九八二、柏書房
――『論争する柳田国男　農政学から民俗学への視座』一九八五、御茶の水書房
――『柳田民俗学と天皇制』一九九二、吉川弘文館
小田富英「「平地人」とは誰か――『柳田国男全集』明治四十三年新年譜から」『遠野学　2』二〇一三、遠野文化

研究センター
大塚英志『怪談前後　柳田民俗学と自然主義』二〇〇七、角川学芸出版
――『偽史としての民俗学　柳田國男と異端の思想』二〇〇七、角川書店
大月隆寛『民俗学という不幸』一九九二、青弓社
大室幹雄『ふくろうと蝸牛　柳田国男の響きあう風景』二〇〇四、筑摩書房
岡村民夫『柳田国男のスイス　渡欧体験と一国民俗学』二〇一三、森話社
岡谷公二『柳田国男の青春』一九七七、筑摩書房
――「柳田国男とアナトール・フランス」『日本民俗学　一四一号』一九八二、日本民俗学会
――『貴族院書記官長柳田国男』一九八五、筑摩書房
――『殺された詩人　柳田国男の恋と学問』一九九六、新潮社
柄谷行人『柳田国男論』二〇一三、インスクリプト
――『遊動論　柳田国男と山人』二〇一四、文藝春秋、新書
川田稔『「意味」の地平へ　レヴィ・ストロース、柳田国男、デュルケーム』一九九〇、未來社
――『柳田国男の思想史的研究』一九九四、未來社
川村湊『「大東亜民俗学」の虚実』一九九六、講談社
李刊柳田国男研究編集委員会編『季刊柳田國男研究　全8巻』一九七三〜一九七五、白鯨社
子安宣邦『日本近代思想批判　一国知の成立』二〇〇三、岩波書店、現代文庫
佐藤光『柳田国男の政治経済学　日本保守主義の源流を求めて』二〇〇四、世界思想社
佐伯有清『柳田国男と古代史』一九八八、吉川弘文館
――「柳田国男と『青い鳥』と大逆事件」『日本歴史　673号』二〇〇四、吉川弘文館
常民大学『野の学びの史譜』編集委員会編『野の学びの史譜　後藤総一郎語録』二〇〇八、梟社
館林市教育委員会文化振興課編『田山花袋宛柳田国男書簡集』一九九一、館林市
谷川健一『柳田国男の民俗学』二〇〇一岩波書店、新書
鶴見和子『漂泊と定住と　柳田国男の社会変動論』一九九三、筑摩書房、文庫版

――『言葉果つるところ　石牟礼道子の巻（鶴見和子・対話まんだら）』二〇〇二年、藤原書店
鶴見太郎『柳田国男とその弟子たち　民俗学を学ぶマルクス主義者』一九九八、人文書院
――『橋浦泰雄伝　柳田学の大いなる伴走者』二〇〇〇、晶文社
――『ある邂逅　柳田国男と牧口常三郎』二〇〇二、潮出版社
中村哲『新版　柳田国男の思想』一九八五、法政大学出版局
並松信久「柳田国男の農政学の展開　産業組合と報徳社をめぐって」『京都産業大学論集　社会科学系列27』二〇一〇、京都産業大学
橋川文三『柳田国男論集成』二〇〇二、作品社
福田アジオ『柳田国男の民俗学』一九九二、吉川弘文館
福冨正実『日本マルクス主義と柳田農政学　日本農政学の伝統と封建論争Ⅰ』一九七八、未來社
船木裕『柳田国男外伝　白足袋の思想』一九九一、日本エディタースクール出版部
牧田茂『柳田國男』一九七二、中央公論新社、新書
村井紀『新版　南島イデオロギーの発生　柳田国男と植民地主義』一九九一、岩波書店、現代文庫
柳田国男他「イプセン會、記録」『新思潮』一九〇八年『季刊柳田国男研究　2』に再録、一九七三、白鯨社
柳田国男、平野義太郎、東畑精一、土屋喬雄、東浦庄治「土地」『改造　一二月時局版13』一九四〇、改造社
山下紘一郎『柳田国男の皇室観』一九九〇、新泉社
――『神樹と巫女と天皇　初期柳田国男を読み解く』二〇〇九、梟社
吉本隆明『柳田国男論・丸山真男論』二〇〇一、筑摩書房、文庫
渡部直己「《現実》という名の回路」『早稲田文学　〈第八次〉』一九八一、早稲田文学会

柳田論以外のもの

青木孝平『天皇制国家の透視　日本資本主義論争1』一九九〇、社会評論社
赤坂憲雄『岡本太郎の見た日本』二〇〇七、岩波書店
網野善彦『異形の王権』一九九三、平凡社、ライブラリー

――『無縁・公界・楽　日本中世の自由と平和』一九九六、平凡社、ライブラリー
――『「日本」とは何か　日本の歴史00』二〇〇〇、講談社
有賀喜左衛門『農村社会の研究　名子の賦役』一九三八、河出書房
有馬学『帝国の昭和　日本の歴史23』二〇一〇、講談社、文庫
アーレント、ハンナ『革命について』志水速雄訳一九九五、筑摩書房、文庫
安藤礼二『折口信夫』二〇一四、講談社
石田英一郎『桃太郎の母　ある文化史的研究』一九八四、講談社、文庫
五木寛之『戒厳令の夜　上・下』一九八〇、新潮社、文庫
猪俣津南雄『農村問題入門』一九三七、中央公論社
――『窮乏の農村　踏査報告』一九八二、岩波書店、文庫
海野弘『陰謀と幻想の大アジア』二〇〇五、平凡社
江藤淳『落葉の掃き寄せ　一九四六年憲法　その拘束』一九八八、文藝春秋
――『全文芸時評　上・下』一九八九、新潮社
エンゲルス、フリードリッヒ『家族・私有財産・国家の起源　ルイス・H・モーガンの研究に関連して』戸原四郎訳一九六五、岩波書店、文庫
大竹啓介『幻の花　和田博雄の生涯　上・下』一九八一、楽游書房
岡茂雄『本屋風情』一九八三、中央公論新社、文庫
岡本太郎『黒い太陽』一九五九、美術出版社
――『沖縄文化論　忘れられた日本』一九九六、中央公論社、文庫
小川原宏幸『伊藤博文の韓国併合構想と朝鮮社会　王権論の相克』二〇一〇、岩波書店
小田光雄「古書夜話」１２０「平野義太郎と『太平洋民族＝政治学』」http://d.hatena.ne.jp/OdaMitsuo/20110803/1312297253
折口信夫『折口信夫全集 第20巻　民族史観における他界観念・神道宗教化の意義（神道・国学論）』一九九六、中央公論社

——『折口信夫全集 第26巻 古代感愛集・近代悲傷集（詩）』一九九七、中央公論社
戒能通孝『法律社会学の諸問題』一九四三、日本評論社
佐藤卓己『八月十五日の神話 終戦記念日のメディア学』二〇〇五、筑摩書房、新書
加藤哲郎『象徴天皇制の起源 アメリカの心理戦「日本計画」』二〇〇五、平凡社、新書
加藤弘之『人権新説』一八八二、谷山楼『明治文学全集3明治啓蒙思想集』一九六七、筑摩書房所収
加藤林太郎「アナトール・フランス その作品に表れた"Science vulgalisée"」http://repository.kulib.kyoto-u.ac.jp/dspace/handle/2433/137473
金子貞二『奥美濃よもやま話三』一九九九、岐阜県郡上郡明宝村教育委員会
神島二郎『近代日本の精神構造』一九六一、岩波書店
柄谷行人編『日本近代の批評3—明治・大正篇』一九九八、講談社、文庫
柄谷行人『憲法の無意識』二〇一六、岩波書店、新書
河崎吉紀『制度化される新聞記者 その学歴・採用・資格』二〇〇六、柏書房
神崎清『革命伝説大逆事件1〜4』二〇一〇、子どもの未来社
カント、イマヌエル『純粋理性批判 上・下』一九六一、篠田雄訳 岩波書店、文庫
カントーロヴィチ、エルンスト・H『王の二つの身体 中世政治神学研究』小林公訳、一九九二、平凡社
北一輝「国体論及び純正社会主義」「日本改造法案大綱」『北一輝著作集 一巻』一九五九、みすず書房
木下道雄『側近日誌』一九九〇、文藝春秋
久米正雄「工廠裏にて」『編年体大正文学全集 第9巻』二〇〇一、ゆまに書房
グレーバー、デヴィッド『負債論』酒井隆史監訳、二〇一六、以文社
クロポトキン、ピョートル・アレクセイヴィチ『ある革命家の手記 上・下』高杉一郎訳、一九七九、岩波書店、文庫
——『ロシア文学の理想と現実 上・下』高杉一郎訳一九八四—八五、岩波書店、文庫
——「相互扶助論」「パンの略取」「田園・工場・仕事場」『クロポトキン I・II』一九七〇、三一書房
幸徳秋水『社会主義神髄』一九五三、岩波書店、文庫

――『二十世紀の怪物　帝国主義』二〇一五、光文社、文庫
古関彰一『平和憲法の深層』二〇一五、筑摩書房、新書
サイード、エドワード・W『オリエンタリズム　上・下』今沢紀子訳、一九九三、平凡社、ライブラリー
志賀義雄『もちはなぜまるいか　科学のあたらしい発展のために』一九四八、三一書房
思想の科学研究会『共同研究　転向　全六巻』二〇一二、平凡社、文庫
島薗進『国家神道と日本人』二〇一〇、岩波書店、新書
島田裕巳『戦後日本の宗教史　天皇制・祖先崇拝・新宗教』二〇一五、筑摩書房
シュミット、カール『現代議会主義の精神史的状況　他一篇』樋口陽一訳、二〇一五、岩波書店、文庫
――『大地のノモス　ヨーロッパ公法という国際法における』新田邦夫訳、二〇〇七、慈学社出版
進藤榮一『分割された領土　もうひとつの戦後史』二〇〇二、岩波書店、文庫
「神保町系オタオタ日記」http://d.hatena.ne.jp/jyunku/20110211/p1
ソポクレース『アンティゴネー』中務哲郎訳二〇一四、岩波書店、文庫
高山亮二『有島武郎の思想と文学　クロポトキンを中心に』一九九三、明治書院
多木浩二『天皇の肖像』1988岩波書店　新書
竹内好編集・解説『アジア主義　現代日本思想大系9』一九六三、筑摩書房
谷川健一『青銅の神の足跡』一九七九、集英社
田村紀雄「井口一郎新聞学の思想的転回――コミュニケーション研究史上の落丁」http://www.tku.ac.jp/kiyou/contents/communication/26/3_tamura.pdf
田山花袋『東京の三十年』一九八一、岩波書店、文庫
――「妻」『定本　花袋全集　第15巻』一九九三、臨川書店
――「インキ壷」『田山花袋全集　第15巻』一九七四、文泉堂書店
津田左右吉『シナ思想と日本』一九三八、岩波書店、新書
土屋喬雄『日本資本主義史論集』一九四七、黄土社
坪井洋文『イモと日本人　民俗文化論の課題』一九七九、未來社

津村喬『戦略とスタイル　増補改訂新版』二〇一五、航思社
ツルゲーネフ、イワン『ハムレットとドンキホーテ　他二篇』河野与一・柴田治三郎訳、一九五五、岩波書店、文庫
鶴見和子『南方熊楠　地球志向の比較学』一九八一、講談社、文庫
鶴見俊輔『限界芸術論』一九九九、筑摩書房、文庫
鶴見太郎『橋浦泰雄伝　柳田学の大いなる伴走者』二〇〇〇、晶文社
外山正一等編『新体詩抄』一八八二、『明治文學全集60　明治詩人集（一）』一九七二、筑摩書房
中島岳志『アジア主義＝Pan-Asianism その先の近代へ』二〇一四、潮出版社
中野重治『村の家・おじさんの話・歌のわかれ』一九九四、講談社、文芸文庫
中村一仁編・淺野晃『淺野晃詩文集』二〇一一、鼎書房
中村政則他編『占領と改革　戦後日本占領と戦後改革2』二〇〇五、岩波書店
長岡新吉『日本資本主義論争の群像』一九八四、ミネルヴァ書房
新谷卓『終戦と近衛上奏文　アジア・太平洋戦争と共産主義陰謀説』二〇一六、彩流社
日本アナキズム運動人名事典編集委員会『日本アナキズム運動人名事典』二〇〇四、ぱる出版
日本農業研究所編『石黒忠篤伝』一九六九、岩波書店
ハイネ、ハインリッヒ『流刑の神々・精霊物語』小沢俊夫訳、一九八〇、岩波書店、文庫
バーク、エドマンド『フランス革命についての省察　上・下』中野好之訳、二〇〇〇、岩波書店、文庫
橋浦泰雄『五塵録　民俗的自伝』一九八二、創樹社
旗田巍『中国村落と共同体理論』一九七三、岩波書店
原武史『〈出雲〉という思想』二〇〇一、講談社、
原彬久『吉田茂　尊皇の政治家』二〇〇五、岩波書店、新書
ピルーモヴァ、ナターリヤ・エム『クロポトキン伝』左近毅訳、一九九四、法政大学出版局
平野義太郎『大アジア主義の歴史的基礎』一九四五、河出書房
平野義太郎　人と学問編集委員会編『平野義太郎　人と学問』一九八一、大月書店

深町英夫編訳『孫文革命文集』二〇一一、岩波書店、文庫
福本和夫『福本和夫著作集　8』二〇一一、こぶし書房
フッサール、エドムント『ヨーロッパ諸学の危機と超越論的現象学』細谷恒夫、木田元訳、一九九五、中央公論社、
　文庫
フランス、アナトオル『白き石の上にて』権守操一訳、一九五〇、白水社
フレイザー、ジェームズ『王権の呪術的起源』折島正司・黒瀬恭子訳、一九八六、思索社
フロイト、ジークムント『フロイト全集〈12〉1912—13年　トーテムとタブー』須藤訓任訳二〇〇九、岩波書店
ヘーゲル、G・W・F『精神の現象学　上・下』金子武蔵訳、一九五二、岩波書店
——『法の哲学　I・II』藤野渉、赤沢正敏訳、二〇〇一、中央公論新社
正宗白鳥『自然主義文学盛衰史』一九五四、角川書店、文庫
松居竜五『南方熊楠　一切智の夢』一九九一、朝日新聞社
松浦寿輝『明治の表象空間』二〇一四、新潮社
松浦正孝『「大東亜戦争」はなぜ起きたのか　汎アジア主義の政治経済史』二〇一〇、名古屋大学出版会
寺崎英成、マリコ・テラサキ・ミラー編著『昭和天皇独白録　寺崎英成御用掛日記』一九九一、文藝春秋
マルクス、カール「ヴェ・イ・ザスーリチへの手紙」『マルクス・エンゲルス全集　第19巻』一九六八、大月書店
マルサス、トマス・ロバート『人口論』永井義雄訳一九七三、中央公論新社、文庫
丸山真男『日本の思想』一九六一、岩波書店、新書
三品英憲「大塚久雄と近代中国農村研究」、小野塚知二、沼尻晃伸 編著『大塚久雄『共同体の基礎理論』を読み直
　す』所収、二〇〇七、日本経済評論社
満川亀太郎著　長谷川雄一、福家崇洋、C・W・Aスピルマン編『満川亀太郎日記　大正八年→昭和十一年』二〇
　一一、論創社
南方熊楠・柳田国男『柳田国男・南方熊楠往復書簡　上・下』一九九四、平凡社、ライブラリー
——『十二支考　上・下』一九九四、岩波書店、文庫
美濃部達吉『新憲法の基本原理』一九四八、国立書院

宮崎夢柳「虚無党実伝記鬼啾啾」『明治文學全集5　明治政治小説集（一）』二〇一三、筑摩書房
村井紀『反折口信夫論』二〇〇四、作品社
メイヤスー、カンタン『有限性の後で　偶然性の必然性についての試論』千葉雅也他訳、二〇一六、人文書院
モーガン、ルイス・H『古代社会　上・下』青山道夫訳、一九五八、岩波書店、文庫
森近運平著　木村寿他編『森近運平研究基本文献　上下』一九八三、同朋舎出版
森山重雄『大逆事件＝文学作家論』一九八〇、三一書房
八木秀次「美濃部達吉の明治憲法改正消極論　戦後の美濃部達吉（一）」『早稲田政治公法研究』一九九一、早稲田大学大学院政治学研究科
――「美濃部達吉の〝八月革命説〟　戦後の美濃部達吉（二・完）」『早稲田政治公法研究』一九九一、早稲田大学大学院政治学研究科
柳田泉・勝本清一郎・猪野謙二『座談会　明治大正文学史　全六巻』二〇〇〇、岩波書店、現代文庫
山川菊栄・向坂逸郎編『山川均自伝　ある凡人の記録・その他』一九六一、岩波書店
山本一蔵『飼山遺稿』一九八〇、湖北社
吉本隆明『マチウ書試論・転向論』一九九〇、講談社、文芸文庫
米谷匡史「丸山真男と戦後日本　戦後民主主義の〈始まり〉をめぐって」『情況（第二期）』一九九七、情況出版
――「古代東アジア世界と天皇神話」『古代天皇制を考える　日本の歴史08』二〇〇一、講談社
ルソー・ジャン＝ジャック「戦争状態は社会状態から生まれるということ」『ルソー全集　第4巻』一九七八、白水社
――『人間不平等起原論』本田喜代治・平岡昇訳、一九七二、岩波書店、文庫
――『社会契約論』桑原武夫・前川貞次郎訳、一九五四、岩波書店、文庫

年	出来事
1951（昭和26）	文化勲章受章 　サンフランシスコ講和条約、日米安全保障条約締結
1959（昭和34）	『故郷七十年』
1961（昭和36）	『海上の道』
1962（昭和37）	8月死去 死後　正三位勲一等旭日大綬章受章

柳田国男関連略年表

年	出来事
1875（明治8）	兵庫県神東郡田原村辻川（現・神崎郡福崎町辻川）に松岡操、たけの6男として生まれる。松岡家は代々の医家
1887（明治20）	茨城県北相馬郡布川町の兄の自宅に移る
1889（明治22）	**大日本帝国憲法発布**
1894（明治27）	**日清戦争勃発**
1897（明治30）	宮崎八百吉編『抒情詩』（松岡国男の詩収録）
1900（明治33）	東京帝国大学法科大学政治科卒業（法学士）。農商務省農務局農政課に勤務 **産業組合法成立**
1901（明治34）	柳田家の養嗣子として入籍する
1902（明治35）	法制局参事官に任官
1903（明治36）	小作争議が頻発していた岡山県北部を視察する。森近運平と会う
1904（明治37）	**日露戦争勃発**
1907（明治40）	島崎藤村、田山花袋、小山内薫らとイブセン会を始める
1908（明治41）	椎葉村を訪れる
1909（明治42）	東北を旅行し、初めて遠野を訪れる。「クロポトキンとツルゲーネフ」
1910（明治43）	『石神問答』『遠野物語』『時代ト農政』 **日韓併合　大逆事件**
1914（大正3）	**第一次世界大戦勃発**
1919（大正8）	貴族院書記官長を辞任 **三・一運動　五・四運動**
1920（大正9）	東京朝日新聞社客員に就任。12月より翌年にかけて九州・沖縄へ（『海南小記』の旅） **国際連盟発足**
1921（大正10）	ジュネーブの国際連盟委任統治委員に就任
1923（大正12）	**関東大震災**
1925（大正14）	橋浦泰雄が柳田のもとを訪れる
1926（大正15）	『山の人生』
1931（昭和6）	**満州事変**
1934（昭和9）	『民間伝承論』
1936（昭和11）	**二・二六事件**
1941（昭和16）	**大東亜戦争開戦**
1945（昭和20）	**ポツダム宣言受諾　敗戦**
1946（昭和21）	枢密顧問官就任『先祖の話』 **農地改革　日本国憲法発布**

木藤亮太　きとう・りょうた
近代日本文学研究者。一九九〇年生まれ。近畿大学文芸学部卒。論考に「柳田國男論（上）――柳田國男とクロポトキン」（『子午線　原理・形態・批評　vol.4』二〇一六年二月）、「柳田國男論（下）――柳田國男と農」（『子午線　原理・形態・批評　vol.5』二〇一七年一月）がある。

絓秀実　すが・ひでみ
文芸評論家。一九四九年生まれ。著書に『革命的な、あまりに革命的な』『吉本隆明の時代』（以上、作品社）、『1968年』（ちくま新書）、『反原発の思想史』（筑摩選書）、『天皇制の隠語（ジャーゴン）』（航思社）、『タイム・スリップの断崖で』（書肆子午線）などがある。

筑摩選書 0143

アナキスト民俗学（みんぞくがく）　尊皇（そんのう）の官僚（かんりょう）・柳田国男（やなぎたくにお）

二〇一七年四月一五日　初版第一刷発行

著　者　木藤亮太　絓秀実
発行者　山野浩一
発行所　株式会社筑摩書房
東京都台東区蔵前二-五-三　郵便番号　一一一-八七五五
振替　〇〇一六〇-八-四一二三
装幀者　神田昇和
印刷製本　中央精版印刷株式会社

乱丁・落丁本の場合は左記宛にご送付ください。

送料小社負担でお取り替えいたします。

ご注文、お問い合わせも左記へお願いいたします。

筑摩書房サービスセンター
さいたま市北区櫛引町二-六〇四　〒三三一-八五〇七　電話　〇四八-六五一-〇〇五三

ISBN978-4-480-01650-8 C0310

筑摩選書 0071

一神教の起源

旧約聖書の「神」はどこから来たのか

山我哲雄

ヤハウェのみを神とし、他の神を否定する唯一神観。この観念が、古代イスラエルにおいていかにして生じたのかを、信仰上の「革命」として鮮やかに描き出す。

筑摩選書 0072

愛国・革命・民主

日本史から世界を考える

三谷 博

近代世界に類を見ない大革命、明治維新はどうして可能だったのか。その歴史的経験から、時空を超える普遍的英知を探り、それを補助線に世界の「いま」を理解する。

筑摩選書 0087

自由か、さもなくば幸福か?

二一世紀の〈あり得べき社会〉を問う

大屋雄裕

二〇世紀の苦闘と幻滅を経て、私たちの社会はどこへ向かおうとしているのか? 一九世紀以降の「統制のモード」の変容を追い、可能な未来像を描出した衝撃作!

筑摩選書 0127

分断社会を終わらせる

「だれもが受益者」という財政戦略

井手英策 古市将人
宮崎雅人

所得・世代・性別・地域間の対立が激化し、分断化が進む現代日本。なぜか? どうすればいいのか? 「救済」から「必要」へと政治理念の変革を訴える希望の書。

筑摩選書 0130

これからのマルクス経済学入門

松尾 匡
橋本貴彦

マルクスは資本主義経済をどう捉えていたのか? マルクス経済学の基礎的概念を検討し、「投下労働価値」がその可能性の中心にあることを明確にした画期的な書!

筑摩選書 0133

憲法9条とわれらが日本

未来世代へ手渡す

大澤真幸

憲法九条を徹底して考え、戦後日本を鋭く問う。社会学者の編著者が、強靭な思索者たる井上達夫、加藤典洋、中島岳志の諸氏とともに、「これから」を提言する!